中华君子文化

（第一辑）

何善蒙　　主编
彭鹏　执行主编

九州出版社｜全国百佳图书出版单位
JIUZHOUPRESS

图书在版编目（CIP）数据

中华君子文化. 第一辑 / 何善蒙主编 ；彭鹏执行主
编. -- 北京 ：九州出版社，2021.9
ISBN 978-7-5225-0402-5

Ⅰ. ①中… Ⅱ. ①何… ②彭… Ⅲ. ①中华文化－文
集 Ⅳ. ①K203-53

中国版本图书馆CIP数据核字(2021)第161957号

中华君子文化（第一辑）

作　　者	何善蒙　主编　彭鹏　执行主编
责任编辑	黄瑞丽
出版发行	九州出版社
地　　址	北京市西城区阜外大街甲 35 号（100037）
发行电话	（010）68992190/3/5/6
网　　址	www.jiuzhoupress.com
印　　刷	北京九州迅驰传媒文化有限公司
开　　本	710 毫米 ×1000 毫米　16 开
印　　张	16.75
字　　数	260 千字
版　　次	2021 年 10 月第 1 版
印　　次	2021 年 10 月第 1 次印刷
书　　号	ISBN 978-7-5225-0402-5
定　　价	98.00 元

编辑委员会

《中华君子文化》编撰缘起

一

君子是中国传统文化中的一个重要形象，也是中国传统文化精神的依托。如果说，在西方文化的传统中，绅士（或者说贵族、牛仔等）是其文化的典型形象，那么，在中国的传统中，这个代表非君子莫属。当然，相较于绅士或者贵族、牛仔等来说，中国传统文化中君子形象的最大特征，就是它不仅是身份地位的象征，更是一种道德人格的形象，而绅士或者贵族、牛仔等形象，大都是作为身份地位的象征而存在的。当然，中华君子并非一开始就是道德人格的观念，正如其他文化传统中的典型形象一样，它最初也是一个表达身份地位的观念。"君子"一词起源甚早，在西周时期就已经非常流行。比如，在《诗经》中，"君子"共出现了一百八十二次。在孔子以前，"君子"是用来指称贵族和执政者的，如《尚书·泰誓下》载武王之言曰"我西土君子，天有显道，厥类惟彰"，《尚书·无逸》载周公之言曰"君子所其无逸"。这两处的"君子"都是自天子以至于诸侯、卿大夫等有位有德者的通称。有位是君子的基本特点和根本前提，早期典籍中的君子都是如此。中国古代，对于士大夫、贵族的行为有着严格的规范，要求"君子恭敬撙节退让以明礼"（《礼记·曲礼上》）。从这个角度来看，君子是以对礼的坚持和遵从来表达其身份意识的，并由此确立了其独特的阶层形象。正所谓"衣冠不中，不敢以入朝；所言不义，不敢以要君；行己不顺，治事不公，不敢以莅众"（《晏子春秋·景公问君子常行曷若》）。周王朝建立之后，德行和身份之间的关联更为密切。古典传统非常注重贵族君子的德行培养，不仅勉励他们提升以直、宽、刚、简、宽、柔、愿等为内容的个人德行品格，还教导他们要遵守父子、兄弟、夫妇、君臣、长幼、朋友、宾客等基本人伦规范。

贵族君子（身份君子）是中华君子的第一形象，或者说是第一阶段的表达形态。早期君子对于自我德行的要求和规范是建立在其社会地位的基础之上的。所谓有德者有位，位与德缺一不可。而这种"君子"形象的转变，跟中华文化的转型有着密切的关系。德国哲学家雅斯贝斯所称的"轴心时期"，是这个变革的关键时期。从历史脉络来说，这个"轴心时期"大概相当于中国传统中的春秋战国时期，这是中国古典传统变革和转型的重要阶段。在这个时期的诸子百家的论说中，"君子"依旧是一个受到普遍关注的概念，而以孔子为代表的儒家，无疑对君子概念的发展起到了关键性的作用。

在《论语》中，"君子"一词共出现一百零七次，足见孔子对"君子"的重视程度。孔子对于君子文化的重要意义可概括为转折性的、根本性的和特殊性的。将贵族身份的君子转变为道德形象的君子，是孔子对于君子文化的转折性意义所在。在孔子这里，作为身份意识的君子还是存在的，但更为重要的是，君子的道德意义得到了进一步彰显。对孔子来说，君子重要的不是其社会身份，而是能否自觉承担道义、道德责任。儒家思想是以仁义为根本的精神价值，道德成为儒家的重要符号。而这恰恰是由孔子确立的，由此拉开了"君子儒"与"小人儒"的差异。由君子来承担道德责任，是孔子对于君子形象最为根本性的改造，亦由此奠定了传统中国社会的基调。为什么是君子必须承担道德责任？换言之，孔子为什么要将道德的责任放在君子身上？在孔子之前，君子就是有身份和社会地位的人。既然有社会地位，就应当承担社会责任。从今天的社会伦理角度来看，可理解为权利和义务是对等的。其实，儒家的伦理原则也非常强调对等，儒家是从人与人之间的关系这一角度来讨论道德的，既然是关系，自然是双向的、对等的。对孔子来说，君子的社会责任被具体化为道德（仁）和礼仪法度（礼）。对于礼的坚守，是作为社会身份的君子本身就具备的；而对于德的坚持，则是君子新获得的使命与责任。由此，我们在《论语》中所看到的君子，既有身份的君子，也有道德的君子。但道德的君子才是孔子所重视的，也是儒学的意义所在。当孔子把道德的责任置于君子身上时，就清楚表达出了儒家道德理想的特殊性。这种特殊性表现在两个层面：在道德实现方式上，以孔子为代表的儒家并不是没有任何区别地要求所有人都以道德作为自己行为的基本要求，而是强调君子必须承担道义。孔子明确指出："君子喻于义，小人喻于利。"(《论语·里仁》)这样一来，君子的主导、教化意义就非常明显了。"君子之德风，小人之德草，草上之风必偃。"(《论语·颜渊》)小人是需要被教化的，而君子是这种教化得以实现的关键。关于道德的实现，儒家设计了一个框架：君子担当，小人效法，从而实现道德的良性发展。从道德境界上来说，儒家追求的最高理想是圣人，那孔子为什么要更加强调君子呢？究其原因，在于君子虽然不是最高的道德形象，却是一个以道德为己任的现实中人。对于儒家道德理想的实现来说，这种现实中人具有关键的、特殊的意义，那就是儒家道德理想是现实可行的。因此，在儒家看来，圣人是完满的道德形象，君子是现实的道德形象。孔子认为，儒家道德理想在君子身上的实现，充分表明儒家道德理想并不是空中楼阁，而是可为可成的。从这个角度来说，孔子对于君子的道德内涵的确立，具有极为明显的现实指向意义。

孔子对于君子形象的改造，使君子人格成为儒家最为基本的精神价值。在百家争鸣的思想激荡和融合之下，君子人格最终成为诸子百家共同认可的理想人格。对中国的传统来说，这无疑具有深刻的意义。经过"轴心时代"的百家争鸣，中华君子的人格形象得到了充分的诠释，在此后的两千多年间，君子人格不仅成为华夏儿女的理想人格，甚至成为华夏儿女的一种信仰。中华民族正是在君子人格的感召下，才铸就了自强不息、厚德载物的精神脊梁。从"轴心时期"的文化转型来看，古希腊、古印度、古巴比伦跟中国一样，都在"轴心时期"实现了自身的思想突破，确立了各自的文明形态。例如，印度佛教文明以觉悟成佛为理想目标，古希腊文明关注的是培养公民的参政议政能力，中华文明则确立了一种人人可为可成的理想人格范式，将原本指称贵族阶层的君子，创造性地转化为一种以德性为本的人格形象。中华文明的君子形象跨越了数千年的历史长河，其内涵之丰富，其生命力之悠久，其影响力之广博，其深入人心之程度，其感召力之强大，远非其他民族所创造的人格形象所可比拟。这既是中华君子的独特意义，也是中华君子文化的深刻内涵所在。

二

就历史来说，君子形象经由贵族身份向道德内涵的转变，使得君子成为中华民族的最大公约数，并在中国社会和中华文化的发展过程中起到了根本性的作用，是中华民族核心价值观的承担者。2018 年 8 月，在北京召开的第 24 届世界哲学大会以"学以成人"为主题，这无疑可以作为对悠久中华文化的一个极好的回应，因为，在中国传统的语境中，成人就是成为君子。陈来先生在对"学以成人"的主题进行诠释的时候，就曾强调不论是士还是君子，儒家的"学"就是学为一种高尚的人格、完整的人格、具有多方面优秀品质的人格。培养一种追求高尚人格的人，以德性教育为中心的整全人格的塑造，是儒家的教育目标和理想，也是两千多年来儒家教育的历史实践。中国古代的教育理念是"做人"，学做君子，学至圣人，体现了"做什么样人格的人"是儒家人论的根本问题。孔子和孔子以后的儒家都把人的最高理想界定为使学习者成为圣贤。古代教育与学习，最重要的是设立道德的榜样，而这在人文主义文化中只能通过圣人的形象来达到。在中国道德榜样虽然可以是具体的人格形象，如古代圣王的系谱，但更多的是儒家文化中对"君子人格""君子品质"的崇尚和表达，以此造成对人的一种道德感召，使得人们努力学习成为这样的人格。（详参陈来《儒家"学以成人"之"学"的意义》）当然，成为什么样的人，其实也是一个具有普遍性意义的话题，无论古今，亦无分中西。但是，中华君子文化的深厚内涵以及中华君子的历史意义，都无疑将为今天我们重新思考成为什么样的人提供丰富的思想资源。2020年1月8日，习近平总书记在"不忘初心、牢记使命"主题教育总结大会上的讲话就指出，"不忘初心、牢记使命，必须坚持领导机关和领导干部带头。领导机关是国家治理体系中的重要机关，领导干部是党和国家事业发展的'关键少数'，对全党全社会都具有风向标作用。'君子之德风，小人之德草，草上之风必偃。'在上面要求人、在后面推动人，都不如在前面带动人管用。不忘初心、牢记使命，领导机关和领导干部必须做表率、打头阵。"这也就很直接地表明了新时代对于新君子的呼唤。中华君子文化虽然历经千年，但是，君子的人格形象在今天依然不会过时，新时代呼唤新君子。

当然，我们可以进一步进行追问，君子是中国前轴心时代的传统观念，为什么新时代仍然需要君子？这就需要从君子这个观念的特殊性来说了，这种特殊性有三个层面的内涵。首先，从历史的影响力来看，君子是中华文化中的一个特殊的观念，它在中华文化和中国社会中有着最为广泛的影响，是中华民族的最大共识。自轴心时代的变革以来，无论是在官方正统的学说之中、在经典的解释传承过程中，还是在民俗文化的接纳中，对于君子的强调和宣传，从未停止。君子作为一种观念，无处不在；君子作为一种形象，无人不知。明分君子、小人成为中华民族为人处事的基本原则，君子作为一种理想人格，经过两千多年的发展，已成为海内外中华儿女的最大共识。关于君子文化在中华文化和中国社会中的这种普遍影响力，钱念孙研究员曾从器物、植物、动物、食物、家训家谱、俗语民谚等层面进行过非常详细的梳理，认为君子文化已经完全浸润了中国人的日常生活。他说："君子文化在社会民众中的普及流行程度，或者说君子文化深入人心的程度，远超原有预料和想象。君子人格和君子文化，作为中华民族千锤百炼的人格基因和文化精髓，既是精英文化的中心内容，又是大众文化的重要内涵，既在高雅文化中居于中心地位，又在通俗文化里占据焦点位置。它是构造主流价值观的标志性话语，也是中国人立身处世共识度较高的信仰原则，它是文人雅士欣赏的阳春白雪，也是群众百姓喜爱的下里巴人。君子文化不仅雅俗共赏，而且历久弥新。它从遥远的商周时期跋涉启程，跨越数千年的历史沧桑，至今仍以矫健身影在中华文化蓬勃发展的大道上阔步前行，以不言之教潜移默化地滋润和涵养每个中华儿女的心田。"（钱念孙《君子文化浸润中国人的日常生活》）

其次，从君子的特殊作用来看，君子可以说就是中华文化价值理想的承担者。任何一种价值理想，不管是如何被描述的（当然，描述的具体内涵对于其实现的程度有着重要的影响），其是否能够被实现出来，有一个最根本的前提，是否有现实的承担者。再美好的理想，如果没有现实的承担者，都只能是如镜中花、水中月般的空想而已。当然，这样的文化传统自然也就无法成为一种具有悠久传承和深远影响的文明形态。中华文化，之所以能够迄今为止依旧发挥着积极的影响，正是在于它有着一个非常强大的承担者群体，"自古以来，中华民族就以'天下大同''协和万邦'的宽广胸怀，自信而又大度地开展同域外民族交往和文化交流，曾经谱写了万里驼铃万里波的浩浩丝路长歌，也曾经创造了万国衣冠会长安的盛唐气象。正是这种'天行健，君子以自强不息''地势坤，君子以厚德载物'的变革和开放精神，使中华文明成为人类历史上唯一一个绵延五千多年至今未曾中断的灿烂文明。"（《习近平在庆祝改革开放 40 周年大会上的讲话》）君子成为中华文化的承担者，是中华民族精神价值的具体表达者，这对于中华文化的发展来说，是至为重要的。可以说，正是因为有君子的存在，我们才能够切实地感受到中华文化的历史厚度和现实温度。这一点，前文我们在孔子对于君子形象的历史性改造中就很清楚地看到，所以，"轴心时期"中华君子形象的变革，并不仅只是一种抽象观念上的变化，更为重要的是，它确立了中华文化的现实承载群体，形成了中华文化价值的具体表达。而后来中华文化的历史进程，实际上就是君子形象在现实中不断落实并且深入民众骨髓的过程。由此，我们甚至可以说，如果没有君子这一观念，就没有中华文化的灿烂历史和中华民族的辉煌成就。

最后，君子是一个充满正能量的积极概念。从历史上来看，无论是作为社会身份的贵族君子，还是作为道德形象的君子，虽然其内涵存在差异，有重位和重德的不同，但是，无论是哪一个意义上的君子，都代表着社会的基本价值倾向，传递的是一种正面的、积极的价值。"天地生君子，君子理天地；君子者，天地之参也，万物之摁也，民之父母也。无君子，则天地不理，礼义无统，上无君师，下无父子，夫是之谓至乱。"（《荀子·王制》）这个说法，就很直接地呈现出了君子对于社会而言所具有的根本决定性意义，社会的发展离不开君子作用的发挥。而在民间，对于君子和小人的那种截然的区分和取舍，则是更为明显地表达出社会的这种正能量。就历史来说，中华民族的每一次进步，都是跟君子的积极努力分不开的，每个时代的君子都在用其生命、智慧不断扩充彰显中华君子的时代特色。两汉时期经学昌盛，"君子"形象庄重大气；魏晋时期玄风兴盛，社会动荡，"君子"人格飘逸洒脱、性情坦荡；隋唐时期国威强盛，"君子"人格气象奔放；宋元明清时期，儒家心性学说得到了极大的发展，"天理"与心性贯通，建构了"良知"与个体行为的体用关系，"君子"的人格形象以自觉地将体认的"天理""良知"作为自身的德行尺度措之于日常伦常为特征。正是因为君子对于社会价值的积极弘扬，我们才得以取得一个又一个的进步，迈向一次又一次的辉煌。"天行健，君子以自强不息"，中华君子身上的这种正能量，无疑也是我们在新时代迈向更大进步的需要。

历史的经验告诉我们，社会的发展离不开君子，新时代也是如此。当我们面对社会发展的种种问题的时候，当我们有对于美好生活的种种设想的时候，当我们遭遇生活中种种不如意的时候，我们都需要有一个积极正面的形象来给我们支持，来引领我们继续前行。而君子正是从历史长河中走来的一个坚定而又深刻的形象，它必将在新时代给予我们更多的惊喜。

三

新时代需要新君子，既然是新君子，自然是跟传统君子不同的，因为不同的时代，有着不同的要求。从其历史演变来看，君子有着从贵族君子到道德君子的变化，这就是为了更好地适应时代要求的表现。新时代需要新君子，这是不成问题的。但是，新时代的君子应该是怎样的一种形象呢？这就既需要理论的不断探索，也需要实践的不断深化。无论是理论，还是现实，都不是某一个个体可以完成的，它需要群策群力来共同完成，就像在"轴心时期"诸子百家对于君子形象变革的共同提炼一样。

2014 年 6 月 13 日，《光明日报》头版头条刊发了安徽省社科院钱念孙研究员的文章《君子文化与社会主义核心价值观》，这可以视为新时代新君子问题探索的一个标志性的事件，因为，在此后君子文化逐渐走入大众的视线，成为一个越来越受到关注的问题。而智善公益基金会对于君子文化相关研究与推广起到了至为关键的作用。2014 年先后成立了浙江大学君子文化研究中心、安徽省社科院君子文化研究中心，2015 年成立了安徽省君子文化研究会和江苏社科院君子文化研究中心，2016 年成立了湖南省君子文化研究会，2018 年成立了上海交通大学中华君子文化研究中心。随着越来越多研究机构的逐渐成立，各地君子文化的实践也不断涌现，安徽、山东、湖南等地，都对君子文化进入现代社会、现代教育进行了积极的探索，传统君子文化的深厚内涵以各种不同的形式，在新时代受到了新的关注。作为首先刊发钱念孙研究员文章的中央媒体，《光明日报》对于君子文化也给予了极大的重视和支持。

2015 年 12 月 19 日至 20 日，以"君子文化与当代社会"为主题的首届君子文化论坛由浙江大学和光明日报社联合主办，在杭州召开；2016 年 11 月 5 日至 6 日，以"君子文化的当代价值"为主题的第二届君子文化论坛由光明日报社、中共安徽省委宣传部、安徽省社会科学院联合主办，在合肥召开；2017 年 12 月 2 日至 3 日，以"君子文化的当代实践"为主题的第三届君子文化论坛由光明日报社和江苏省社科院联合主办，在无锡市华西村举办；2018 年 11 月 24 日至 25 日，以"君子文化与师德师风"为主题的第四届君子文化论坛由光明日报社、湖南大学、湖南省社会科学联合会主办，在长沙召开；2018 年 8 月 24 日至 25 日，以"家国情怀与君子文化"为主题的第五届君子文化论坛由光明日报社和上海交通大学联合主办，在上海召开；2020 年 11 月 28 日至 29 日，以"立德树人与君子文化"为主题的第六届君子文化论坛由光明日报社、安徽省社会科学联合会和中共铜陵市委联合主办，在安徽省铜陵市召开。至此，光明日报社与各地君子文化研究机构联合举办了五届君子文化论坛，在全国引起了巨大的反响，促进了新时期君子文化研究的拓展，而这样的君子文化论坛，将继续在各地举办。

为了更好地推进中华君子文化的相关研究和实践，2017年，在华西村召开的第三届君子文化论坛上，智善公益基金会宣布成立专项公益基金——中华君子文化基金——来进一步传承和弘扬中华君子文化，目前中华君子文化基金已拥有1000万元的资金，旨在资助研究、传播、推广君子文化，弘扬中华优秀传统文化。为了更好地推进这项工作，基金设立理事会，主要负责对基金运作的各项重大事项的决策，目前由浙江大学黄华新教授担任理事长，安徽省社科院钱念孙研究员担任副理事长兼秘书长，另有来自国内各大专院校的理事五名。理事会聘任复旦大学谢遐龄教授担任中华君子文化首届学术委员会主任，并聘任来自国内高校的六位知名教授为学术委员，以确保基金会的各项学术事务更具公信力、符合学术规范。在理事会和学术委员会的总体规划下，自2018年起，中华君子文化基金开始对相关项目进行专项资助，目前主要涉及论文、出版、课题以及人才培养等方面。相信越来越具有影响力的中华君子文化基金，对于新时代新君子的探索，将会发挥越来越重要的作用。

四

自2015年在浙江大学举办的首届君子文化论坛开始，我们将每一届论坛的论文结集出版，到目前为止，前三届的论文集均已完成出版。但是，随着君子文化研究的不断深入以及君子文化影响的不断扩大，尤其是自2017年中华君子文化基金成立以来，我们开始更加关注对中华君子文化研究影响力的持续提升。《中华君子文化》辑刊也是在这样的背景之下，经过中华君子文化基金理事会的多次讨论最终确定的。辑刊的题名，由浙江大学人文学院院长、浙江大学君子文化研究中心执行主任楼含松教授题写。

因为决定编撰《中华君子文化》辑刊的时候，恰好是在上海交通大学召开第五届中华君子文化论坛之后，原本每年我们就有编撰会议论文集的传统，有鉴于辑刊的计划，我们决定首先从上海论坛开始编撰《中华君子文化》辑刊。而第五届论坛以"君子文化与家国情怀"为主题，这对于《中华君子文化》的问世来说，也是一个非常贴切的话题，因为，自古以来，君子即有着强烈的家国情怀，孟子说"人有恒言，皆曰天下国家。天下之本在国，国之本在家，家之本在身"（《孟子·离娄上》），家国同构、家国一体，这是历史上众多君子的立身之本，也是君子的精神依托。"徇国家之急，赴公家之难"的司马迁，"匈奴未灭，无以家为"的霍去病，"爱国如饥渴"的班固，"先天下之忧而忧，后天下之乐而乐"的范仲淹，"精忠报国"的岳飞，"人生自古谁无死，留取丹心照汗青"的文天祥等，无不是在家国情怀中成就其君子形象。更为重要的是，在《中华君子文化》辑刊编撰之际，适逢中国遭受新冠肺炎疫情，举国上下同心抗疫，那些毅然决然奔赴武汉的"逆行者"，又何尝不是家国情怀的深刻诠释呢？又何尝不是新时代的新君子呢？君子从来就未曾远去，新时代呼唤新君子，新君子成就新时代！这对于我们编撰《中华君子文化》辑刊来说，又何尝不是一种鞭策和激励呢？

当然，考虑到中华君子文化论坛，自 2015 年以来是一个连续的学术活动，为了更好地体现我们对于君子文化事业推进的一贯性，经过中华君子文化基金理事会慎重讨论，我们将在上海交通大学召开的以"君子文化与家国情怀"为主题的参会论文精编为《中华君子文化（第三辑）》；将第一届杭州会议、第二届合肥会议的参会论文精编为《中华君子文化（第一辑）》；将第三届华西村会议、第四届长沙会议的参会论文精编为《中华君子文化（第二辑）》；将第六届铜陵会议的参会论文精编为《中华君子文化（第四辑）》。因此，《中华君子文化》辑刊是在推进中华君子文化研究过程中逐渐形成的理论化成果。

目前，《中华君子文化》辑刊的编撰团队，主要是由中华君子文化基金下的相关君子文化研究机构组成，稿件的来源则是各届君子文化论坛所收到的参会论文，预期以一年两辑的形式出版。中华君子文化是一个公共的资源，是一个思想的宝藏，我们将努力把《中华君子文化》打造成一个弘扬以君子文化为代表的中华优秀传统文化的公共平台，希望每一位有志于中华君子文化研究的同仁都能参与这个平台的建设，从而让《中华君子文化》真正成为新时代呼唤新君子的平台。

何善蒙

2021 年 7 月 31 日于杭州

目　录

君子文化的当代诠释

君子文化与生活情趣

编后记

特稿

铸造中华民族的理想人格

——君子文化与社会主义核心价值观 *

钱念孙 **

习近平总书记在中央政治局第十三次集体学习时指出：培育和弘扬社会主义核心价值观必须立足中华优秀传统文化。牢固的核心价值观，都有其固有的根本。中华文化源远流长，积淀着中华民族最深层的精神追求，代表着中华民族独特的精神标识，为中华民族生生不息、发展壮大提供了丰厚滋养。他在中央政治局第十二次集体学习时还强调：要使中华民族最基本的文化基因与当代文化相适应、与现代社会相协调，以人们喜闻乐见、具有广泛参与性的方式推广开来。

中华传统文化博大精深，究竟哪些部分"积淀着中华民族最深层的精神追求，代表着中华民族独特的精神标识"，并堪称"中华民族最基本的文化基因"？这当然是一个宏大的课题，不同专家学者的回答，自会有风雅异韵之辩、寸长尺短之争。依笔者一孔之见，在汪洋浩瀚的中华传统文化中，最能代表中华民族深层精神追求和独特精神标识，并体现中华民族最基本文化基因者，非"君子文化"莫属也。

一、"君子"是中华优秀传统文化的核心概念，是数千年中国优秀传统文化塑造和推崇的人格范式，是中华民族理想而现实、尊贵而亲切、高尚而平凡的人格形象

* 本文原载于 2014 年 6 月 13 日《光明日报》头版。

** 钱念孙，安徽省社会科学院研究员、安徽省文史研究馆馆员。主要研究方向为文艺理论、美学、比较文学、中国思想史、安徽文化史等。

"君子"一词早在西周时期已广为流传，其内涵主要是对贵族或执政者的专称，而较少涉及人格内容的道德意蕴。如《尚书》卷十二说"君子勤道，不作无益害有益，功及成"；《国语·鲁语上》说："君子务治，小人务力。"这里的"君子"，显然是执政者或贵族的代称。到了春秋末期，即《论语》产生的年代，通过孔子从不同侧面的反复解说和阐发，"君子"一词被赋予许多优秀道德的内涵，成为一种理想人格模式的称谓。

翻开《论语》，有关"君子"的论述俯拾即是："君子喻于义，小人喻于利""君子坦荡荡，小人长戚戚""君子泰而不骄，小人骄而不泰""君子和而不同，小人同而不和""君子求诸己，小人求诸人""君子周而不比，小人比而不周""君子尊贤而容众，嘉善而矜不能""君子成人之美，不成人之恶。小人反是"。如此等等表明，孔子常在君子与小人的对举和比较中，肯定和褒扬君子是他心目中的道德高尚之人。在《论语》里，孔子也数次提到"圣人"，但他明确对弟子说："圣人，吾不得而见之矣，得见君子者，斯可矣。"这就是说，圣人难以看见，也难以企及，但君子能够见到，也可以并应该努力做到。

作为孔子精心勾勒和塑造的可望可及、可学可做的理想人格，君子形象在中华文化数千年演进的历史长河中，受到上至历代思想家及文人士大夫，下至社会各阶层人士，包括普通百姓的广泛认同和推崇。《周易》中的名句："天行健，君子以自强不息；地势坤，君子以厚德载物"，被张岱年等学者认为是对中华民族精神核心内涵的最佳概括。《孟子》中的"君子莫大乎与人为善""焉有君子而可以货取乎""君子贵人而贱己，先人而后己""君子以仁存心，以礼存心，仁者爱人，礼者敬人，爱人者人恒爱之，敬人者人恒敬之"等众多论述，使君子人格的内蕴更加丰富，影响更加深远。值得注意的是，君子不仅是儒家着力打造和推举的理想人格形象，道家学派和法家学派对"君子"概念及其人格内涵也颇为认同。人们耳熟能详的"君子之交淡如水，小人之交甘若醴，君子淡以亲，小人甘以绝"，就是《庄子·山水》篇里的名言。荀子在构造他的礼法社会时强调："法不能独立，类不能自行，得其人则存，失其人则亡。法者，治之端也，君子者，法之原也。"在荀子看来，一个崇尚礼法的社会，如果没有君子这样品行高尚的人来参与和维护，那将会失去构建礼法社会的基本前提。

先秦诸子以后，历代思想家对"君子"概念的引述和阐发，同样不胜枚举。从西汉的董仲舒到东汉的王符，从唐代的孔颖达到宋代的程颐、程颢和朱熹，从明代的王阳明到清代的王夫之等，都从不同角度和方面对"君子"概念及君子文化做了很好的继承和发挥。明清时期流行很广的人生格言类著作，多半也将君子人格奉为典范和楷模。如《菜根谭》云："君子处患难而不忧，当宴游而惕虑，遇权豪而不惧，对茕独而惊心。"这就是对君子安贫乐道、处安虑危、遇强不屈、见弱怜悯等优秀品格的赞扬。《围炉夜话》云："君子存心，但凭忠信，而妇孺皆敬之如神，所以君子乐得为君子；小人处世，尽设机关，而乡党皆避之若鬼，所以小人枉做了小人。"在君子与小人不同处世方式的比较中，充分肯定君子以忠贞和诚信为立身之本的做法。"君子"概念及其文化，不仅在中华历代典籍中汗牛充栋，而且一直活在历代中华儿女的心中。今天，人们口头还常说"君子一言，驷马难追""君子爱财，取之有道""以小人之心，度君子之腹""宁愿得罪君子，不能得罪小人"，因为"君子报仇十年不晚，小人报仇从早到晚"，等等。

可以毫不夸张地说，"君子"是数千年中华优秀传统文化塑造的中国人的理想人格。儒家学说乃至整个中华传统文化，其中一个很重要的内容就是阐扬仁、义、礼、智、信及忠、孝、廉、悌等众多为人处世的伦理和规范。这些伦理、规范或者说美好品德，最终都集聚、沉淀、融入和升华到一个理想人格，即"君子"人格上。我们先贤崇尚君子品格，甚至把象征高洁、清雅、虚心和气节的梅兰竹菊四种植物人格化，称为"四君子"。宋代以来，以梅兰竹菊表现"四君子"品格的中国书画数不胜数，至今仍然方兴未艾，其繁盛景象让人叹为观止。"君子"概念古老而鲜活，在当代社会也是妇孺皆知，耳熟能详，在不同阶层人群中都有相当的知晓度和认同度，君子风范今天仍为绝大多数中国人奉为做人的圭臬。

中国人应该做一个什么样的人？做君子！这既是数千年中华优秀传统文化的选择，也是今天每个中国人应当和乐于做出的选择。"君子"概念及君子文化，是中华优秀传统文化的聚焦之点和闪光之源，是烛照中华儿女历经坎坷而跋涉向前的人格力量和心理支撑。"君子"概念及君子文化，完全可以经过新的阐释激发其勃勃生机和强大活力，在当代社会竖起一面具有深厚传统底蕴和时代精神的文化旗帜。它既可以让中国传统文化精华盛开传承创新的时代花朵，也可以让培育和弘扬社会主义核心价值观与中华民族传统文化基因发生共鸣。它是中华传统文化浩瀚森林里最为郁郁葱葱的千年老树，也是当代思想道德建设汲取传统营养的精神绿荫。

二、君子文化是培育和弘扬社会主义核心价值观能够直接嫁接并开花结果的老树新枝。激活和倡行君子文化有助于对社会各阶层人士，特别是新兴中产阶级进行思想文化上的因势利导，从而在全社会形成广泛价值共识

在建设中国特色社会主义，实现中华民族伟大复兴的征程上，党中央一贯坚持"两手抓，两手都要硬"的战略思想，在带领全国人民不断提升经济建设硬实力的同时，对精神文明和思想道德等文化软实力的建设也十分重视。中央曾先后下发《关于加强社会主义精神文明建设若干重要问题的决议》《公民道德建设实施纲要》《关于开展社会主义荣辱观教育活动的通知》《关于培育和践行社会主义核心价值观的意见》等多项文件，开展"全国道德模范"和"中国好人"评选等多项活动，取得了有目共睹的成绩，对在全社会形成崇德向善的良好风气发挥了积极作用。但毋庸讳言的是，目前社会风气和道德状况还有诸多不尽如人意之处，需要进一步提出具有深厚传统文化内涵和韵味、人们耳熟能详、易于入心入脑、便于追求把握的概念和形象，使培育和践行社会主义核心价值观更好地内化于心、外化于行。正如习近平总书记所说：要使中华民族最基本的文化基因与当代文化相适应、与现代社会相协调，以人们喜闻乐见、具有广泛参与性的方式推广开来。

社会主义核心价值观作为兴国之魂，孕育于建设中国特色社会主义的生动实践中，又深深扎根在中华优秀传统文化的肥沃土壤里。君子文化作为中华传统文化的重要组成部分和精华所在，其中许多内容都是与社会主义核心价值观一脉相承、对接互补的。譬如，历代杰出君子身上都颇为明显地体现出三大特质：一是以"天下兴亡，匹夫有责"为重点的担当精神和家国情怀；二是以"仁义共济，立己达人"为重点的互助理念和社会关爱思想；三是以"正心笃志，崇德弘毅"为重点的修身要求和向善追求。这三大特质，与社会主义核心价值观倡导"富强、民主、文明、和谐"国家层面的价值目标，倡导"自由、平等、公正、法治"社会层面的价值取向，倡导"爱国、敬业、诚信、友善"个人层面的价值准则等，完全可以对接、互鉴和贯通。这就是说，君子文化是培育和弘扬社会主义核心价值观能够直接嫁接，并在新时代开花结果的老树新枝。通过这种嫁接，两者在互补互释中相辅相成，相得益彰：一方面，培育和践行社会主义核心价值观获得传统文化这株参天大树庞大根系的丰富滋养；另一方面，君子文化这株昂首向上的千年古木在现代阳光雨露的

沐浴和浸润下不断抽出新的枝条，结出新的硕果。

作为培育和践行社会主义核心价值观的重要抓手和具体实践，近年来全国上下普遍开展了推选"全国道德模范"和"中国好人"活动。由广大群众一层一层推举和评选出来的"全国道德模范"和"中国好人"，体现了人民群众心中的善恶是非标准，彰显了社会主义核心价值观的内在要求，是社会思想道德建设的重要举措和时代标杆，在全社会形成了广泛而正面的积极影响。

一种社会风气的形成，古今中外无不遵循"上有所好，下必甚焉"的规律。正如孔子所言："君子之德风，小人之德草，草上之风，必偃。"历史上出现"楚王好细腰，宫中多饿死；吴王好武士，国人多伤疤"现象的原因，即在于上行下效是不易之理。笔者几年前曾在《如何把社会主义核心价值体系落到实处》一文中提出，要想让社会生活的方方面面彰显核心价值的光彩，关键要从"大人们"抓起。此处所说的"大人们"，主要指三类群体：一是相对于群众而言的党员领导干部；二是相对于一般民众而言的社会公众人物，如演艺明星、著名企业家、商界领袖等；三是相对于小孩而言的成年人。不论是从我国历史还是从世界发展状况来看，任何一种价值观的倡导，都必须先有"大人们"真心信奉并身体力行，然后才有民众的乐于接受和效仿，从而在全社会蔚成风尚。

伴随改革开放以来经济建设的快速发展，中产阶级及社会富裕阶层已具有一定的规模，其生活方式和人生追求对社会风气的影响正日益显突和增强。各种各样的"追星族""追款族""追权族"层出不穷，就是这种现象的典型表现。为此，我们亟待拿出一种中产阶级及社会富裕阶层能够接受并喜闻乐见的文化，对其人生观和生活方式进行因势利导和价值引领。内蕴丰厚的君子文化经过系统整理和现代阐释，正可堪当此任。这不仅因为"君子"概念本身是倾向具有一定身份和地位的称谓，易于为中产阶级及社会富裕阶层所接受；还因为君子文化本身所饱蕴的家国情怀、讲究修身养性和注重人生品位等内涵，与中产阶级及社会富裕阶层"仓廪实而知礼节"的文化追求和精神向往相契合。

"君子"概念和君子文化既适宜中产阶级及社会富裕阶层，也完全适宜社会其他阶层。君子不是高高在上、不可企及的圣人。前文已述，孔子认为圣人难以见到，更难以做到，但君子可以见到，也能够并应该做到。孔子平生的最大愿望，也可说是中华民族先辈对后辈的最大愿望，就是做君子，不做小人。唐太宗在《贞观政要·教戒太子诸王》中说："君子、小人本无常，行善事则为君子，行恶事即为小人。"再清楚不过地表明：做君子还是做小人，与身份、地位无关，关键在于你为人处事中的一次次选择——选择"行善事则为君子"，选择"行恶事即为小人"。因之，我们需要"吾日三省吾身"，需要将修身作为终身课程，需要不断地集小善为大善。唯有如此，才能称得上真君子。就此而言，君子既是一个做人的低标准，又是一个做人的高目标：你为人处事中的每一次崇德向善的选择，都是在行君子之风和君子之道；但你必须在人生长途中坚持不懈地修身，始终做出崇德向善的选择，才堪称真君子。

"君子"概念和君子文化还可针对和适用不同职业与行业者。古代就有仕君子、商君子、文君子、民君子等说法，实质就是指做官的君子之道、经商的君子之道、从艺的君子之道、为民的君子之道等。这些都是我们今天立足中华优秀传统文化，培育和弘扬社会主义核心价值观可以继承改造，发扬光大的。

三、君子文化既是传统学术研究的一个空挡，又具有古为今用的重大现实意义和价值，亟待采取有效举措激活和倡兴君子文化，在社会逐步形成崇尚君子品格、大兴君子之道、争做正人君子的风尚

据初步统计，作为中华优秀传统文化的核心概念，"君子"在《论语》中出现107次、《尚书》中出现7次、《周易》中出现53次、《诗经》中出现180次、《孟子》中出现82次、《大学》中出现15次、《中庸》中出现34次、《易传》中出现84次、《荀子》中出现了304次。但遗憾的是，研究中华传统文化的论著虽然浩若烟海，对《论语》等典籍中谈及的君子某方面的品格（如仁、义、礼、智、信，忠、孝、节、义、悌等），都有细致、翔实、深入甚至是烦琐的研究，但对"君子"概念及君子文化，尤其是对君子作为中华民族理想人格的特征和价值等进行探讨者，却寥若晨星。

君子文化源远流长，内涵丰富，虽有一些零星文章从不同方面做过或深或浅的探讨，但总体而言，却是我们学术研究的薄弱环节。从系统研究的角度看，甚至可说是一个学术研究的空挡。"君子"概念的内涵及演变，君子的人格特征，君子的修身之路，君子的义利观，君子的忧乐观，君子的担当精神，君子的天下情怀，君子文化在中华传统文化中的地位，诸子百家对君子人格的不同看法，君子人格在两千多年历史中的演化嬗变，君子人格的正面意义和负面变形，君子人格与小人人格

的异同及转化，君子人格与中国历史上的圣人、大丈夫、隐士、禅者等人格模式的差异，君子文化的现代意义和价值，君子与西方绅士、骑士、圣徒等的比较，君子人格的国际认知和未来处境。如此等等，不仅是继承和弘扬中华优秀传统文化的重要课题，更是我们激活和倡行君子文化，为培育和践行社会主义核心价值观提供传统文化滋养需要讲清楚、弄明白的问题。为此，我们建议：

在理论探讨层面，大力开展关于君子文化的学术研究。由于君子是数千年中华传统文化塑造的中国人的理想人格（或者说集体人格），其中蕴藏着中华民族不同于其他民族的基本性格密码，因而对君子文化的研究绝不仅仅是一种历史考察和纯学术的审视，而更是一种重新认识自己、树立文化自信、张扬国格人格的理性洞悉和时代确证。这是一个既有历史性和学术性，更有时代性和实践意义的重大课题，值得花大力气、下大功夫认真研究。中华民族具有讲仁爱、重诚信、守正义、尚和合的民族性格，中国人崇尚的君子人格向来鄙视和不屑于不择手段的巧取豪夺。从中国的民族性格和理想人格上说清楚这一点，对于回击域外一些人士由中国崛起而散布的"中国威胁论"，很有理论价值和现实意义。因之，哲学社会科学领域的专家学者和热心弘扬传统文化的人士，除各自研究外，还可成立民间社团性质的君子文化研究会，开展形式多样的君子文化探讨、交流和推广活动，为培育和践行社会主义核心价值观提供传统文化的滋养和有益补充。

在社会实践层面，大力倡行君子之风和君子之道。中华传统文化沉淀为人格模式的有不少，除儒家的君子人格外，还有道家的隐士人格、佛家的悲悯人格等。唯有君子人格的设计蓝图，历代中国人接受最广、吸收其他人格的优点最多、在中华文化的广袤沃土中扎根最深、与中华文化思想精华和道德精髓重叠面最大。君子人格能够在中华文化的历次整合中以"最大公约数"出类拔萃，成为我们伟大民族的理想人格，其奥秘就在于这种人格设计产生后，中华文化不同学派的诸多思想干柴都向这里搬迁、移动和集中，从而形成收纳百家、融汇百家的"众人拾柴火焰高"的壮丽景观。诸葛亮向来被认为是集仁者、智者、义者、忠者、信者、孝者、礼者等于一身的君子人格的典范，他的一句家喻户晓的箴言，"君子之行，静以修身，俭以养德，非澹泊无以明志，非宁静无以致远"，就是以儒家君子文化为火源，燃烧道家、佛家等观念材料后提炼出的思想结晶。君子作为中华优秀传统文化前辈遗传后辈的人格基因，绵延数千年地传承下来，而且传得众所周知、传得深入人心——只要是中国人，不论居庙堂之高，抑或处江湖之远，哪怕是目不识丁的山村老农，也乐于被人看作君子，而绝不愿意被人视为小人。可以说，中华优秀传统文化在每个中国人心底都埋有一颗君子的种子，激活和倡行君子文化就是要让这颗种子在新时代生根发芽，茁壮成长。因为面对市场经济浪潮席卷社会生活每个角落，导致一些人信仰缺失、价值迷失、道德失范等诸病连发的状况，我们尤其需要在当代开展"新君子文化运动"，在社会生活各方面大兴君子文化、大倡君子之风、大行君子之道，让君子文化这剂传统良方在培育和践行社会主义核心价值观这项构筑我们精神家园的宏大工程中，发挥补气固本的独特作用。

君子文化九思 *

冰火 **

一、君子文化的当代价值和现实意义

《易·贲卦》曰："刚柔交错，天文也。文明以止，人文也。观乎天文，以察时变；观乎人文，以化成天下。"文化即"以文教化"。文化是一个民族的精神家园和最宝贵的财富。中华文化源远流长，积淀着中华民族最深层的精神追求，是中华民族最独特的精神标识，为中华民族生生不息、发展壮大提供了丰厚的滋养。在博大精深的中华传统文化中，君子文化无疑是一朵绚烂的奇葩。

君子是炎黄子孙共同推崇的理想人格的代表，是中华儿女在五千年文明史中独特的集体创造。君子文化属于中国传统文化的范畴，是儒家文化的精髓，是民族伦理的基本要素和民族精神的集中体现，也是几千年来推动中华文明生生不息的正能量和主旋律。君子文化流淌在每个中国人的血脉里，是人们交流的桥梁和纽带，已积淀为中华民族的遗传基因。做君子是绝大多数中国人的价值标准和人生追求。中华民族繁衍昌盛，中华文明生生不息，正是源于伟大的君子精神。可以说，君子文化是中华文明的精华，是值得中华民族自豪和骄傲的思想源泉，是传统文化中应该弘扬光大的优秀部分。

君子文化是中华民族独特的精神标识。君子是中华民族特有的文化概念，也是中国人独特的理想人格。西方有贵族文化、绅士文化，中国有君子文化。西方贵族

---

　*　本文于 2014 年 5 月连载于新华网。

　**　冰火，浙江大学君子文化研究中心主任。

文化是特指某一阶层、某种身份的文化，而我们的君子文化是建立在社会共同伦理基础上的、侧重于道德的人格文化。全世界只有中华文化圈讲君子，中华儿女优秀的道德品质、高尚的家国情怀、积极的文化担当，凝聚成入世有为、自强不息、厚德载物、文质彬彬的君子品格，成为中华民族性格和理想人格的一部分。比起西方的贵族、绅士，君子的形象更鲜活、更真实、更可爱。可以说，君子是中华文化的独特创造，是中华民族特有的宝贵财富。

君子文化是中华文明道德精髓的集中体现。习近平总书记在《向社会主义文化强国奋勇前进》中指出："中华传统美德是中华文化精髓，蕴含着丰富的思想道德资源。不忘本来才能开辟未来，善于继承才能更好创新。"君子形象所代表的仁爱、正义、礼仪、诚信、宽恕、恭敬、廉耻等传统美德，薪火相传，滋养着生生不息的中华民族。当今君子可以成为在经济大潮中搏击者的灯塔以及现代竞争中立身处世的道德标杆，君子文化可以成为社会主义核心价值观的重要载体。

君子文化作为儒家文化的核心，是我们在世界文化激荡中站稳脚跟的基石。在长期的历史发展中，儒家文明兼收诸子百家，融合游牧文化，吸收借鉴道教、佛教的合理内核，形成了极具特色的中华君子文化。最近有学者提出，中华文化有包容性，没有主体性。笔者认为，君子就是中华文化的整体形象，君子文化就是中华文化的主体性代表。当今，面对世界一体化的历史趋势，面对各种外来文化思潮的挑战和冲击，中华民族传统文化面临着深刻的危机。在各种文化的激荡、交锋中，只要我们赋予君子文化鲜明的时代精神，中华文化就不仅能够站稳脚跟，展现出更加强大的生命力，还能以超强的消化能力、同化能力守住中华文化的根本，从而为形成和丰富世界文明做出卓越贡献。

君子文化是涵养社会主义核心价值观的重要源泉。习近平总书记强调，"培育和弘扬社会主义核心价值观必须立足于弘扬中华优秀传统文化"，"深入挖掘和阐发中华优秀传统文化的时代价值，使中华优秀传统文化成为涵养社会主义核心价值观的重要源泉"。作为中华传统文化的精华，君子文化既可以让我们中国传统哲学思想盛开传承创新的时代花朵，也可以让社会主义核心价值观引发中华民族的基因共鸣。目前，传统文化受到广泛重视，新儒家闪亮登场，但往往囿于训诂诠释，不能很好地联系实际、针砭时弊，所以与广大群众相脱离。在弘扬社会主义核心价值观的实践中，宣传引导往往囿于空泛概念，很难做到兼顾"入耳"和"入心"。如果我们按照习近平总书记的要求，"古为今用，推陈出新，有鉴别地加以对待，有扬弃地予以继承"，对君子文化做好创造性转化和创新性发展，接上民族传统文化的根，社会主义核心价值观就会更有生命力，更具活力。

经过几千年的文化传承，君子概念妇孺皆知，文献资料汗牛充栋，但君子理论的系统研究、君子内涵的深入发掘，特别是君子文化的创新发展，仍是学术研究的一个空挡。社会需要君子，时代呼唤君子文化，君子文化研究完全可以成为我国传统文化乃至当代文化的一个专门学科，成为一门有重要现实意义的学术，成为社会主义核心价值观建设的一部分。通过君子文化研究，赋予君子以鲜明的时代气息，构建与中国特色社会主义相适应的新型君子，使君子成为一种生命方式、处世方式和生活方式，让君子人格的光辉更加闪亮，使君子文化更具活力。

二、君子的本质特征

君子是中华民族理想人格的代表，是炎黄子孙的价值追求，是仁人志士立身处世做人的标准，也是每个中国人心中期许的榜样形象。

早在《易经》中就出现了完整的君子形象：君子乾乾（《乾卦》），君子谦谦（《谦卦》），君子夬夬（《夬卦》）。张载《正蒙》说："易为君子谋，不为小人谋。"《易经》中关于"君子"的论述，抓住了君子的本质，阐明了君子的根本属性和基本特征。

君子谦谦。谦谦既是世人对君子的赞誉和期许，也是君子最突出的人格特征，还是君子修行"有终"的根本途径。在古代，"有终"是对谦谦君子的最高嘉许。周公指出："谦道大足以守天下，中足以守其国，小足以守其身。""谦谦"，即谦而又谦，这是君子的灵魂，也是君子与圣人、小人区分的一条标准。在古代，圣人、君王不需要谦，小人、女子无资格谦，唯有具备谦虚秉性并践行谦德的大夫、贤士才能成为君子。因此，君子必须谦谦，谦谦才能成为君子。谦谦不仅是谦让、谦逊，更是谦虚。由谦而虚，虚可纳物，虚己才能进学，学才能增益。《谦卦》为《易经》六十四卦中唯一六爻全吉的卦，其下艮（山）上坤（地），高者在下，谦虚，才高不自诩，德高不自矜，功高不自居，名高不自誉，位高不自傲。"谦，尊而光，卑而不可逾，君子之终也"，是说谦虚让尊贵者光彩照人，让卑下者不可逾越，谦虚是君子终生应有之德。谦谦君子后来逐渐成为道德君子的集中体现。

君子夬夬。"夬"者，决也。"夬夬"，象征果断，毅然决然。在古代，生存环境险恶，生产能力低下，关键时刻需要有人拍板决策，紧要关头需要有人挺身而出。这种人就是最早的君子。《夬卦》中描写的夬夬独行的君子，不惧困难，不怕牺牲，决然独立，中道前行。"其危乃光""夬夬独行"的君子形象，由此成为"文死谏，武死战"这一儒家传统的原型。君子敢于决断，首先在于其独立的人格和坚定的抱负，勇敢担当；君子敢于独行，在于其奉行不怕牺牲、服务社会的价值理念，甘于奉献。"先天下之忧而忧，后天下之乐而乐"的远大抱负，"苟利国家生死以，岂因祸福避趋之"的家国情怀，"位卑未敢忘忧国""留取丹心照汗青"的献身精神，正是中华君子数千年来形成的优秀传统和高尚品德。

君子乾乾。"乾乾"，是指勤勉而谨慎、刚强而健行。乾乾是君子最本质的品质。乾乾君子是在《易经》中首次出现的君子形象，体现了君子"终日乾乾""自强不息"的精神品质。《乾卦》以"天"来喻指君子刚强正大的美德，又以"龙"来象征君子纯阳刚健的精神。几千年来，"天""龙"这两个代表性文化符号诠释着中国人乾乾刚正、自强不息精神的力量源泉和能屈能伸、灵活变通的智慧心性。由此肇始，"君子"成为中华文明推崇和追求的理想人格的最高境界。

《乾卦》以龙的形象，生动地描述了君子乾乾的人生修炼历程，"潜龙勿用"，认真学习；"见龙在田"，脚踏实地；"乾龙健行"，进德修业；"跃龙在渊"，谨言慎行；"飞龙在天"，有所作为；"亢龙有悔"，过犹不及；"群龙无首"，同和之美。此外，乾乾还体现了君子的基本特征。乾乾是刚强，君子是勇者，勤劳勇敢，刚健自强；乾乾是健行，君子是行者，与时偕行，生生不息；乾乾是至德，君子是仁者，敬天法地，厚德载物；乾乾是智慧，君子是智者，潜见跃飞，进退守正。

综上所述，高者居下、虚怀若谷的谦谦之德，敢于担当、特立独行的夬夬之能，刚正健行、自强不息的乾乾之道，体现了从古至今一以贯之的君子品质和特征，也构成了君子形象的基本架构。需要指出的是，从人格形象的角度看，这三方面都是君子的本质特征。过去，受儒家思想的影响，人们更多地强调道德君子，谦谦君子的形象深入人心，这无可厚非，但也相对弱化了君子自强不息、与时俱进、敢于担当、甘于奉献的品质特征。这既是君子文化研究的倾向性问题，也是君子形象过于虚化的成因之一。反之，这又为我们深入挖掘君子品格特征，树立君子全面发展、生动鲜活的人格形象留下了广阔的空间。

三、君子文化的演化及创新

君子形象的产生、君子概念的发展、君子人格的完善乃至君子文化的演化，是中华文明发展的缩影，无不打上了历史和时代的烙印。

君子这一概念，在《尚书》《诗经》等先秦文献中都有记载。可以想象，在没有文字记载之前，君子概念、君子形象就产生了。君子最早是指古代的贵族及其子弟，后来成为"尊贵之人"的代称。远古时期，由于生产力低下和生存条件恶劣，生存和发展的需求使得男性起着十分重要的作用；氏族部落之间为争夺统治权、生存权和物质利益而发生冲突，需要带头人，有能力、有权力、有地位的领袖便应运而生。要想成为领袖，不仅要有勇有能，而且要有德有功。唯有如此，才能赢得民众的信任和尊敬，君子便应运而生。"'有斐君子，终不可谖兮'者，道盛德至善，民之不能忘也"（《大学》）。随着三皇五帝的出现，君子所具备的德、智、勇品格，逐渐成为对贵族阶层的要求。反言之，贵族中的优秀分子就是君子，君子必须是贵族成员。君子的标准可概括为有位、有德、有能、有功、有影响。由此可知，君子是贵族成员，君子是尊贵之人，君子文化是贵族文化。

随着时世的变迁，君子的概念和内涵也发生了深刻的变化，君子文化也有了新的时代特征。君子文化的集大成者——孔子拓展了"君子"的理念，塑造了崭新的君子形象，重构了君子文化。孔子将君子从传统的"高贵之人"转变为"高尚之人"，君子从有位有为者转变为有德者，更加注重品德、仁义道德，克己复礼成为君子必备之德和基本标准。在尧舜时代，君子必须"克明峻德"，而当时所峻之德包括才能、作为等。君子必须效天法地，带领小人、小子战胜多种艰难困苦。因此，君子之德是仁、智、勇、才的总和。孔子总结道："君子道者三……仁者不忧，智者不惑，勇者不惧。"春秋末期，礼崩乐坏，诸侯争斗，天下大乱，故孔子将仁政作为治世之理想。对于君子来说，守"仁"是最高美德，尊"礼"是行为标准，克己复礼是最终目标。同时，孔子作为民办教育的创始人，提出有教无类的教育理念，强调个体修养，提出读书之士皆可修为君子。"贵"君子变为"士"君子，无疑极大地扩展了君子的阶级基础。由于孔子极为重视君子的道德修养，君子由"尊贵之人"转变为"高尚之人"，有位之高贵君子转变为有德之高尚君子，名为道德君子。此时之德已为才德各属了，并强调以德驭才。

　　孔孟是君子文化的集大成者，他们将君子文化从贵族文化转变为精英文化，赋予君子文化以新的时代特征。几千年来，君子形象日益深入人心，君子精神日益发扬光大，甚至可以说，中华文明史就是君子文化的发展史。一代又一代的中华君子带动引领人民群众创造了历史，也丰富发展了君子文化。在这个过程中，孔孟的君子思想产生了深远的影响。孔孟关于君子的一些言论被社会广泛接受，逐渐成为大众耳熟能详、生动活泼的俗言俚语。如"君子坦荡荡，小人长戚戚""君子喻于义，小人喻于利""君子一言，驷马难追""君子爱财，取之有道""君子之交淡如水""君子动口不动手""量小非君子""君子成人之美""做君子不做小人"，等等。因此，从一定意义上来说，君子文化已经由精英文化发展为大众文化。究其原因，正如《易经·乾卦·文言》所说，君子"终日乾乾，与时偕行"。由于君子具有与时俱进的品格特征，故在人民群众的心目中，君子概念是鲜活的，君子形象是生动的，君子人格是变化的，君子文化是发展的。这就启示我们：研究传统文化特别是君子文化时，一定要坚持与时俱进，坚持创新发展，不断挖掘君子文化的时代内涵，持续开拓君子文化研究的新天地。

　　钱文忠先生指出，在传统文化和现代文化的对峙中，让步的、失败的是传统文化，失去的往往是传统文化的精华。为什么失败、失去？因为没有新的东西，没有适应现代的东西。仅对过去的死文献进行训诂释义，是无法影响当代社会的；没有生命力的传统，是无法引起当代人的兴趣的。唯有坚持文化创新，使传统文化这棵千年老树盛开绚烂的时代之花，才能使传统文化生机无限。君子文化应该创新，也一定要创新。我们既要研究古代的君子人物，更要树立当下的君子形象；既要弘扬传统的君子品格，更要光大当代的君子精神；既要继承丰厚的传统君子文化，又要构建当今鲜活的君子文化。此外，我们还要努力扩大君子的社会基础，使人人都可成为君子。如传统君子"穷则独善其身，达则兼济天下"，当代君子"达更要独善其身，穷亦可兼济天下"。借助当今发达的社会网络和通信技术，弘扬善人善举，营造向上向善的社会风尚。弘扬君子文化，就要丰富和发展君子文化的时代内涵，就要培育和创造有利于君子文化发扬光大的环境和条件。

　　一言以蔽之，君子文化一定要与时俱进，创新发展，形成鲜明的时代特征，更具中华的民族特色。

四、儒家君子理论的历史意义及其局限性

儒家的君子学说，是中国传统文化的精华，构成了中国传统文化的主流价值。从某种意义上说，中华文化即君子文化，中华民族的理想人格即君子人格。中华文明的传承，中国的礼仪之邦，中华民族的自强不息，中国人民的勤劳勇敢，中国的士文化，集中体现在君子文化之中。中华民族的人格特征可概括为崇尚精英、崇尚君子、崇尚道德、崇尚礼仪，这是孔孟君子学说的历史功绩。随着中国经济社会的发展，儒家君子文化的影响力将更加强劲、更加持久、更加深刻。弘扬以儒家学说为主体的君子文化，也是当代社会文化创新和发展的重要内容。如何理性对待数千年的君子文化，取其精华、去其糟粕，使其重放异彩，既是十分重大的时代课题，也是使君子文化焕发新活力之关键所在。受历史的局限，儒家君子文化也产生了一些消极影响。对于这些消极影响，我们应进行深入而客观的分析。

孔子创立并完善了君子学说体系，创新了君子理念，再造了君子形象，促进了君子文化的转型。《论语》可说是一部关于君子的学术专著，"君子"一词在《论语》中出现了一百零七次。孔子的一切思想，都是以君子为中心的，他的理想国是君子国。君子国里的君子，不但有道德有学问，还有富贵功名。孔孟开创的君子文化是社会顶层象牙塔里的精英文化，是为当时的统治者服务的；从更深层次来看，孔子培养君子的最终目的不是如何做人，而是如何做官。孔子虽然强调"有教无类"，但他并不是以社会大众为培养对象的。在孔子眼中，君子是人，百姓是民，人和民是截然不同的两类人。孔子要培养的君子，并非与时俱进的时代君子，而是克己复礼的道德君子。孔子面对礼崩乐坏的社会局面，以古代的标准重新塑造君子。这种新君子往往出身贫贱，以恢复周礼为己任，被后世称为道德君子。孔孟的君子观具有鲜明的等级特色。如孔子的君子小人二分法，把君子和小人对立起来，将二者的关系比作风与草的关系。孔孟为君子设立的道德标准过高，令人可望而不可即，甚至连孔子都自称"君子道者三，我无能焉"。而孔子提出的君子行为准则在后世逐渐教条化，成为束缚人性的礼教。君子的标准过高达不到，礼教束缚人性，从而导致"真君子"越来越少，"伪君子"越来越多。需要注意的是，孔孟的君子观是由他们所处的时代背景、所站的立场、所持的价值观决定的。我们研究孔孟的君子观，正是为了取其精华、去其糟粕，从而更好地弘扬君子文化。

几千年来，君子精神激励了中国人，君子形象影响了中国人，君子文化改变了中国人，这是不争的事实。这就是君子文化的魅力所在，儒家文化的精髓所在。我们唯有既充分肯定儒家君子文化的历史意义和深远影响，又客观分析其历史局限及消极因素，才能更准确地弘扬君子文化。

五、君子文化与欲望、财富、竞争

市场经济的理论基础，就是依据"人人为自己，上帝为大家"的假设，通过人的欲望不断膨胀来追求财富增长。而注重人的精神世界的宗教，将人的欲望当作罪恶之源，禁欲是其主基调。儒家君子文化强调对欲望的节制，节制欲望也成为中国文化的重要内容。改革开放以前，我国人民的生活水平不高，人的物质欲望也不高。改革开放实现了社会转型和文化转型，逐步形成了尊重个人、尊重个人利益诉求，合理释放、满足个人欲望，乃至鼓励一部分人先富起来的社会风尚。

随着经济的飞速发展和社会财富的快速增长，个人私欲也迅速膨胀起来。我们今日物质层面的现代化的高歌猛进，与精神、文化层面的迷惘、低落导致的矛盾非常激烈。古希腊哲学家德谟克利特说："动物如果需要某样东西，它知道自己需要的程度和数量，而人类则不然。"得一望十，得十望百，得陇望蜀，欲壑难填，这是人的本性，也是人的可怕之处。《尉缭子·治本》也说："欲生于无度，邪生于无禁。"一个健全的社会，既是给人的生存发展提供充分空间及有力保障的社会，也是有效管理人的欲望，特别是物质欲望的社会。这就需要引导民众建立健康文明的生活理念、生活态度和生活方式，将人们对物质的狂热追逐引导到对精神、文化、文明的追求上来。

与欲望紧密相连的是财富，"物欲横流"已成为当今社会一种广泛的社会现象。人们步履匆匆，却不知去向何方；因走得太远，忘了根在何处；人人心浮气躁，难以听到自己的心声。据法国一家市场调查公司对二十个国家的一项调查显示，中国人对于物质的热衷度远高于其他国家，中国也由此被视为全球"最为现实"的国家。一则消息称，风靡我国的热词"土豪"，有可能在2014年被收入《牛津英语词典》。何为"土豪"？顾名思义，"土"意味着土气和粗野，"豪"意味着显赫和华丽，"土豪"则意味着财富丰富而品位不高，追求奢侈而审美不足，炫耀消费而内涵不够。

当今社会，人们的欲望越来越膨胀，对财富名利的追逐也越来越迫切，而社会的竞争也越来越激烈。

君子文化与欲望、财富、竞争之间固然有矛盾，但并非不能统一。唯有处理好君子文化与欲望、财富、竞争之间的关系，才能构建出适应新时代需要的君子文化。

君子的高明之处，就在于善于管理自己的欲望，对于不同的欲望有不同的取舍原则。如"己所不欲，勿施于人"，是对己欲与他欲的处理；"鱼和熊掌"之欲、舍生取义，是对欲望的取舍。君子慎独，则是对欲望的节制。孔子说："富与贵，是人之所欲也，不以其道得之，不处也。"又说："富而可求也，虽执鞭之士，吾亦为之。如不可求，从吾所好。"当今社会充满诱惑，既不可能禁欲，也无必要清心寡欲，但绝不能欲壑难填，故如何管理好自己的欲望是能否成为君子的关键。欲望问题的根本是价值观、人生观的问题。

如何对待欲望、财富，也是区别君子和小人的分水岭。首先，君子不否认利益的正当性。《易经·乾卦》卦辞曰："乾，元、亨、利、贞。"《乾卦·文言》进一步解释道："元者，善之长也；亨者，嘉之会也；利者，义之和也；贞者，事之干也。君子体仁足以长人，嘉会足以合礼，利物足以和义，贞固足以干事。君子行此四者，故曰：'乾：元亨利贞。'"其中"利者，义之和"，提出了义利关系的问题。义利观一直是君子文化的核心问题。孔子说，"君子义以为上""君子喻于义，小人喻于利""君子爱财，取之有道"。孟子也说："夫义，路也；礼，门也。惟君子能由是路。"在孔孟看来，义是君子必备的品德、做人的根本。

君子应如何看待财富问题呢？孔子所说的"邦有道，贫且贱焉，耻也；邦无道，富且贵焉，耻也"，讲的是不同的社会条件下如何对待财富；《大学》中的"财聚则民散，财散则民聚"，讲的是如何以义驭财。君子应采用何种手段取得财富呢？历史上，战争是取得财富的重要手段之一。孔子反复强调，"君子矜而不争""君子无所争……其争也君子"。孟子说，"春秋无义战"。在他看来，诸侯之间为了财富而争战不休，造成了礼崩乐坏的局面。当代社会，取得财富的重要途径是竞争，竞争已渗透到社会的方方面面，贯穿于每个人的一生。欲望、财富和竞争就是新时期君子必须面对的三大问题。笔者认为，既然在社会主义市场经济条件下，竞争无处不在，那么，新时期君子要解决的关键问题就是如何竞争。孔子说："君子无所争。必也射乎！揖让而升，下而饮。其争也君子。"强调的是，君子之争有法、有度、有序、有礼。

改革开放以来，我国文化建设虽然取得了举世瞩目的巨大成就，但由于"历史欠账"太多，精神破碎、价值虚无、道德滑坡、礼仪缺失等不良社会现象仍广泛存在，构建新型君子文化正当其时。一批有识之士坚信，以儒家文化为代表的传统文化，特别是君子文化，一直是中国人的文化基因，与中国人的生命、生存、生活具有很强的亲和力。笔者坚信，只要对君子文化进行深刻的反思与批判，必然会实现传统君子文化的时代性转化。

六、君子文化与精英文化、大众文化

早期的君子形象，可用三句话来概括：第一句是《诗经》中的"窈窕淑女，君子好逑"；第二句是《易经》中的"天行健，君子以自强不息；地势坤，君子以厚德载物"；第三句是《论语》中的"学而时习之，不亦悦乎？有朋自远方来，不亦乐乎？人不知而不愠，不亦君子乎"？从君子的身份来看，《诗经》中的"岂弟君子，民之父母""夙夜在公，在公明明"；《易经》中的"君子终日乾乾""发于事业"；《论语》中的"义之与比"之"君子儒"；《孟子》中的"无君子莫治野人，无野人莫养君子"。从君子文化的发展演变来看，到春秋时代，君子已由贵族阶层扩展到士阶层，君子内涵由有位有功有德变为立德立功立言，君子的性质已由尊贵之人变为高尚之人。在孔子那里，君子理念及君子文化实现了转型，使君子文化从贵族文化转变为精英文化，并扩大了君子的阶层范围。从本质上看，贵族是远古时期的精英。春秋时期，由于礼崩乐坏，将原本属于贵族最底层的士阶层从沉重的宗法制羁绊中解放出来，士阶层通过"学而优则仕"，成为统治阶层中的精英。因此，传统君子文化的本质是精英文化。从孔子划分的君子与小人、孟子划分的君子与野人，可见精英和民众的界限很清，鸿沟亦很深。

中国特色社会主义文化是大众文化，大众文化的主要特征是多元共生、互相包容。笔者认为，当下的君子文化建设，既要在传统文化与现代文化的转型中找到结合点，赋予君子文化以新的生命力；又要在东方文化与西方文化的碰撞中找到相似点，厘清君子与绅士的联系和区别，找到精英文化和大众文化在价值取向上的兴奋点，构建出更加生机勃勃的新君子文化，从而使君子文化成为全人类共同的财富。从社会阶层来看，一方面，精英和大众的区别仍然客观存在，这种区别并非社会成员的职业、身份，而是社会成员的影响力、作用力；另一方面，精英和大众的角色并非一成不变。其原因有二：一是社会制度的变化，二是社会教育的普及和信息技术的进步。如近些年评选出来的"感动中国人物"，大部分都是普通社会成员，但他们经过自我修养和实践成为新时代的君子，跨入社会道德精英的行列。2014 年，生前曾坚持义务清扫过街天桥十一年的窦珍老人被追授为"北京最美慈善义工特别榜样荣誉奖"，在社会各界引起热烈反响。社会教育的普及则极大提升了社会大众的文化修养，信息技术的进步则为社会大众修身齐家乃至兼善济世创造了便利条件。可以说，当今社会，人人都能成为君子，人人都可成为精英。

是否可以说，当代的君子文化就是大众文化，而非精英文化呢？笔者认为，不能简单定调。人人都能成为君子，表明新时代君子文化是面向全社会、面向人民大众的，新时代君子文化的社会基础更加广泛了。但每个社会，客观上都存在精英和大众两个范畴，只是在当代社会，精英的范围更广、影响力更大、作用力更强，社会对精英阶层的要求也更高。现在的精英阶层，不仅是官员阶层，还包括企业家阶层、知识界阶层、新媒体阶层和名人阶层。精英阶层既要承担更多的社会责任，更要有高尚的道德修养和良好的社会行为。因此，新时代君子文化既要把精英阶层作为重点，又要把精英和大众两个阶层当作一个整体，进行有重点有特色的研究。既然当代社会，精英和大众都可成为君子，那么，新时代君子文化也要突破精英阶层的局限，面向全社会、面向人民大众。

七、当代社会的君子和小人

孔子的君子学说，详细刻画了君子与小人两个对立的人格形象。

在身份君子阶段和道德君子阶段，"小人"具有不同的含义。在身份君子阶段，与贵族阶层相对的是庶民阶层，代表"庶民"的词汇有小人、民、众、百姓等。其中，"小人"意指地位低贱、生活贫穷、愚昧无知的社会底层成员。到了春秋时期，孔子将"君子"重新定义为"道德君子"，"小人"则意指道德低下的社会底层成员。孔子提出，儒士也有君子儒、小人儒之分。在《论语》中，有十九处将君子小人对举。如"君子坦荡荡，小人长戚戚""君子求诸己，小人求诸人""君子喻于义，小人喻于利""君子泰而不骄，小人骄而不泰""君子和而不同，小人同而不和"等。孔子的君子小人二分法，把君子与代表大众的小人对立起来，使君子鹤立于小人之上，由此提出"唯上智与下愚不移"。

自孔子时代起，讲君子便不能不讲小人。随着世事变迁，"君子"的概念却越来越复杂，有"真君子"和"伪君子"之分。而"小人"的概念却越来越简单，专指缺乏道德的低层次人格特征，如卑鄙、阴险、自私、背信弃义等。小人都是真小人，不用伪装。因此，"小人"概念的演化过程可概述为从身份低层次到道德低层次再到人格低层次。

如何看待目前的君子小人现实情况？现在有一种说法：世风日下，君子已经名存实亡了，小人比比皆是，整个社会已沦为小人社会了。当代社会有没有君子？君子多了还是少了？如何看待小人多了的现象？笔者认为，现实的状况实际是君子多了小人也多了，两极分化两头冒尖。小人多了已成为社会共识，物欲膨胀、拜物教盛行、缺乏公德、投机钻营、出卖人格、暴戾冷漠、见死不救……小人之多，既有财富增长而道德文化建设滞后的客观原因，也有缺乏公德的传统痼弊，更是一些人道德沦丧，相互攀比影响的个人因素，还有媒体推波助澜、扩大影响形成的恶性循环。可以说，全社会道德水准快速下降已成为严重的社会问题。在传统社会，由于君子文化是贵族、精英文化，能成为君子阶层的只是社会上层象牙塔的少数人，其中道德高尚业绩优秀的人更是寥寥无几。所以有学者评价孔子笔下的好人，死人多；坏人，活人多。实际上，尽管几千年的君子文化影响深远，但全社会公认的君子并不多。当今的社会与孔孟的时代已不可相提并论，首先是现在有条件有资格修身为君子的人增多了，文化层次的提升和物质基础的丰厚势必产生更大比例的君子；尽管当下社会的负面因素影响大，但任何社会绝大多数人心向善是不可改变的客观存在，孟子所说的"四心"，还在深深地影响每一个中国人，不然就不能解释社会慈善公益得到更多社会成员特别是青年成员的参与；再从实践上看，中国改革开放四十年发展的成就举世瞩目，没有一大批中流砥柱君子的担当和奉献，何以取得如此成功。当然，联系君子与小人两极分化、两头冒尖的现实看，正说明我们的道德文化建设有问题，正说明君子文化创新有急迫的需要，更说明君子文化有很大的发展空间。我们深信，未来君子一定会越来越多，君子文化一定会成为社会的主流文化。

研究君子与小人，既不能把它们对立看，也不能分割看。实际上，君子是人不是神，世上也没有一个完美无缺的君子。当代君子必须是真实鲜活的形象，一个优秀的社会成员，其君子人格要素更为明显；而一个品位低下的人，也必定是小人人格特征明显作祟罢了。同时，君子不可能是天生的，而是通过修养形成的，每个普通人都有君子和小人的两面性，只要加强自身修养，逐步增加自身的君子成分，即使不一定能成为君子，肯定也不会成为小人。从全社会来看，我们要通过弘扬君子精神，形成公民全面发展、社会全面进步的君子社会；而作为每一个人，就要把自身的君子因素搞得越来越多，逐步向君子的美好形象迈进。这也是君子文化发展的两个途径。

八、君子气度如何化解暴戾之气

人们普遍感到，我们在创造了巨大物质财富的同时，也产生了相当程度的社会暴戾之气，加之信息媒介的广泛传播及少数人的别有用心、借题发挥，社会人心浮躁现象有愈演愈烈的倾向。锱铢必较、恶语相向、剑拔弩张的事例充斥报端，道德沦丧、报复社会乃至滥杀无辜的恶劣行径屡见不鲜。对此冷漠相待、助纣为虐的言论比比皆是，见义勇为被视为"傻子"，伸张正义被冷嘲热讽。我们的社会怎么了？

暴戾之气是一种消极负面的风气，是社会发展的负能量。暴戾之气的漫延说明了社会上正气不足，正能量不够。暴戾之气的产生，固然与一些人缺乏道德、利欲熏心的极端利己主义直接相关，也与一些社会舆论煽风点火难脱干系，还与市场经济的负面作用及资本的逐利本性存在联系，但最根本的是文化的作用没有充分发挥，与市场经济相适应的积极健康的文化建设滞后，文化具有匡正社会风气的根本作用，是另一只"看不见的手"，这只手的作用在于能够平衡乃至制衡市场之手，避免出现人心失衡的现象。

化解暴戾之气，要加强法制建设，注重公平，伸张正义，但根本上要发挥文化的治本作用。其中，君子文化为核心概念的传统文化，可以发挥不可替代的作用，社会呼唤具有仁、智、勇三德的君子来弘扬正气、匡扶社会。古代士君子张载的"为天地立心，为生民立命，为往圣继绝学，为万世开太平"，鼓舞着当代社会的有识之士。

君子气度化解暴戾之气，关键在于当代君子要自觉提升自己的君子气质、素养。需要越来越多的注重修身健行、具有君子气度的有胆有识之士。君子气度首先表现在敢于担当的浩然正气，"先天下之忧而忧"的责任感，敢于扶正祛邪、主持公道，伸张正义、惩恶扬善。君子气度也表现在自强不息的勃勃生气，自强自立，处顺境不张狂，遇逆境不气馁；向善向上，输出正能量，引领好风尚。君子气度还表现为宽厚包容的蔼然和气，乐观豁达，"海纳百川，有容乃大"，以积极的心态理解包容、奋发图强。

君子气度化解暴戾之气，还在于全社会要营造弘扬君子风尚的良好环境。通过法制规范、舆论宣传、表彰机制等，逐步建立崇尚君子形象、弘扬君子文化、践行君子精神的社会新风尚。让人人觉得君子光荣，人人争做君子典范，新君子文化蔚然成风，社会自然难觅暴戾之气。

九、君子的当代标准

曾有人就何为君子标准做过一个调查，有近半数的人认为能遵纪守法基本上就是君子了。我们首先把君子的概念定位为社会的理想人格，也是中华民族的集体人格形象。

人格是人的性格、气质、能力等特征的总和，形象地说，即是人作为人的品位和格调。从社会人格来说，其理想的整体形象无疑是中华民族精神的精华和优秀部分，如自强不息、厚德载物、文质彬彬、仁义礼智、忠信恭恕，等等；但就具体的每个人来说，既有作为君子的共性标准，也有与其社会角色相应的差异性要求；从君子的成长过程来看，君子是通过个人修养和人生实践而被社会认可的，这个过程又与其人生全程相伴相随。一个人不可能生而即成为君子，一个君子也不可能完美无缺，活生生的君子也会有这样那样的弱点乃至错误，有某种劣迹的人也可通过修炼脱胎换骨变成君子。但不论如何分类制定，君子必有一个大致的标准。这个大致的标准可以用"正人君子"来表达。中国传统文化历来强调"正、中、和"，"正"是核心。《易经》所讲的"元、亨、利、贞（正）"，这是"乾"之四德。"贞者，正也"，即正直、正义、坚贞之意。"养正则吉"，"正"具有光明正大的品格。孔子对君子也分别提出"正道""正名""正冠"的要求。孟子的"浩然正气"也有很大的影响。几千年来，老百姓衡量一个人是否君子，就是看其是否为"正人"，因此，才有"正人君子"之说。可以说"正人君子"是传统君子文化的历史积淀，又是普罗大众口口相传的共同选择。

"正人君子"，可以从四个方面解读：正心、正道、正见、正行。

正心。君子是修养、修炼、修正出来的。古代君子追求的修身、齐家、治国、平天下。修齐治平，修是前提，也是关键。君子成长过程就是修身的过程，不修身不能成为君子，一日不修身即一日不是君子。"吾日三省吾身"，意即每天都要修身反省，终生都要修养。而《大学》所说，欲修齐治平，要"先正其心"，也就是说"正其心"是修身的基础、前提和关键。言行是修身的重要内容，言行表现于外，基础则在于内心的修炼。用现代的话说，心就是意识能力，意识能力就是人能够觉悟到外在的东西与内在的意念。心原本就是处于浮动、变化的状态，常言道起心动念，说明心中随时会有新的想法出现。禅宗故事中"风动""幡动""心动"的道理亦对此作了说明。孔子将自己修养历程总结到七十岁才"从心所欲不逾矩"，达到君子的标准。正心，何为正的心？孔子说的是仁心，仁爱之心。他说只有他自己最好的学生颜回才能做到"其心三月不违仁"，可见做到正心的不易，守住正心更不易。何为正心，孟子指出"恻隐、善恶、辞让、是非"是心之四端，分别比对"仁德、义行、守礼、明智"四德。无四心者，皆非人也。四端是四种力量，就如人之四肢。"凡有四端于我者，知皆扩而充之矣，若火之始然泉之始达。苟能充之，足以保四海"。所谓正心，就是要修炼仁爱、至善之心，并保持之。君子文化十分强调"正心诚意"对于为人处世、成就事业的重要性。心正，境界自高，胸怀自宽，杂念自无，贪欲自失；心正，才能行正、身正，才能成为君子。

正道。就君子而言，道是价值观、人生观或理想、境界，即一个人对于世界的一切"应该如何"的体认。孔子曾说过，"士志于道""朝闻道，夕死可矣"。道对于君子来说是最重要的，"君子谋道不谋食，君子忧道不忧贫"。君子最大的追求是人生理想的实现，这个理想就是修齐治平，就是"立德、立功、立言"。君子守正道还有一层意思就是君子应该坚持什么方向。孔子说："君子道者三，我无能焉：仁者不忧、智者不惑、勇者不惧。"仁义的人不忧虑，明智的人不迷惑，勇敢的人不惧怕，这是君子实现理想的三项要求和必经途径。这三个方面，仁义是第一位的。孔子指出，"君子之于天下也，无适也，无莫也，义与之比"，是说君子立身处世于天下，无所排拒也无所贪慕，完全是与道义并肩而行。"义"原意指"宜"，指恰到好处，此处指应行之事。义与道（应行之道）相表里。"君子喻于义""君子义以为上，君子有勇而无义为乱"，孔孟一直强调以仁义统御智勇，所谓正道即是坚持仁义之道。

正见。正见即正确的思想观念和言论，亦可以理解为正确的世界观、价值观、人生观。君子之正见，主要体现于四个方面。一是修身与治天下。修齐治平，是君子的人生理想和目标。君子以天下为重而自强不息，有抱负、敢担当，"天下兴亡，匹夫有责"是君子的信念。而君子实现齐家、治国、平天下的人生理想的基础在于修身，君子最重要的是修身，在于自己的道德、能力、仪容等方面的修养。君子以修身为本，《大学》即言"大学之道，在明明德，在亲民，在止于至善"，至善是君子修养的目标。二是自我与无我。君子的自我，是自尊、自强、自信，是自我实现、自我完善、自我提升，有我而非唯我，恰恰相反，君子的自我是与无我、忘我联系在一起的。在天下、事业、抱负面前，君子又是无我忘我的，正如李嘉诚所说，"追求自我，努力改善自己是一股正面的驱动力"，同时，"一直凭努力和自信建立自我、追求无我"；"我们不一定是拯救世界的英雄，但我们谨守正知，正行、正念，就应该可以高声回应社会：我们一生未曾不仁不义，不善不正"。可以说，无我是自我的目的，是自我的高级阶段。坚持自我与无我的统一，是君子人生价值的正确选择。三是道义与利益。司马迁在《史记·货殖列传》中说："天下熙熙，皆为利来；天下攘攘，皆为利往。"利益与道义关系的处理，是君子与小人的区别所在，也是真君子和伪君子的本质差异。如何定义"义"与"利"的关系？如前所述，《易经》中"元、亨、利、贞（正）"这四德，对应为君子的"仁、义、礼、智"。孔孟对义与利的关系也作了很多阐述，"君子爱财，取之有道"等。君子文化关于道义与利益的关系，主要表现在孰轻孰重、取财之道、施财之义等方面，强调"见得思义"，以义制利，以义驭利。四是言语与行为，将在后面述及。这四个方面的思想，构成了君子的人生观、价值观、义利观与实践观，是君子修炼正心、固守正道的认识源泉。那么，正见从何而来呢？就来自君子不断学习、思考、实践的人生历程。

正行。君子之正，关键在于其"行"正。正心、正道、正见与否，集中表现于"正行"。一是君子健行致远，"天行健，君子以自强不息"。君子效天法地，像苍天一样刚健自强，运行不止。可以说，健行是君子的本质特征之一。敢于担当，固守抱负，"艰难困苦，玉汝于成"。二是君子义行向善，"君子喻于义"。此说既有大义凛然、扬善抑恶之义，也有率先垂范、身教重于言教的内涵。三是君子知行合一、言行一致。王阳明说："知是行之始，行是知之成。"（《传习录》）知行要合一，知与行、言与行，是衡量君子的两个维度。孔子很重视处理君子言与行的关系，常常喜欢言行并举，如"言忠信，行笃敬""言中伦，行中虑""听其言而观其行"等。

《易经·系辞》也说"言行，君子之枢机"。"枢机"，即枢纽的关键，意即要看人的言行表现。孔子说："先行其言，而后从之。""君子一言，驷马难追"，民间社会也十分看重君子的知行合一、言行一致。四是君子慎行自省。君子之所以能够健行致远，因为君子有强烈的忧患意识，"终日乾乾"，朝乾夕惕。在君子身上，践行和慎行是一致的。慎独、慎言、慎权、慎微、慎思都是慎行的体现。同时，慎行又延伸体现为文质彬彬的谦谦君子。五是君子笃行有恒。修身立德与自强不息都是君子的毕生作业，所以君子贵在有恒，不自满、不懈怠、不放弃，终身修炼，毕生奋斗。笃行才是真君子，笃行才成真君子。

读书读经典 做人做君子
——在首届君子文化论坛上致辞 *

李春林 **

尊敬的金德水书记、各位领导、各位专家学者、各位老师、各位同学：

大家上午好！很高兴来到美丽的浙江大学，出席首届君子文化论坛。现在已经是岁末，大家都有很多事务，能在百忙之中出席本次论坛，这既是对我们工作的巨大支持，也是君子文化具有强大感召力的体现。首先请允许我代表主办单位之一——光明日报社，感谢各位专家学者、各位朋友的光临，感谢合作方浙江大学的精心筹备和诸多安排。光明日报社对本次论坛十分重视，总编辑何东平同志原本要来参加论坛，因要列席中央经济工作会议而不能与会，特地委托我在这里向大家表示热烈的欢迎和诚挚的问候。

2014 年 2 月 24 日，习近平总书记在主持中共中央政治局第十三次集体学习时强调："培育和弘扬社会主义核心价值观必须立足中华优秀传统文化，博大精深的中华优秀传统文化是我们在世界文化激荡中站稳脚跟的根基。"为贯彻落实总书记的重要讲话精神，2014 年 6 月 13 日《光明日报》在头版头条刊发了钱念孙先生的文章《君子文化与社会主义核心价值观》。文章指出，在汪洋浩瀚的中华传统文化中，最能代表中华民族深层的精神追求和独特的精神标识，并体现中华民族最基本文化基因的，非君子文化莫属，君子文化是培育和弘扬社会主义核心价值观能够直接嫁接并开花结果的老树新枝。文章发表一年多来，在社会上引发强烈反响，一些重点报刊全文转载并进行二次传播，并陆续刊发与君子文化相关的重要文章。安徽

---

 * 本文根据录音整理，未经本人审阅。

 ** 李春林，《光明日报》副总编。

省委宣传部提出，要建设君子文化的研究高地、宣传高地和实践高地，不仅在安徽省社科院成立君子文化研究中心，并成立安徽省君子文化研究会，还将桐城和蒙城两座历史文化名城定为君子文化推广试点县。浙江大学和江苏省社科院也先后成立了君子文化研究中心。2015 年 9 月，山东省威海市与我们报社联合举办了"君子之风——美德威海与社会主义核心价值观建设研讨会"。君子文化既是当前学界研究的一个热点，也是一些地方推进社会主义核心价值观建设的一个重要抓手。无论从哪个角度看，君子文化广受重视都是一个可喜可贺的现象。我相信，本次论坛将会成为宣传、弘扬君子文化的一个新标志和新起点。

君子是中华优秀传统文化的重要范畴，是数千年中国优秀传统文化塑造和推崇的人格范式，是中华民族理想而现实、尊贵而亲切、高尚而平凡的人格形象。几千年来，君子就像一把标尺，度量着每一个中国人的修己安人、内圣外王。君子既是一个道德范畴、理论范畴，也是一个实践范畴，有严谨、细致、可学习、可实践的具体方法方式。对君子的阐释与著述既散落在文学、历史、哲学、教育等各个类别的典籍之中，也凝聚在日常的工作和生活中。今天，我们徜徉君子文化，用君子的情怀和格局来提升人生境界，促进社会和谐，而最重要的仍然是两个合一：一是知行合一，既要明了做君子的道理，更要践行做君子的要求；二是情境合一，每个人要有做君子的愿望，全社会要有尊崇君子的氛围。实现这两个合一，既需要专家学者和实务工作者的共同努力，也需要我们每一个人的努力。

竺可桢是浙江大学的老校长，我看到过一则关于他的故事。1974 年 1 月 23 日，竺可桢先生已经 84 岁高龄了，在病房里还要听研究高能物理的外孙女婿给他讲基本粒子的故事。老伴不乐意地说："你连坐都支持不住了，还问这些干什么？"他回答说："我知道得太少了。"两个星期后，竺先生就与世长辞了。竺可桢先生很简单的一句"我知道得太少了"，就诠释着"一事不知，儒者之耻"的古训，体现着强烈的自醒意识和进取精神，蕴含着深厚而绵长的君子风范。在浙江大学参加君子文化论坛，心头真是别有一番感受。大学是传承君子文化的高地，是培养一代又一代君子的摇篮。在大学弘扬君子文化，要做的事情很多，当前我觉得最重要的就是，在校园、在学生中倡导"读书读经典，做人做君子"。用读经典来提境界，做君子来定坐标。这样培养出来的人，一定是对人民、对国家、对世道人心有用有益的人。在培养君子上，大学任重道远，在这一方面，我们对大学寄予厚望。

弘扬君子文化既有深厚的历史渊源，也有扎实的现实根基，更有迫切的时代需要，所以本次论坛以"君子文化与当代社会"为主题。我们期待各位专家学者从不同角度对君子文化的历史脉络和现实意义，特别是与社会主义核心价值观之间的紧密联系进行探究和理论阐释，发表真知灼见。光明日报社将通过各种传播渠道和传播方式，充分报道好各位专家学者的主要观点和论断，为进一步弘扬君子文化做出自己的努力。

作为一份以知识分子为主要读者对象、以思想文化为宣传报道特色的中央党报，《光明日报》始终将弘扬优秀传统文化、培育和践行社会主义核心价值观作为自己的核心任务。近两年来，我们紧紧依托校训、家风、乡贤文化、君子文化、座右铭等载体，通过刊发新闻报道和理论文章、组织召开研讨会等形式，探讨传统文化与核心价值观之间的关系，产生了广泛而深远的社会影响。借此机会，我要感谢钱念孙先生将自己重要的文章交给我们发表，也期待在座的各位专家学者继续关注和支持《光明日报》的新闻报道和事业发展。

我们报社同仁有一个共识，其他的媒体可能只有编辑记者这一个主体，光明日报社则是双主题，除了编辑记者外，还有各个领域的专家学者。利用专家学者的优势，和专家学者一起办报，是光明日报社的一个传统。《光明日报》最大的报道对象是专家学者，最大的读者群是专家学者，最大的作者队伍也是专家学者。长期以来，光明日报社与知识界各个领域的专家学者结下了深厚的友谊，形成了良好的互动。今后我们将以更大的平台、更多的形式、更热情的态度、更出色的工作为各个领域的专家学者服务。

再过十几天就是新年了，提前祝各位领导、各位专家学者、各位朋友新年快乐、身体健康、幸福吉祥，预祝首届君子文化论坛圆满成功，谢谢大家。

君子文化的历史内涵

德、礼和乐：传统君子人格的三个维度

何善蒙 *

摘　要：君子既是中国传统文化中的一个重要形象，也是中国传统文化精神的依托。如果说在西洋的传统中，绅士（或者说贵族）是其文化形象的代表，那么，在中国的传统中，这个代表非君子莫属。作为中国传统哲学中的一个核心观念，传统君子人格是由德、礼和乐构成的，其中，德是君子人格的内在规定性，礼是君子行为的外在限定性，乐是君子人格的精神境界。正是在德、礼和乐的基础上，传统君子才作为一个理想的人格形象，主导着中国文化的基本走向。

关键词：德；礼；乐；君子人格

一、君子：孔子对于儒家传统的标志性设定

在中国思想文化史上，儒家有着举足轻重的意义，从一定程度上来说，儒家思想代表了传统中国人的基本精神价值和根本行为准则。尤其是自汉武帝独尊儒术以来，儒学作为主导的意识形态，掌控了传统教育和候补文官的培养和选拔，使得儒家的教化通过现实政治利益和政治需求而得到强化，并且成为整个社会的精神价值和行为基础。对于儒学和中国传统政治来说，学术与政治的联姻是双方互惠的一种自然选择，政治由此具有了儒家伦理规范的理论基础，儒家则获得了意识形态的地位，掌控了思想文化的主导话语。这样一来，我们讨论中国传统政治社会的时候，既不可能回避儒家思想的重要影响，也不能离开传统中国政治社会环境这一基本事实。从这个意义上来说，儒家代表了中国传统。

---

* 何善蒙，浙江大学人文学院教授、博士生导师。

对于儒家／儒学在中国传统社会中所具有的重要意义，学界基本上是不存在争议的，然而很长一段时间内，尤其是近代以来，学界围绕"什么是儒"这一问题却产生了持久而复杂的争论。如果我们仔细考察，就会发现古人对于儒的看法并不统一。《淮南子·要略》云："孔子修成康之道，述周公之训，以教七十子，使服其衣冠，修其篇籍，故儒者之学生焉。"《史记·太史公自序》曰："儒者以六艺为法。"《汉书·艺文志》曰："儒家者流，盖出于司徒之官，助人君顺阴阳明教化者也。游文于六经之中，留意于仁义之际，祖述尧舜，宪章文武，宗师仲尼，以重其言，于道最为高。"许慎《说文解字》曰："儒，柔也。术士之称。"这些解释的侧重角度不同，或者从起源，或者从内涵，或者从功能，但都试图从不同的角度来解释儒家／儒学这种社会现象／思想形态，基本的概念指向都与孔子和仁义道德密切相关。在传统社会中，这些解释的差异还是比较明显的。究其原因，可能在于传统学术对概念的界定不太重视，而是重视在现实日常行为中将伦理的、道德的要求实践出来。从这个意义上来说，只要在日常行为中坚持人伦道德、实践道德理想，就是坚持了儒家的仁义之道，也就是坚持了儒学的精神。儒家／儒学是通过人的具体行为具象化表达出来的，而不是通过概念的诠释表达出来的。

其实，不管我们以何种方式来认识儒家／儒学，有一点是不可以跨越的，那就是无论以何种视角来解释，孔子都会是诠释的中心。换而言之，我们在讨论儒家／儒学的时候，是无法跨越孔子的。儒并非孔子所创造，因为按照既有的研究，在孔夫子之前即有作为职业而存在的儒，孔子也曾有君子儒、小人儒的说法，但是儒家学派——以某种核心的价值精神而形成一个思想流派——则是从孔夫子开始的。

如果说对于一个思想流派来说，最为重要的是其精神价值。那么，对于孔夫子所创立的儒家学派来说，其最为基本的精神价值又是什么呢？以《论语》为中心的既有研究表明，人们把孔夫子的基本观念或者归结为仁，或者归结为礼，或者是仁礼并举。但我们以为，虽然仁和礼在孔子的思想体系中都有着极为重要的意义，然而作为一种核心的价值观念来说，仁应当是最为基本的。在孔夫子这里，仁代表着一种精神生命的价值和体验，表达的是建立在个体道德实践基础之上的生命境界，成为孔夫子对于人的日常行为的核心要求。从这个意义上来说，仁才成为诸德之总称，由仁的生命境界出发，可以直接引导出人们日常生活的种种道德规范、要求。可以说，正是因为仁，人类的道德生活才具有了扎实的基础和切实的可行性。在《论语》中，"仁"字出现了一百余次，直观表明了孔夫子对于"仁"的重视程度。

"仁者爱人"，是孔子对于"仁"的基本规定，并且以"恕"贯穿于整个《论语》体系之中。但是爱人是有原则的，"唯仁者能好人，能恶人"。(《里仁》)好与恶的前提是仁者，即要符合礼的要求。"君子道者三，我无能焉：仁者不忧，知者不惑，勇者不惧。"(《宪问》)知、勇、仁既是孔子所认为的君子应当具备的三种品格，也是孔子人格理想之所在。"知之为知之，不知为不知，是知也"(《为政》)；"知者乐水，仁者乐山；知者动，仁者静；知者乐，仁者寿"。(《雍也》)在孔子这里，仁虽然是最高的道德标准，但是不能忽视知识的学习，"好仁不好学，其蔽也愚"。(《阳货》)道德的修养是不能代替学习知识的。勇是与道德意志相联系的，非匹夫之勇，盲目之勇，"三军可夺帅也，匹夫不可夺志也"。(《子罕》)勇强调的是个人对于道德目标的强烈渴望和坚忍的意志。仁是核心，"仁者必有勇，勇者不必有仁"。(《宪问》)知是仁、勇的前提条件，知是为仁服务的，体现的是仁的要求。同时，勇是建立在知的基础之上的。既然仁是最高的道德标准，那么，如何才能达到仁呢？在孔子看来，仁的实现取决于主体的自觉。读书、为学均是为己之学，目的是要使自己达到仁知勇统一的境界。孔子认为，为仁不是个人能不能的问题，是愿不愿、想不想的问题，"己欲立而立人，己欲达而达人"。(《雍也》)仁的境界是能够达到的，其方式就是能近取譬，将心比心。换而言之，道德之学没有外在的目的，是纯粹为己的，当物质利益与道德发生矛盾的时候，个体应当恪守义利之辨的道德原则。

在孔子对儒家传统的基本设定中，"君子"说是其中的一个重要内容。在《论语》中，"君子"凡一百零七见，"小人"凡二十四见，"君子"与"小人"同时对举者凡十九见。何谓"君子"？何谓"小人"？杨伯峻先生在《论语译注》中指出："《论语》的'君子'，有时指'有德者'，有时指'有位者'。""君子"与"小人"并不是孔子的发明，在孔夫子之前就存在，"君子"是孔子论述的中心和重点。为了辨清"君子"，孔子常把"君子"与"小人"对举，从道德修养、人格理想、义利观、行为观等方面区分了君子和小人，指出两者根本的区别。如果说儒家道德是一种道德理想主义，那么，儒家道德传统的承担者就是君子。由君子来承担道德的责任，就是孔子对于君子形象最为根本性的改造，也是对后世产生深远影响的设定。可以说，从孔子开始，君子就成为儒家形象的现实代表了。

二、德：君子人格的根基

如前所述，孔子所开创的儒学传统，主要是以道德作为最重要的精神价值的，而道德理想并不是一个空泛的说辞，必须要有可靠的现实基础。为使儒家的道德理想具有更为扎实和可靠的现实基础，孔子将承担儒家道德的重任赋予了君子。由此，君子由一个社会地位的概念，转变为一个具有道德内涵的概念。

在孔子对于君子的所有设定中，首要的一个就是道德的承担者，"君子谋道不谋食；耕也，馁在其中矣；学也，禄在其中矣。君子忧道不忧贫"。（《卫灵公》）可见，一以贯之地承担道德责任，就是对于君子最为根本的要求。所以曾子说："士不可以不弘毅，任重而道远。仁以为己任，不亦重乎？死而后已，不亦远乎？"（《泰伯》）为什么必须要由君子来承担道德的责任呢？在孔夫子的时代，君子是有身份和社会地位的人（贵族）。既然有社会地位，那就应当承担社会责任，是儒家道德理想最为基本的一个设定。[1] 所以，孔夫子将承担道德的责任赋予君子，就是一个非常自然的选择了。这一设定，在孟子与齐宣王关于仁政的著名论说中得到了充分体现。其文曰：

> 无恒产而有恒心者，惟士为能。若民，则无恒产，因无恒心。苟无恒心，放辟，邪侈，无不为已。及陷于罪，然后从而刑之，是罔民也。焉有仁人在位，罔民而可为也？是故明君制民之产，必使仰足以事父母，俯足以畜妻子，乐岁终身饱，凶年免于死亡。然后驱而之善，故民之从之也轻。今也制民之产，仰不足以事父母，俯不足以畜妻子，乐岁终身苦，凶年不免于死亡。此惟救死而恐不赡，奚暇治礼义哉？王欲行之，则盍反其本矣。五亩之宅，树之以桑，五十者可以衣帛矣；鸡豚狗彘之畜，无失其时，七十者可以食肉矣；百亩之田，勿夺其时，八口之家可以无饥矣；谨庠序之教，申之以孝悌之义，颁白者不负戴于道路矣。老者衣帛食肉，黎民不饥不寒，然而不王者，未之有也。（《梁惠王上》）

---

[1] 事实上，儒家对于道德的设定，基于非常平等的前提，这一点常常被忽视。其实，在先秦儒家的道德伦理中，对等性原则是贯彻始终的。如《论语》对"忠"的论述，"君使臣以礼，则臣事君以忠"，就是对道德行为的双方作出的明确要求。

由引文可知，普通民众和士君子的关注重点是不同的。普通民众关注的重点是日常生活问题的解决，是利益的满足。而士君子关注的重点是道义，而道义是与个体欲望的满足无关的。这样的设定，明显延续了孔子对于君子和小人的基本区分，强化了君子的道德意义。

孔子对于君子和小人的价值取向，作出了非常明确的区分，"君子喻于义，小人喻于利"。（《里仁》）在孔子看来，君子必须要承担道义，而小人天然就是唯利是图的，这就是所谓的"义利之辨"。①陆九渊在《白鹿洞书院论语讲义》中，对"义利之辨"作了淋漓透彻的发挥。他说：

> 窃谓学者于此，当辨其志。人之所喻由其所习，所习由其所志。志乎义，则所习者必在于义，所习在义，斯喻于义矣。志乎利，则所习者必在于利，所习在利，斯喻于利矣。故学者之志不可不辨也。（《陆九渊集》卷二十三）

陆九渊这段话，是淳熙八年（1181），他受朱熹之邀，在白鹿洞书院讲授《论语》"君子喻于义，小人喻于利"一章时所说。讲授结束后，朱熹当即离座向众人说："熹当与诸生共守，以无忘陆先生之训。"（《陆九渊年谱》）按照陆九渊的观点，义利的根本区别就在于人之"志"如何。

因此，在儒家的传统中，承担道德的责任既是对君子最根本的要求，也是君子之所以成为君子的基本立场。因此，将社会地位的形象转变为道德的形象，是儒家对君子文化的转折性意义所在。"君子之德风，小人之德草，草上之风，必偃"。（《颜渊》）在君子的意义上，确立自己道德的理想，是儒家之所以成为儒家的根本所在。

---

① 当然，义利之辨并非像通常理解的那样，君子必须要放弃对于利益的追求，这实际上是对义利问题的一种误解。在儒家这里，并没有要求君子放弃利益的倾向，孔夫子曾经明确地说："富贵如可求，虽执鞭之士为之。"义利之辨事实上所表达的就是一种价值选择的问题。所谓价值选择，是说在面临义利的冲突、选择关口，作为一个君子是必须以义为先的，这是君子承担道义的责任所在。所以孟子明确指出，"两者不可得兼，舍生而取义"。"不可得兼"，意味着冲突的存在和选择的必要性。这只是一种冲突的情形，而不是一种常态。

三、礼：君子行为的准则

如果说德是孔子对于君子形象最为重要的改变，那么，对于礼的坚守和遵从就是君子作为贵族形象的历史遗留。对于德的担当，让我们看到一个精神价值意义的君子形象。而对于礼的坚守，让我们看到一个贵族对外在行为的严格要求。

作为贵族形象的君子，与礼有着十分密切的联系。甚至可以说，礼就是对于君子日常生活的基本要求。《说文·示部》："礼，履也，所以事神而致福也。"《礼记·礼器》云："礼也者，合于天时，设于地财，顺于鬼神，合于人心，理万物者也。"由此可见，礼最初的本质是和谐天地人神。而在祭祀天地鬼神的仪式中产生了礼节，这些礼节先是成为对贵族日常行为的基本规范，后来又成为对君子日常行为的基本要求。根据《仪礼》的记载，这些要求涵盖了君子日常生活的方方面面。清邵懿辰《礼经通论》曰："冠、昏、丧、祭、射、乡、朝、聘八者，礼之经也。冠以明成人，昏以合男女，丧以仁父子，祭以严鬼神，乡饮以合乡里，燕射以成宾主，聘食以睦邦交，朝觐以辨上下。"君子的日常生活，就是被礼规范出来的生活，礼由此成为君子日常生活中最重要的、最具规范意义和典范意义的规定。是故，"君子无物而不在礼矣"（《礼记·仲尼燕居》），"君子动则思礼，行则思义"（《左传·昭公三十一年》），"君子之行也，度于礼"（《左传·哀公十一年》），"是故古之君子，不必亲相与言也，以礼乐相示而已"（《礼记·仲尼燕居》）。

此外，《左传·成公十三年》亦曰："吾闻之：民受天地之中以生，所谓命也。是以有动作礼仪威仪之则，以定命也。能者养之以福，不能者败以取祸。是故君子勤礼，小人尽力。勤礼莫如致敬，尽力莫如敦笃。敬在养神，笃在守业。"这段话充分表明，礼对于君子的生活具有重要的标识性意义。由"是以有动作礼义威仪之则，以定命"可知，只有在对于礼的坚守中，君子才成为君子，君子的生活才成为君子的生活。

在《论语》中，孔子对于礼给予了充分的重视。如在《乡党》中，我们看到孔子对礼的遵循是一丝不苟的。虽然从某种意义上来说，孔子所处时代的礼仪制度是烦琐复杂的，但正是在这些烦琐复杂的礼仪制度中，君子才成为具有威严的、行为合乎规范的人格形象。《乡党》曰：

君召使摈，色勃如也，足躩如也，揖所与立，左右手，衣前后，襜如也。趋进，翼如也。宾退，必复命曰："宾不顾矣。"

入公门，鞠躬如也，如不容，立不中门，行不履阈。

执圭，鞠躬如也，如不胜。上如揖，下如授，勃如战色，足缩缩如有循。

君命召，不俟驾行矣。

见齐衰者，虽狎，必变。见冕者与瞽者，虽亵，必以貌。

寝不尸，居不容。

席不正，不坐。

孔子一生致力于恢复周礼，始终坚持以周礼来约束和规范自己的言行。在孔子那里，周礼不仅是一种外在的、形式化的要求，更是提升自我生命价值认同度的要求。孔夫子对于自我内在的关照，使得礼超越纯粹形式的意义，具有了和个体道德相关联的内涵。故《论语》曰：

颜渊问仁，子曰："克己复礼为仁。"请问其目。子曰："非礼勿视，非礼勿听，非礼勿言，非礼勿动。"（《颜渊》）

恭而无礼则劳，慎而无礼则葸，勇而无礼则乱，直而无礼则绞。（《泰伯》）

君子义以为质，礼以行之，孙以出之，信以成之。（《卫灵公》）

文质彬彬，然后君子。（《雍也》）

可见，对于君子来说，礼既是其生活中必不可少的内容，也是不得不遵从的外在规范，是与其社会地位相符合的行为方式。不遵守礼，就是对自身立场和身份的背离，而背离的结果就是社会秩序的混乱。因此，"孔子谓季氏，八佾舞于庭，是可忍也，孰不可忍也"（《八佾》）。礼若只是停留在外在规范的层面，就很容易流于形式化。因此，孔子特别强调"文质彬彬"，即内容和形式的和谐统一。形式就是作为外在规范的礼仪准则，是对一个阶层的身份认同；内容就是道德，是对一个阶层的精神价值的认可。两者的和谐统一，成为后世儒者对于君子形象的一个总体认同。

四、乐：君子人格的境界

儒家强调的德和礼，作为对于君子人格形象的基本要求来说，两者有着不同的内涵。德更多的是对于君子精神价值的确认，而礼更多的是对于君子外在形象的塑造。当然，无论是礼还是德，都是一种规范，二者的差别在于：一是外在的、他律的；一是内在的、自律的。儒家特别强调的是，君子要通过自身的修炼，将外在规范内化为自我品性的一部分，超越外在的限制性的束缚，达到一种快乐的境界。因此，乐的境界，才是儒家的君子人格所追求的。从孔子开始，儒家就十分强调这种乐的精神。《论语》首章《学而》就开宗明义地提出：

> 子曰："学而时习之，不亦说乎？有朋自远方来，不亦乐乎？人不知而不愠，不亦君子乎？"

按照我们惯常的思维方式，第一章是具有代表性意义的。[①] 这段话的代表性意义在哪里呢？从形式上来说，这一章以"学"开始，表明儒家对"学"给予了特别重要的关注。无论是在孔夫子那里，还是在儒家后学那里，这一点都是毋庸置疑的。从内容上来看，这一章讨论了什么问题呢？在笔者看来，其所呈现的正是快乐的精神。"学而时习之，不亦说乎"，是说学习经验知识是快乐的。"有朋自远方来，不亦乐乎"，是说与朋友交往是快乐的。"人不知而不愠，不亦君子乎"，是说对自我的体认是快乐的。从个体的生活经验来看，这三句话覆盖了个体的整个生活世界。这就意味着，对于人来说，生活的本质特征就是快乐。

孔夫子一生虽然周游列国，栖栖惶惶，席不暇暖，但是发自内心的快乐从来没有消失过。对于颜回，孔子也是从快乐的意义上给予充分肯定的。如《论语·雍也》曰：

> 子曰："贤哉，回也！一箪食，一瓢饮，在陋巷，人不堪其忧，回也不改其乐。贤哉，回也！"

---

① 《论语》是孔子及其弟子的语录结集，由孔子弟子及再传弟子编纂而成，其编纂是有一定的内在逻辑的，而把某一章置为全书的首章，是有着一定的编撰意图的。

在孔子和颜回身上，充分体现出儒家追求生活世界中快乐的传统。在一定意义上说，这一传统就是儒家最为重要的传统。[①]这一传统，在孟子那里得到了很好的继承。如《孟子·尽心上》曰：

> 君子有三乐，而王天下不与存焉。父母俱存，兄弟无故，一乐也；仰不愧于天，俯不怍于人，二乐也；得天下英才而教育之，三乐也。君子有三乐，而王天下不与存焉。

在孟子看来，君子有三大快乐：父母健在、兄弟平安；上不愧对于天，下不愧对于人；教育天下的英才。朱熹在《四书集注》中指出："此三乐者，一系于天，一系于人，其可以自致者，惟不愧不怍而已。"按照朱熹的观点，不愧不怍乃道德伦理自律之乐，唯有道德之完善，才是君子可以通过自身的努力实现的。孟子也提出："求则得之，舍则失之，是求有益于得也，求在我者也。"（《孟子·尽心上》）

因此，对于君子来说，道德完善、礼仪完备所带来的是自我的最终确立，这种自我在生活世界中呈现出快乐的形象。这一由孔孟确立的自我，在后世儒者那里得到了非常有效的坚持。王阳明就直言："乐是心之本体。"《传习录》第一六六条云：

> 来书云：昔周茂叔每令伯淳寻仲尼颜子乐处。敢问是乐也，与七情之乐同乎否乎？若同，则常人之一遂所欲，皆能乐矣，何必圣贤？若别有真乐，则圣贤之遇大忧大怒大惊大惧之事，此乐亦在否乎？且君子之心，常存戒惧，是盖终身之忧也，恶得乐？澄平生多闷，未尝见真乐之趣，今切愿寻之。
>
> 乐是心之本体。虽不同于七情之乐，而亦不外于七情之乐。虽则圣贤别有真乐，而亦常人之所同有。但常人有之而不自知，反自求许多忧苦，自加迷弃。虽在忧苦迷弃之中，而此乐又未尝不存。但一念开明，反身而

---

① 自汉代以来，儒学就在中国传统政治格局中占据着统治地位，政治儒学的提法成为学界的普遍共识。从儒家本身的义理和历史的基本事实来说，政治儒学的提法并无不妥。但从孔子和颜回的形象来考察，笔者认为，首先应立足于现实生活，来对儒家进行定位。也就是说，儒家留给我们的最大精神财富，是其对于人心的意义以及对于经验生活的态度——快乐的精神。从这个角度来说，能否引起现代人的心灵共鸣，就成为儒学能否实现现代转化的关键。笔者认为，与政治儒学相比，生活儒学更能呈现出儒学关注现实人生的传统。

诚，则即此而在矣。每与原静论，无非此意。而原静尚有何道可得之问，是犹未免于骑驴觅驴之蔽也。

这段话是王阳明和其弟子陆澄（原静）关于孔颜之乐的讨论。陆澄是继徐爱之后，王阳明最得意的弟子。据《明儒学案》卷十载："曰（徐爱）仁殁，吾道益孤，至望原静者不浅。"陆澄提出了三个问题：孔颜之乐与七情之乐是否相同？君子处在戒慎恐惧的境地时，这个乐是否存在？怎样寻找孔颜之乐？在探讨孔颜之乐和七情之乐的关系之前，王阳明提出："乐是心之本体。"按照王阳明的观点，乐作为良知本体，既是心之本体，也是人的本体。作为本体来说，圣人和普通人都是一样的，乐是他们不可或缺的生活境界。但圣人和普通人的差别在于，乐的本体在圣人那里当下即是，而普通人会因为种种原因而忘记乐的本体的存在。但是乐的本体并不会因为被遗忘而消失不见的，而是永恒存在的。只要反身而诚，心体当下澄明，乐自然就会表现出来。

关于孔颜之乐与七情之乐的关系，王阳明用云蔽日的现象作出解释。如《传习录》第二九〇条曰：

> 喜怒哀惧爱恶欲，谓之七情。七者俱是人心合有的，但要认得良知明白。比如日光，亦不可指着方所。一隙通明，皆是日光所在。虽云雾四塞，太虚中色象可辨，亦是日光不灭处。不可以云能蔽日，教天不要生云。七情顺其自然之流行，皆是良知之用，不可分别善恶，但不可有所着。七情有着，俱谓之欲，俱为良知之蔽。

王阳明认为，只要确立良知本体，七情就是人心自有的。但是若对七情有所执着，七情就会变成欲望。这就意味着，孔颜之乐就在我们的经验生活之中，就是我们的良知本体。从这个意义上来说，若是非要寻一个孔颜乐处，那无疑是骑驴找驴的行为。

因此，把乐确立为本体，就是王阳明在寻孔颜乐处这一重要课题方面的重要创见。在王阳明看来，孔颜乐处是心体本来就有的，而非道德实践的一个结果。当我们发明本心的时候，当下就是，无须外求。由于乐是一个极为普遍的经验事实，它和经验生活之间的关系本就非常密切，所以，王阳明在确立乐为心之本体后，对于经验生活中的乐的功夫进行了阐述。如《传习录》第二一五条曰：

> 九川卧病虔州，先生云："病物亦难格。觉得如何？" 对曰："功夫甚
> 难。"先生曰："常快活，便是功夫。"

王阳明的弟子陈九川因在虔州（今江西赣州）得了一场大病，只能卧床静养。王阳明前去探望时对他说，战胜疾病是一件比较困难的事情。陈九川赞同道："功夫甚难。"王阳明便说："常快活，便是功夫。"在王阳明看来，时刻保持快活的心态，就是战胜疾病的功夫。从字面意义上理解，"常快活"就是要时刻保持快活的心态，并用快活的心态去面对经验生活中的种种困境。这就意味着，如果"常快活"是一种功夫，那么，其首先应是一种心上功夫。

那么，常快活的功夫应当怎么去做呢？王阳明在《与王纯甫书》中给出的答案是：

> 尝以为君子素其位而行，不愿乎其外。素富贵行乎富贵，素贫贱行乎
> 贫贱，素患难行乎患难，故无入而不自得。后之君子，亦当素其位而学，
> 不愿乎其外。素富贵，学处乎富贵；素贫贱患难，学处乎贫贱患难，则亦
> 可以无入而不自得。

在给王纯甫的信中，王阳明提出"君子素其位而行，不愿乎其外"的观点。"君子素其位而行，不愿乎其外"，语出《中庸》。王阳明的这段论述，与《中庸》并无二致，都旨在强调君子应安于现在所处的地位，去做应做的事，不生非分之想。那么，如何才能做到"无入而不自得"呢？王阳明指出的方法，就是对自身的现状有清醒全面的认识，并将当下的状况作为自身所有行为的出发点。

综上所述，王阳明的"常快活"，是要我们从当下的处境出发，该做什么就做什么。唯有与所处之境达到一种内心的契同，才能常快活。而常快活，就是君子之为君子的精神境界。

探赜"君子"人格

彭彦华 *

摘　要： 孔子平生教书育人，以培养造就"君子"为宗旨。君子是人们追求达到的理想人格目标，小人是人们所鄙弃的无德行者。大致说来，君子人格的内涵应该有十种：仁、义、礼、智、忠信、勇、中庸、和而不同、文质彬彬、自强。孔子及先秦儒家汲汲于君子小人之辨的根本目的，就在于扬善抑恶，塑造仁德的理想人格。当代，培育君子人格，是建设和谐社会的一项重要举措。

关键词： 孔子；先秦儒家；君子人格；"君子小人"之辨

孔子平生教书育人，以培养造就"君子"为宗旨。孔子谆谆告诫弟子："女为君子儒！无为小人儒！"（《论语·雍也》）在孔子生活的时代，"君子"有两个基本内涵：一是指统治者，二是指德才兼备者。在孔子的学说中，"君子"多指后者。孔子说："圣人，吾不得而见之矣；得见君子者，斯可矣。"（《论语·雍也》）孔子又曰："所谓君子者，言必忠信而心不怨，仁义在身而色无伐，思虑通明而辞不专，笃行信道，自强不息。油然若将可越，而终不可及者，此则君子也。"（《孔子家语·五仪解》）"圣人"是至善至美的，难以企及，但君子是可以达成的。孔子把智、仁、勇三种品质称为"君子道者三"。只有德才兼备，才能做仁人，行仁政，这便是君子之德。孔子认为，"君子"之理想人格可通过知识教育和道德教育来达到。从某种意义上说，君子既是人们行为标准的体现者及道德修养的目标，也是民族精神和传统文化的承载者。在《论语》中，"君子"一词出现了一百零七次。其中，"小人"凡二十四见，"君子"与"小人"同时对举者凡十九见。自从孔子提出

---

* 彭彦华，中国孔子基金会学术部主任、一级调研员。

君子小人之辨以来，君子、小人一直是人们区分人的道德品行好坏的标准，君子是人们追求达到的理想人格目标，小人是人们所鄙弃的无德行者。胡适指出："孔子指出一种理想的模范，作为个人及社会的标准，使人'拟之而后言，仪之而后动'。他平日所说'君子'便是人生品行的标准。"①孔子所谓的"君子人格"有哪些内涵呢？大致说来，应该有仁、义、礼、智、忠信、勇、中庸、和而不同、文质彬彬、自强十种。凡具备这十种素质者，就可称为君子。反之则为小人。孔子及先秦儒家汲汲于君子小人之辨的根本目的，就在于扬善抑恶，塑造仁德的理想人格。

一、仁：君子"仁以为己任"

孔子将"仁者不忧，知者不惑，勇者不惧"定义为"君子之道"（《论语·宪问》），认为君子泛爱众人，心胸坦荡，故无忧；君子富有知识，足以烛理，故不惑；君子果敢刚毅，有浩然之气，故不惧。这一思想对后世影响深远，《中庸》将智、仁、勇称为"天下之达德"。在孔子看来，君子人格的所有特征都是在"仁"的基础上形成的。"人而不仁，如礼何？人而不仁，如乐何？"（《论语·八佾》）"志于道，据于德，依于仁，游于艺。""仁者，人也，合而言之，道也。"（《孟子·尽心下》）无不表明，仁是一切德行的根源。怎样得到"仁"呢？第一，爱人。"樊迟问仁。子曰：'爱人。'"（《论语·颜渊》）"爱人"是一个由近及远、由亲及疏的过程。"仁者，人也，亲亲为大。"（《中庸》）深得孔子思想精义的有子亦曰："其为人也孝弟，而好犯上者，鲜矣；不好犯上，而好作乱者，未之有也。君子务本，本立而道生。孝弟也者，其为仁之本与！"（《论语·学而》）有子认为，孝悌是为人的根本。孝悌，所以家齐；不犯上，所以国治；不作乱，所以天下平。君子首先要在根本上用心思、下功夫。由亲亲而达到"泛爱众，而亲仁"（《论语·学而》）的理想境界，便是仁人君子了。第二，忠恕。孔子对仁爱的推广，主要采取由近及远、将心比心的方式。在孔子看来，最能体现"仁"的内涵和为"仁"之方的，就是"忠恕之道"了。子贡问孔子："如有博施于民而能济众，何如？可谓仁乎？"孔子答道："何事于仁！必也圣乎！尧、舜其犹病诸！夫仁者，己欲立而立人，己欲达而达人。能近取譬，可谓仁之方也已。"（《论语·雍也》）关于"恕"，《论语·卫灵公》曰："其恕乎！己所不欲，勿施于人。"朱熹注曰："以己之心，度人之心。"一

---

① 胡适：《中国哲学史大纲》，东方出版社，1996，第86页。

个仁者有诚恳为人之心，即为"忠"；将诚恳为人之心推及于他人，便是"恕"。用曾参的话来说，"仁"就是对人"忠恕"。概言之，"仁"就是以爱人为内在动力，以"忠恕"为具体表现，去处理好各种人际关系，以实现一种有等级差别的人类之爱。第三，修己。孔子认为，为仁由己，不由人，求仁、成仁是一种自觉的、主动的道德行为。孔子说："为仁由己，而由人乎哉？"（《论语·颜渊》）"我欲仁，斯仁至矣。"（《论语·述而》）子夏亦曰："博学而笃志，切问而近思，仁在其中矣。"（《论语·子张》）第四，"仁以为己任"。孔子认为，君子一旦背离"仁"，就不再是君子了。孔子说："君子去仁，恶乎成名？君子无终食之间违仁，造次必于是，颠沛必于是。"（《论语·里仁》）志士仁人应时时不违仁，处处与仁同在。孔子说："志士仁人，无求生以害仁，有杀身以成仁。"（《论语·卫灵公》）士志于道，最重要的就是"仁以为己任"（《论语·泰伯》）。第五，具备恭、宽、信、敏、惠五种品质。据《论语·阳货》记载："子张问仁于孔子。孔子曰：'能行五者于天下为仁矣。'请问之。曰：'恭，宽，信，敏，惠。恭则不侮，宽则得众，信则人任焉，敏则有功，惠则足以使人。'"恭敬则不易遭受侮辱，宽厚就会得到民众的拥护，诚信就能得到别人的任用，勤敏就会高效工作，使民众得到实惠就会得到他们的拥护。

在生活态度上，君子和小人的最大区别是，君子"成人之美"，而小人"成人之恶"。如孔子称南宫适："君子哉若人，尚德哉若人。"（《论语·宪问》）子张曰："君子尊贤而容众，嘉善而矜不能。"（《论语·子张》）子夏曰："君子敬而无失，与人恭而有礼，四海之内，皆兄弟也。"（《论语·颜渊》）君子不做不仁爱的事情，不做不合乎礼节的事情，"仰不愧于天，俯不怍于人"（《孟子·尽心上》），"君子坦荡荡"（《论语·述而》），不嫉贤妒能，所以能"成人之美"（《论语·颜渊》）。小人恰恰相反，心胸褊狭，为人刻薄寡恩，嫉贤妒能，所以"成人之恶"（《论语·颜渊》）。

二、义："君子义以为上"

孔子对"义"十分重视，认为"君子以义为质"（《论语·卫灵公》），而且把"义"视为提升君子道德修养的重要途径，以为"主忠信，徙义，崇德也"。（《论语·颜渊》）首先，在孔子那里，义和利是统一的，而非董仲舒所谓的"正其谊不谋其利，明其道不计其功"（《春秋繁露·仁义法》），是水火不容的矛盾关系。孔子曰："富与贵，是人之所欲也；不以其道得之，不处也。贫与贱，是人之所恶也；

不以其道得之，不去也。"(《论语·里仁》)这段话表明，孔子并非一概否定人们对富贵的追求，而是强调富贵必须"以道得之"。如果富贵不合于正道，则甘愿处于贫贱，所谓"君子固穷"(《论语·卫灵公》)；假若富贵是以正道得来的，则可心安理得地拥有。此即孟子所谓的"非其道，则一箪食不可受于人；如其道，则舜受尧之天下，不以为泰"(《孟子·滕文公下》)。孔子又曰："富而可求也，虽执鞭之士，吾亦为之。如不可求，从吾所好。"(《论语·述而》)可知，在孔子那里，"吾所好"者是道义，而非富贵。富贵与道义合则取之，不合则去之。"不义而富且贵，于我如浮云"(《论语·述而》)。其次，孔子一再强调"见利思义"(《论语·宪问》)，即物质利益的取舍，应该以"义"为准则。孔子要求君子做事时，要遵循三个原则：不违反道德和正义，关心大众的利益，坚持以义制利。如此一来，"君子之于天下也，无适也，无莫也，义之与比"(《论语·里仁》)。不仅如此，孔子还强调君子要"先事后得"(《论语·颜渊》)，"敬其事而后其食"(《论语·卫灵公》)。"义"和"利"发生冲突时，一定要"先义后利"(《孟子·梁惠王上》)。唯有"义然后取，人不厌其取"(《论语·宪问》)。"以义制利"，是由荀子提出的观点。只有"以义制利"，每个人都向善的方向发展，国家才能长治久安，整个社会和每个个体才能得到真正的利益。这就是所谓的"以义制事，则知所利矣"(《荀子·君子》)。最后，对于君子来说，"义"的重要性要远远高于"勇"。据《论语·阳货》记载："子路曰：'君子尚勇乎？'子曰：'君子义以为上。君子有勇而无义为乱，小人有勇而无义为盗。'"(《论语·阳货》)

孔子认为，从一个人对义与利的态度上，可以看出其是君子还是小人。孔子明确主张，"君子喻于义，小人喻于利""君子怀德，小人怀土，君子怀刑，小人怀惠"(《论语·里仁》)。可见，君子追求仁义道德，小人追求田宅乡土；君子追求法令制度，小人追求小恩小惠。显然，君子以公德为出发点和归宿，小人以私利为出发点和归宿。君子严守道德和法度，言行处事适中，能以道义来团结人。小人善于因私利而勾结，利尽则离；为达目的而不择手段，其结果是"放于利而行，多怨"(《论语·里仁》)。

三、礼：君子"立于礼"

"礼"是君子人格的外在规范和一切言行的准则。孔子认为，"礼"是君子的立身之本，君子应"兴于诗，立于礼，成于乐"（《论语·泰伯》）。孔子对伯鱼说："不学礼，无以立。"（《论语·季氏》）在孔子看来，一个人若是不懂得礼法，就无法在社会上立身处事。子贡问孔子："君子亦有恶乎？"孔子答道："有恶。恶称人之恶者，恶居下流而讪上者，恶勇而无礼者，恶果敢而窒者。"（《论语·阳货》）孔子在斥责子路的无礼时，提出："礼乐不兴，则刑罚不中；刑罚不中，则民无所措手足。"（《论语·子路》）可见，孔子将"礼"与刑罚的公正、民众的安定、天下的稳定联系在一起，极大地抬升了礼的地位。此外，学习礼乐与否，是孔子在选拔人才方面的一个重要标准，他宁可选用先学习礼乐的平民，也不选用后学习礼乐的贵族子弟。孔子曰："先进于礼乐，野人也；后进于礼乐，君子也。如用之，则吾从先进。"（《论语·先进》）孔子提出，君子一定要知礼，言行中规中矩。以射艺为例，孔子说："君子无所争。必也射乎！揖让而升，下而饮，其争也君子。"（《论语·八佾》）在射箭的整个过程中，君子都做到了彬彬有礼。孔子还提出，即使贫困也要坚持正道，即使富有也要以礼待人。如子贡问孔子："贫而无谄，富而无骄，何如？"孔子曰："可也。未若贫而乐，富而好礼者也。"（《论语·学而》）在君子养成的过程中，"礼"为何会扮演如此重要的角色呢？孔子的回答是："恭而无礼则劳，慎而无礼则葸，勇而无礼则乱，直而无礼则绞。"（《论语·泰伯》）恭敬而不符合礼的规定，就会烦扰不安；谨慎而不符合礼的规定，就会畏缩拘谨；勇猛而不符合礼的规定，就会违法作乱；直率而不符合礼的规定，就会尖刻伤人。正是由于"礼"有如此重要的作用，孔子才力倡君子要用礼节来约束自己的言行，使其不违背正道。孔子说："君子博学于文，约之以礼，亦可以弗畔矣夫！"（《论语·雍也》）怎样才能做到"约之以礼"呢？孔子给出的答案是"非礼勿视，非礼勿听，非礼勿言，非礼勿动"（《论语·颜渊》）。君子应知礼并依礼而行的思想，为后世儒者所继承。孟子说："君子所以异于人者，以其存心也。君子以仁存心，以礼存心。"（《孟子·离娄下》）若要守礼，首先要知道礼的实质。关于礼的实质，孔子在回答"林放问礼之本"时解释得很清楚。孔子说："大哉问！礼，与其奢也，宁俭；丧，与其易也，宁戚。"（《论语·八佾》）钱穆先生解释说："你所问，意义大了。一切的礼，与其过于奢侈，宁过在节俭上。丧礼与其过于治办，宁过在哀戚上。"傅佩荣先生的解释是："你提的真是大问题！一般的礼，与其铺张奢侈，宁可俭约朴素；至于丧礼，与其仪式周全，不如心中哀戚。"

四、智:"智者不惑"

"智"主要是一种道德理性能力。首先,孔子提出:"知(智)者不惑。"(《论语·子罕》)"智者不惑"首先体现在对是非、善恶的认知和辨别上。智者能够不惑的最根本的原因在于,智者拥有理性的认知、理性的道德判断能力,因此,能够分清事物的是非曲直,而不至于颠倒黑白。孟子曰:"是非之心,智也。"(《孟子·告子上》)他明确将"智"界定为人辨别是非的能力。荀子曰:"知者明于事,达于数。"(《荀子·大略》)在荀子看来,明智的人对事物是清楚明了的,对事理是能融会贯通的。孔子早就注意到"明是非"与"辨善恶"之间的内在关系。孔子说:"仁者安仁,知者利仁。"(《论语·里仁》)又说:"未知,焉得仁?"(《论语·公冶长》)又说:"知者不失人,亦不失言。"(《论语·卫灵公》)也就是说,具备了智德才能分清事物的曲直并明其利害得失,才会以长远的眼光看事物,才能看到长远的利益,也才能做出正确的道德选择。其次,在儒家看来,智最重要的是对自己的认识,而具有自知之明,是比"使人知己""知他人"更高明的德性。孔子甚至将"知人"作为"知"的定义。据《论语·颜渊》载:"樊迟问知。子曰:'知人。'"最后,"智者不惑"还体现为"知当务之急"以及对于"时势"的判断。因此,真正"不惑"的"智者",能够在具体的道德境遇中,权衡利弊得失,分清轻重缓急。在孟子心中,孔子是"圣之时者也"(《孟子·万章下》)。

孔子主张,智慧并不是天生的,而是通过后天的学习获得的,由此提出"学"对于君子人格的养成具有极为重要的意义。君子唯有好学、博学,才能不断提升自身的内在修养与外在规范,从而达到理想人格的最高境界。"学"的总要求是"博学于文"(《论语·雍也》)。"文"就是古代的文化典籍。"学"应持的态度有:其一,治学要严谨扎实。"学如不及,犹恐失之"(《论语·泰伯》);"知之为知之,不知为不知"(《论语·里仁》);"君子于其所不知,盖阙如也"(《论语·子路》)。其二,学习态度要庄重而严肃。"君子不重则不威,学则不固"(《论语·学而》)。其三,学习要虚怀若谷,择善而从。"君子食无求饱,居无求安,敏于事而慎于言,就有道而正焉,可谓好学也矣"(《论语·学而》);"三人行,必有我师焉,择其善者而从之,其不善者而改之"(《论语·述而》);"见贤思齐焉,见不贤而内自省也"(《论语·里仁》)。其四,学习要有正确的方法。"学而不思则罔,思而不学则殆"(《论语·为政》）；"学而时习之"（《论语·学而》）。

君子因为博学而多识，所以具备多方面的能力，能够胜任多方面的工作。这就是所谓的"君子不器"（《论语·为政》）。君子因为博学而多识，所以能正确地认识作为道德主体的自我和他人，能够在特定场合或境遇中"审时度势"，从而做出最恰当的决策。在君子看来，自己的权责是由天命决定的，为了使自己的言行"与天地合其德，与日月合其明，与四时合其序"（《周易·乾卦》），君子常存敬畏之心，"畏天命，畏大人，畏圣人之言"（《论语·季氏》）。与君子相反，小人对自身缺乏清醒的认识，好高骛远，"骄而不泰"（《论语·子路》）；一旦遇到挫折，便自馁，怨天尤人。再加上"小人不知天命而不畏也，狎大人，侮圣人之言"（《论语·季氏》），而肆意妄为的结果就是天人共诛之。

五、忠信：君子"主忠信"

孔子强调，君子要在仁和义的基础上讲求忠和信。《论语·述而》曰："子以四教：文，行，忠，信。"据《论语·卫灵公》记载："子张问行。子曰：'言忠信，行笃敬。'"可见，在孔子看来，只要说话忠诚守信，行为笃实认真，就能在为人处世方面通达无碍。在儒家看来，"忠"是君子必备的品质之一。孔子曰："君子不重则不威，学则不固。主忠信。无友不如己者。过则勿惮改。"（《论语·学而》）曾参进一步发挥道："吾日三省吾身：为人谋而不忠乎？与朋友交而不信乎？传不习乎？"（《论语·学而》）将"待人是否忠诚"作为每日自我反省的第一件事，对"忠"的重视可见一斑。孔子还说："君子不以言举人，不以人废言。"（《论语·卫灵公》）

"信"，《说文解字》释曰："诚也。从人从言。"段玉裁注曰："人言则无不信者。故从人言。"孔子一生致力于"信"的教育。交往方面：主张"与朋友交，言而有信"（《论语·学而》）；做事方面：主张"敬事而信"（《论语·学而》），"人而无信，不知其可也"（《论语·为政》）。因此，孔子一方面强调"君子于其言，无所苟而已矣"（《论语·子路》），另一方面以"言而无信"为耻。需要指出的是，在孔子看来，"义"高于"信"，"信"要服从于"义"。据《论语·学而》载："有子曰：'信近于义，言可复也。'"朱熹《论语集注》释曰："言约信而合其宜，则言必可践矣。""信"与"义"发生冲突时，君子应牺牲"信"而成就"义"。正如孟子所说："夫大人者，言不必信，行不必果，惟义所在。"（《孟子·离娄下》）孔子将那些不问是非黑白，只管贯彻自己言行的人，称作"小人"。据《论语·子路》载："子贡问曰：'何如斯可谓之士矣？'子曰：'行己有耻，使于四方，不辱君命，可谓士矣。'曰：'敢问其次。'曰：'宗族称孝焉，乡党称弟焉。'曰：'敢问其次。'曰：'言必信，行必果，硁硁然小人哉！抑亦可以为次矣。'"因此，从"信"的角度来看，有两种"小人"：一是出尔反尔，言而无信者。正如《增广贤文》所说："易涨易退山溪水，易反易复小人心。"一是拘泥于守信，而不知变通者。

六、勇："君子有勇"

众所周知，孔子将"勇"视为君子的"三达德"之一。孔子认为，身为君子者，为人必须做到果敢、刚毅、刚强、刚正，但是君子之勇需要以仁义礼智为规范，否则便是小人之勇、匹夫之勇。具体而言，君子之勇应包括五个方面的内容。第一，勇于仁。"志士仁人，无求生以害仁，有杀身以成仁"。（《论语·卫灵公》）孔子认为，能做到杀身成仁，才是君子之勇；反之，好勇而不仁，那就是小人之勇了。"好勇疾贫，乱也；人而不仁，疾之已甚，乱也"。（《论语·泰伯》）第二，勇于义。君子应见义勇为，"见义不为，无勇也"。（《论语·为政》）第三，勇于礼。一方面，"君子矜而不争，群而不党"（《论语·卫灵公》）；另一方面，君子争而有节，勇而有礼。"勇而无礼，则乱"。（《论语·泰伯》）第四，勇于智。不好学则无智，无智而有勇，是小人之勇，只会犯上作乱而已。因此，孔子将"好勇而不好学，其蔽也乱"（《论语·阳货》）视为"六蔽"之一。第五，勇于耻。《礼记·中庸》曰："知耻近乎勇。""耻"就是"羞恶之心"，而知"耻"就是一种自我检讨，自励自勉。孔子说"见贤思齐焉，见不贤而内自省也"（《论语·里仁》）；"过而不改，是谓过矣"！（《论语·卫灵公》）孟子在孔子的基础上，进一步提出"耻之于人大矣"（《孟子·尽心上》）。可见，在孔子心中，君子之勇应以仁义为根本，以礼节制之。

七、中庸："君子中庸"

孔子是讲求辩证法的。他在重视忠的同时，又批判愚忠。孔子说："邦有道，则仕；邦无道，则可卷而怀之。"（《论语·卫灵公》）而在信的问题上，他提出"君子贞而不谅"（《论语·卫灵公》）的观点，即君子不固守小节、小信，而讲究大节、大信。君子进也可，退也可，无可无不可，形势使然，便是"时中"。孔子曰："君子中庸，小人反中庸。君子之中庸也，君子而时中；小人之反中庸也，小人而无忌惮也。"（《四书章句集注·中庸章句》）《论语》中关于中庸的论述凡五处。子贡问孔子："师与商也孰贤？"孔子曰："师也过，商也不及。"子贡又曰："然则师愈与？"孔子回答说："过犹不及。"（《论语·先进》）孔子曰："吾有知乎哉？无知也。有鄙夫问于我，空空如也。我叩其两端而竭焉。"（《论语·子罕》）孔子曰："中庸之为德也，其至矣乎！民鲜久矣。"（《论语·雍也》）尧曰："咨尔舜，天之历数在尔躬，允执其中，四海困穷，天禄永终。"舜亦以命禹。（《论语·尧曰》）孔子曰："不得中行而与之，必也狂狷乎，狂者进取，狷者有所不为。"（《论语·子路》）孔子认为，凡事皆有度，达不到或超过这个"度"，都会导致不好的后果。那么，如何才能执"中"呢？《礼记·中庸》给出的答案是："执其两端，用其中于民，其斯以为舜乎？""执其两端"就是指过与不及这两个极端。"用中"是人的主观上的灵活性准确、恰当地适应事物发展变化之客观灵活性。关于"中庸"，程颢和程颐的解释最具代表性。《二程遗书》卷七载："不偏之谓中，不易之谓庸。中者天下之正道，庸者天下之定理。"这里的"中"，就是适中、适度、时中。在孔孟看来，各执一端与专执其中都是有失偏颇的，君子既要"择善固执"，又要根据客观事物的发展变化确定自己的认识和实践上的最佳抉择。在先秦儒家那里，"中"是随时变易的，要想真正做到中庸，必须具备权变的思想，这就是《中庸》所说的"君子而时中"。关于"君子而时中"，南宋陈淳在《北溪字义·经权》中的解释是："权，只是时措之宜。'君子而时中'，时中便是权。天地之常经是经，古今之通义是权。问权与中何别？曰：知中然后能权，由权然后得中。中者，理所当然而无过无不及者也。权者，所以度事理而取其当然，无过无不及者也。"可见，善守中庸的君子，是既能固守中正之道，又敢于打破常规的。此外，荀子也一再强调君子应坚守"与时屈伸""与时迁徙"的原则。如《荀子·不苟》曰："与时屈伸，柔从若蒲苇，非慑怯也；刚强猛毅，靡所不信，非骄暴也。以义变应，知当曲直故也。"程颢认为，只要做到善于变通，便是圣人。如《二程遗书》卷七曰："惟善变通，便是圣人。"

八、和而不同："君子和而不同"

在与人相处方面，孔子认为"君子周而不比，小人比而不周"（《论语·为政》），"君子矜而不争，群而不党"（《论语·卫灵公》）。也就是说，君子矜持庄重而不与人争执，合群而不与人结成宗派。俗语曰："金无足赤，人无完人。"若是一味求全责备，则天下将无可用之人；若能舍短取长，则天下将无废人。故君子取人不求全责备，待人则既往不咎。孔子说："君子易事而难说也。说之不以道，不说也；及其使人也，器之。小人难事而易说也。说之虽不以道，说也；及其使人也，求备焉。"（《论语·子路》）此外，孔子还将"和"与"同"作为君子和小人的主要区别之一。他说："君子和而不同，小人同而不和。"（《论语·子路》）君子在尊重不同声音、不同观点的前提下，对人宽容，与人为善，与他人和谐相处。

"和"与"同"的区别，在《左传·晏婴论和与同》中有详细的阐述。所谓"和"，如五音合奏，音质不同；唯其不同，才可合为美妙的音乐。又如五味调和，风味各异；唯其各异，方能调为可口之佳肴。所谓"同"，则是他人言是，己亦言是；他人曰非，己亦曰非。"和"是允许不同个性、不同意见的共同存在，"同"则是取消个性、取消差异的绝对同一。《中庸》提出，君子应该"宽裕温柔，足以有容也；发强刚毅，足以有执也"。所谓"有容"，就是能够容纳与自己意见不一的人；所谓"有执"，就是有主见，不随声附和，不与世沉浮。可见，"和"强调的是养成共生取向、执两用中、身心和谐发展的独立人格，在不同意见或不同个性中谋求一种"执中"的和谐状态。与"和"相反，"同"强调的是通过抹杀不同人的个性和意见来谋求单一性的一致。君子与君子以同道为朋，小人与小人以同利为朋。正如朱熹所言："君子尚义，故有不同；小人尚利，安得而和。"

九、文质彬彬："文质彬彬，然后君子"

孔子认为，君子是内在精神"仁"与外在规范"礼"的"文质彬彬"的有机统一。"文"可理解为以"礼"为主的礼乐修养，"质"可理解为"仁"为核心的道德品质。孔子认为，"质胜文则野，文胜质则史。文质彬彬，然后君子"（《论语·雍也》）；"君子义以为质，礼以行之，孙以出之，信以成之。君子哉"（《论语·卫灵公》)。可见，在孔子看来，君子的文与质是统一的，两者不可偏废。据《论语·颜渊》记载："棘子成曰：'君子质而已矣，何以文为？'子贡曰：'惜乎，夫子之说君子也！驷不及舌。文犹质也，质犹文也。虎豹之鞟犹犬羊之鞟。'"孔子的"文质彬彬"论，被后世学者发扬光大，"文质彬彬"由此成为儒家的理想人格。如《孟子·尽心上》说："形色，天性也；惟圣人，然后可以践形。"人的形体容貌是天生的，即使天生丽质，也没有什么值得称道之处，而圣人则用素养美来充实自然美，兼顾心灵美和外在美。程颐也强调，"文"与"质"要相互平衡，切不可"文过质"。如《二程遗书》卷二十五载："君子不欲才过德，不欲名过实，不欲文过质。才过德者不祥，名过实者有殃，文过质者莫之与长。"程颐的这段话启示我们，要将自然美与素养美、仪表美与心灵美有机结合起来。

十、自强："天行健，君子以自强不息"

在孔子看来，君子应终日乾乾，精进不已。孔子说："君子上达，小人下达。"（《论语·宪问》）君子见贤思齐，不断提升自身的知识文化修养和思想道德修养，道德品格日日向上；小人耽于享乐，不思进取，道德品格日渐卑下。孔子非常推崇《周易》。他曾说过："加我数年，五十以学《易》，可以无大过矣。"（《论语·述而》）《周易》开篇写道："天行健，君子以自强不息。"因此，孔子也将"自强不息"作为君子必备的品质之一。除了自强不息外，君子还要具备高度的社会责任感和历史使命感，敢于担当责任和道义。君子作为积极的弘道者，一方面要不断"修己"，另一方面要在学有余力的基础上治国理政，也就是所谓的"修己以安人"（《论语·宪问》）。因此，"修己安人"就成为君子达到内圣外王境界的两条重要路径。其中，通过修身养性，成就君子人格和圣人人格，就是内圣；通过将主体修养体现到其所在的社会领域，来实现治国平天下的理想，就是外王。"修己"体现了君子的道德自觉性，"安人"体现了君子的社会责任感和历史使命感。可见，君子不仅追求道德品格的完美，而且追求事功。用孔子的话来说，就是"君子不可小知，而可大受也；小人不可大受，而可小知也"（《论语·卫灵公》）。曾子也认为："可以托六尺之孤，可以寄百里之命，临大节而不可夺也。君子人与？君子人也。"（《论语·泰伯》）可见，在先秦儒家看来，只有"德""才""位""智"兼备的君子，才堪重任。此外，孔子还强调："君子求诸己，小人求诸人。"（《论语·卫灵公》)也就是说,君子严格要求和责备自己,对人则采取宽容的态度。小人则恰恰相反。《礼记·射义》中的一段话,就是很好的例子。其文曰:"射者,仁之道也。射求正诸己,己正而后发,发而不中,则不怨胜己者,反求诸己而已矣!"君子射箭时,先端正好自己的姿势,然后才发射。箭发出去以后没有射中红心时,不是怨恨比自己射得好的人,而是反思自己射不中的原因!可见,君子无论何时何地,总是责备自己、反省自己、检讨自己。此外,君子还敢于直面问题,勇于改正错误。"君子之过也,如日月之食焉:过也,人皆见之;更也,人皆仰之"。(《论语·子张》)与君子相反,"小人之过也必文"(《论语·子张》)。在言与行的关系上,君子重践履笃行。孔子自称:"文,莫吾犹人也。躬行君子,则吾未之有得。"(《论语·述而》)子贡向孔子请教君子之道,孔子回答说:"先行其言,而后从之。"(《论语·从政》)孔子还说,"君子耻其言而过其行"(《论语·宪问》);"君子欲讷于言而敏于行"(《论语·里仁》)。关于学习的目的,孔子的观点是学习并不是"为人",而是"为己",是为了充实自己、完善自己、成就自己。因此,孔子提倡"为己"之学,反对"为人"之学。荀子则对君子之学与小人之学作出了区分:"君子之学也,以美其身;小人之学也,以为禽犊。"(《荀子·劝学》)唯有如此,君子才能做到"人不知而不愠"。

综上所述,孔子全面分析了"君子"和"小人"在品德修养和为人处世方面的显著不同。总的说来,君子是用"兼容多端而相互和谐"的思想来处理天人、人我和身心关系的。君子不仅具有仁爱、平等、尊重、宽容、自律、刚毅、通达、担当等人格特质,还具有共生取向、执两用中、身心和谐发展等独立人格,和谐型人格正是孔子及先秦儒家所倡导的君子人格。其实,每个华夏儿女的内心、基因里、血液里都渗透着这些人格特质。1926年10月,时为厦门大学国学院教授的顾颉刚在纪念孔子诞辰的会议上,做了题为《孔子何以成为圣人》的演讲。顾颉刚在演讲中指出:"各时代有各时代的孔子……春秋时的孔子是君子,战国时的孔子是圣人,西汉时的孔子是教主,东汉后的孔子又成了圣人,到现在又快要成君子了。孔子成为君子并不是薄待他,这是他的真相,这是他自己愿意做的。"孔子是有血有肉、讲原则、知变通的真君子。今天,在全社会倡导"争做君子",既是激活文化基因、传承创新传统文化的重要举措,也是做好新时期思想教育工作的重要举措。君子是中华民族千锤百炼的人格基因,每个中国人都有成为君子的愿望与追求。因此,界定和培育君子人格,就成为培育和谐文化、建设和谐社会的一项重要举措。

言念君子，温其如玉

——儒者的精神基调与气度

贡华南[*]

摘　要：《诗》《书》以"温"论德，将"温"作为"德之基"。孔子继承了以"温"论"德"的传统，并在"仁"的根基上赋予"温"以新的内涵：以自己的德性生命融化物我之距离，以热切的生命力量突破一己之限，贯通、契入仁爱之道，完成有限生命之超越，促进人物之成就。在后儒的拓展引申下，"温"与仁、元、春相互贯通，由此获得深沉的本体论内涵，成为儒者之德的标志。作为在世方式，"温"被理解为气象、德容，同时也是认知的前提与路径，并由此构成了儒者之思想基调与思想之方法、取向与归宿。在此意义上，以"温"在世不仅成为儒者在世之直接可感形态，也构成了儒者区别于释、老之标志性特征。

关键词：温；仁；儒

如果选择一个最能体现儒者在世、认知、接人、待物特征的范畴，则非"温"莫属。"温"既是儒者待人接物的伦理态度，也是其认知展开之具体方式，同时也是儒者修行之方向与归宿。"温"并非视觉之所及，不是一个以客观性为基本特征的抽象概念。在生理与精神层面，它向触觉、味觉展露，而呈现出一个触之可及、直接可感的生命姿态。塑造、成就温者，释放生命之温，温己而温人、温物、温世，既是儒者之身家之所在，也是人们对儒者之迫切期待。

---

[*]　贡华南，华东师范大学哲学系教授、博士生导师。

一、温之为德

"温"的本义为"河阳"①，即有水有阳之所。有阳光与水分之所既不会太热，也不会太冷；既不会太干燥，也不会太潮湿，故古人将之理解为最适宜生命发育生长之所。"阳"给人暖意，"河（水）"给人润泽，"温"之于人恰如春阳与时雨齐施。或许正是基于此，从《诗经》起，人们就开始以"温"论德。如"言念君子，温其如玉。……言念君子，温其在邑"（《国风·秦风·小戎》）。"玉"之"温"有热量，可"暖"人身；有润度，可"润"人心。当然，如玉之"温"所散发的是令人舒适的精神热量与精神润度，其所指向的是人之心。"终温且惠，淑慎其身"（《国风·邶风·燕燕》）。郑笺云："温，谓颜色和也。""温"作为"德容"，指颜色容貌和柔、宽柔、柔顺。值得注意的是，《诗》多将"温"与"恭"并用，如"温温恭人，如集于木"（《小雅·小宛》），"宾之初筵，温温其恭"（《小雅·小宛》），"温温恭人，惟德之基"（《大雅·抑》），"温恭朝夕，执事有恪，顾予烝尝，汤孙之将"（《商颂·那》）。"温温"乃形容恭人之恭态，主要意思是恭敬、谦顺、柔和，主接受、容纳。姿态谦恭，抑己扬人，给人尊严与信心。恭敬、接受、容纳、顺从他人，他人得到理解、肯定、认同与尊重，即得到温意暖意，并可源源不断地感受到温暖，生命信念、价值在暖意中被增强与实现。或正是基于此，《大雅》遂将"温"作为"德之基"。

《书》亦将"温"作为众德之一，如"直而温"（《虞书·舜典》《虞书·皋陶谟》）；亦有将"温""恭"并列，如"浚哲文明，温恭允塞，玄德升闻，乃命以位"（《虞书·舜典》）。可见，"温"在《书》中的基本意思是"温和""和善"，也就是不冷漠、不冷酷。

孔子继承了《诗》《书》以"温"论"德"的传统，并在"仁"的根基上赋予"温"以新的内涵。"温"在《论语》中凡五见，其中，出自孔子者两处，出自孔门弟子者三处。出自孔门弟子者，两处是对孔子之描述，一处是对君子的描述。《论语》中的"温"，皆可理解为对"温"德之直接感受。子贡曰："夫子温、良、恭、

---

① 据《春秋谷梁传·僖公二十八年》载："水北为阳，山南为阳。温，河阳也。""温"只是诸"阳"之一种。或许是因为"温"最适于生命发育生长，后世遂以"温"训"阳"。如"阳，温也"。（《毛诗正义》卷八）

俭、让以得之。夫子之求之也，其诸异乎人之求之与？"（《论语·学而》）或训"温"为"敦柔润泽"（《论语正义》），或训"温"为"和厚"（《论语章句集注》）。二者大体揭示出"温"中原初之"阳"与"河（水）"义，即指待人的态度与气度：内在精神和厚，外在德容和柔。相较于《诗经》中主恭敬、谦顺、柔和、接受、容纳的"温"，《论语》中的"温"与"恭"并列，意义更侧重爱护、鼓励，主融合、施与、促进。施与人、事、物以"温"，使人、事、物温起来，既是孔子的理想，也是其在世的基本态度与作为。《论语·乡党》对孔子的描述是："孔子于乡党，恂恂如也，似不能言者。"王肃曰："恂恂，温恭之貌。""温恭"乃是对孔子日常生活中的容色言动之刻画，因此，可视作孔子画像之基本特征。

但是，"温"并不是一副先行预制好、随时可挂搭的面具。《论语·述而》称孔子"温而厉，威而不猛，恭而安"。《论语正义》释曰："言孔子体貌温和而能严正。""正"得其"严"即"厉"。"温而厉"即"温"皆得其正也。所谓"严正"，不仅指"温"在量上有差异，也指其表现形态所呈现之多样性。"爱有差等"，"温"亦有差等："温"并不意味着对所有人施与同等的温度，而是在不同情境下对不同的人施与相应的温差。子夏将"温而厉"诠释为"三变"。他说："君子有三变：望之俨然，即之也温，听其言也厉。"（《论语·子张》）"望"是拉开距离观看，"即"是近距离接触。"望之俨然，即之也温"揭示出君子之人格温度随距离而改变，此正是"温"有差等之表现。但将"温而厉"割裂为对"色"与"言"之感受，似乎未能领会"温"有差等之妙谛。[①]

对于他人来说，"温"表现为直接可感受的暖意。对于修德之君子来说，内在德性之培养固然重要，让他人他物直接感受到的颜色容貌之暖意更应该自觉追寻。孔子曰："君子有九思：视思明，听思聪，色思温，貌思恭，言思忠，事思敬，疑思问，忿思难，见得思义。"（《论语·季氏》）"思"是自觉追求，努力实现。朱熹《论语章句集注》称："色，见于面者。貌，举身而言。""色"主要指现于外的面色。如我们所知，"面"是由眼、耳、鼻、口构成的整体，"面色"指呈现于外的整体气质，包含"眼色""耳色""鼻色""口色"。君子所自觉追求与呈现的面色之"温"，乃是眼、耳、鼻、口整体所散发出来的温和的气度。对可感颜色、容貌温度之自觉

---

① 相较而言，《中庸》"温而理"之说更为周全："君子之道：淡而不厌，简而文，温而理，知远之近，知风之自，知微之显，可与入德矣。""温"主"和"，但其"和"有"节"，此即"温而理"。进一层说，"温"乃是有"故"之"温"，也就是有"礼"（主分）有"乐"（主和）之"温"。"温故者"契入"故"，也就超越了自然温度（如热情）而呈现出合理的张弛节度。

追寻构成了儒者修德之基本内容，也成为儒者之德的重要标志。

"温"不仅是孔子接人之基本态度与气度，也是其待物之基本态度与方法，包括对待特殊物——"故"："温故而知新，可以为师矣。"（《论语·为政》）从字面意义来看，"故"指旧日所学，具体内容指《诗》《书》《礼》《乐》等经典。在孔子的思想世界中，"故"的实质是以"仁"为根基的道理。对于孔子来说，"故"乃是个体生命"兴"（"兴于诗"）、"立"（"立于礼"）、"成"（"成于乐"）的前提与实质。因此，"故"不仅是"过去"，也可成为活生生的"现在"。不过，"故"到来而成为现在，需要人去化可能为现实，"温"就担当着此转化之责。"温"并非修德者颜色容貌之"温"，而是其精神层面之温——德温，即其心灵中由内而外涌现的热切的关爱、施与、融合。对于个体生命来说，"故""有"而"不在"。也就是说，它还没有进入个体心灵，并不为个体心灵所自觉保有，即不为心灵所自觉。个体生命欲禀有已有的道理，需要心灵自觉消除生命与道理之精神隔阂。"温"在这里便被当作消除此精神隔阂，融合、秉承已有道理的理想方式。具体而言，就是以"温"迎接"故"、融化"故"、契入"故"。已有道理与当下生命之隔阂被消融，个人生命由此突破一己之限，而贯通、契入无限之道理。道理与身为一，从而完成有限生命之超越。

在孔子的观念中，能温者并非那些满怀认知热情者。毋宁说，唯有仁德者能温。能温者爱护、鼓励人、事、物，即以"德温"来对待人、事、物。简言之，温故就是仁心呈现，施与、融化、契入生命之根，从而使仁心有了深沉的依靠与厚实的支持。温厚的"仁心"带着深沉的"故"去知，就是以深沉博厚的生命温度去融化、契入事事物物，以仁心润泽事事物物，贯通事事物物。事事物物得仁心温厚之养，如得春阳之泽、春风之抚、春雨之润，生机勃然焕发，生命由此日新。"知新"之"知"指向生命之自觉，其"新"则涉及温德打开的生命新境界，以及由此生命新境界展开于事事物物所开显的新天地。德性日厚，境界日新，天地日新，共同构成了"师"的内在格调与现实条件。因此，"温故而知新"不仅指儒者一以贯之的"学习"态度，更重要的是指儒者待人接物的态度、方法，亦是儒者鲜活的在世之态。

二、温与仁

在孔子思想系统中，生命之温源于"仁心"之呈现，或者说"温"是"仁"之用，是仁之显现。后世儒者正是立足于这个识见，不断阐发出"温"的深层意蕴。以"温"为"德"，并以此作为儒者在世之基本容态，这个思想为《郭店楚墓竹简·五行》、荀子、《礼记》继承并发挥。一方面，继续以"温"来形容有德之颜色、容貌。如：

颜色容貌温变也。（《郭店楚墓竹简·五行》）

人无法，则伥伥然；有法而无志其义，则渠渠然；依乎法，而又深其类，然后温温然。（《荀子·修身》）

凡三王教世子必以礼乐。乐，所以修内也；礼，所以修外也。礼乐交错于中，发形于外，是故其成也怿，恭敬而温文。（《礼记·文王世子》）

孝子将祭祀，必有齐庄之心以虑事，以具服物，以修宫室，以治百事。及祭之日，颜色必温，行必恐，如惧不及爱然。其奠之也，容貌必温，身必诎，如语焉而未之然。（《礼记·祭义》）

唯天下至圣为能聪明睿知，足以有临也；宽裕温柔，足以有容也；发强刚毅，足以有执也；齐庄中正，足以有敬也；文理密察，足以有别也。（《中庸》）

以"温"为儒者之"容貌"与"颜色"，从而塑造出儒者即"温者"形象，如春阳与时雨并施。特别值得一提的是，《中庸》重提"温故而知新"，将其自觉纳入德性问学之序中："君子尊德性而道问学，致广大而尽精微，极高明而道中庸，温故而知新，敦厚以崇礼。""温故"与"尊德性""敦厚"出于同一序列，表达的是德性的涵养，而非单纯的学习。而作为德性的涵养，"温故"构成了问学——"知新"的根基与前提。

另一方面，《郭店楚墓竹简·五行》、荀子、《礼记》把"温"与"仁"联系起来。如"仁之思也精，精则察，察则安，安则温，温则悦，悦则戚，戚则亲，亲则爱，爱则玉色，玉色则形，形则仁"（《郭店楚墓竹简·五行》）。"温"是"仁者"

之思而带来的结果之一，换言之，"温"乃仁者必然呈现的在世之态。同时，"温"又是通向"仁"的内在环节之一。

荀子则将"温"视为"仁"的内在特征之一。在比德于玉时，荀子说："夫玉者，君子比德焉。温润而泽，仁也；栗而理，知也；坚刚而不屈，义也；廉而不刿，行也；折而不挠，勇也；瑕适并见，情也；扣之，其声清扬而远闻，其止辍然，辞也。故虽有珉之雕雕，不若玉之章章。《诗》曰：'言念君子，温其如玉。'此之谓也。"（《荀子·法行》）在这里，荀子将"温"与"润"并列，已然将"温"中原始兼具的"河"与"阳"二义拆分，即有"阳"（温度）而无"河（水）"。尽管玉有诸德，但"温其如玉"却突显出其最大特征是"温"。"温"与"仁"对应，以"温"说玉之德乃基于"仁"在众德之中的根基地位。仁作为德目，居众德之首而可含众德，相应地，"温"亦可含众德。

《礼记·聘义》中关于"比德于玉"的表述是："夫昔者君子比德于玉焉。温润而泽，仁也；缜密以栗，知也；廉而不刿，义也；垂之如队，礼也；叩之其声清越以长，其终诎然，乐也；瑕不掩瑜、瑜不掩瑕，忠也；孚尹旁达，信也；气如白虹，天也；精神见于山川，地也；圭璋特达，德也；天下莫不贵者，道也。《诗》云：'言念君子，温其如玉。'故君子贵之也。"在这里，以"温润而泽"说仁，取"温"说玉，同样突显了"温"与"仁"之间的内在关联。

《礼记·儒行》则以"温良"为"仁"之本。其文曰："温良者，仁之本也；敬慎者，仁之地也；宽裕者，仁之作也；孙接者，仁之能也；礼节者，仁之貌也；言谈者，仁之文也；歌乐者，仁之和也；分散者，仁之施也。"在这里，将"温良"当作"仁"之本，明确表达出"温"在众德中之根本地位。

"温"在众德中的地位越来越突显的同时，"温"之效用也被比附于"天地"之生化。最早阐述"温"与天地生化之关系的先秦文献是《左传》。其文曰："为温慈惠和，以效天之生殖长育。"（《春秋左传·昭公二十五年》）"温慈惠和"对应"天"之"生殖长育"，隐约以"温"对应"生"，此为后世以"天"之"生"释"温"之先驱。《礼记·乡饮酒义》则以"天地温厚之气"打通了"天地温厚"与"天地之仁"之间的内在关联。其文曰："天地严凝之气，始于西南，而盛于西北，此天地之尊严气也，此天地之义气也。天地温厚之气，始于东北，而盛于东南，此天地之盛德气也，此天地之仁气也。"在这里，温厚之气即仁气，"温"由此通达着天地生化万物之品格。

朱熹系统阐发了"温"与"仁"之间的内在关联。首先，作为德性之"温"并非无根，其本源本体为"仁"。朱子曰："以仁为体，而温厚慈爱之理由此发出也。"（《朱子语类》卷六）其次，"仁"为众德之"体"，"温"由"仁"发，乃"仁"之"用"。"仁"之"用"既可以为"温"，也可以为"厚"，为"慈爱"，为"义"，为"礼"，为"智"。但是，"温"最接近"仁"的品格。朱熹从不同方面申说此意：

> 仁，便是个温和底意思；义，便是惨烈刚断底意思；礼，便是宣著发挥底意思；智，便是个收敛无痕迹底意思。（《朱子语类》卷六）
>
> "仁"字如人酿酒：酒方微发时，带些温气，便是仁；到发到极热时，便是礼；到得熟时，便是义；到得成酒后，却只与水一般，便是智。又如一日之间，早间天气清明，便是仁；午间极热时，便是礼；晚下渐敛，便是义；到夜半全然收敛，无些形迹时，便是智。（《朱子语类》卷六）
>
> 以天道言之，为"元亨利贞"；以四时言之，为春夏秋冬；以人道言之，为仁义礼智；以气候言之，为温凉燥湿；以四方言之，为东西南北。温底是元，热底是亨，凉底是利，寒底是贞。（《朱子语类》卷六十八）
>
> 四时之气，温叙寒热，叙与寒既不能生物，夏气又热，亦非生物之时。惟春气温厚，乃见天地生物之心。（《朱子语类》卷二十）

仁、温、春、元之间相互贯通，其共同特征是"生"。[1] 或者说，仁、温、春、元皆是使物"生"的最适宜条件：既不会过热而伤物之生，也不会过于寒凉而凝固物之生机。由此，由"温"可"识仁"。

> 要识仁之意思，是一个浑然温和之气，其气则天地阳春之气，其理则天地生物之心。（《朱子语类》卷六）
>
> 仁是个温和柔软底物事。……"蔼乎若春阳之温，盎乎若醴酒之醇"。此是形容仁底意思。（《朱子语类》卷六）
>
> 前辈教人求仁，只说是渊深温粹，义理饱足。（《朱子语类》卷六）

---

① 以气候之温热凉寒对应四时之春夏秋冬，在秦汉典籍中亦有另类表述。如以"温"对应"夏"的观念，最早见于《礼记·月令》，其文曰："季夏之月……温风始至。"《春秋繁露·王道通》呼应之："春气暖者，天之所以爱而生之，秋气清者，天之所以严以成之，夏气温者，天之所以乐而养之，冬气寒者，天之所以哀而藏之。"以"夏"为"养"，而非"生"，同于春生夏长之表述。

"温"以显"仁"，从而使"温"具有从"温柔""温和""温厚"等词语中剥离出来之独立自足的内涵。同样，由于根柢于"仁"，"温"便具有贯通、主导"热""凉""寒"的本体地位。换言之，"热""凉""寒"皆不过是"温"的不同表现形态。如医家说，热乃温之长（温之渐），凉乃温之收，寒乃温之藏。

如同"仁"之于"义""礼""智"，[①]朱熹指出："春时尽是温厚之气，仁便是这般气象。夏秋冬虽不同，皆是阳春生育之气行乎其中。"（《朱子语类》卷六）

阳春生育之气贯通、流转于夏秋冬，使物不仅可得"生"，还可得"养""收""藏"。无"春"则无夏秋冬，无"温"则无热凉寒，无"生"则无"养""收""藏"。此三者殊途而同归。物之"养""收""藏"过程之完成，乃"生"之完成，"养""收""藏"构成了"生"的内在环节。因此，举"仁"可尽诸德，举"温"亦可赅儒者诸德。[②]在此意义上，"温"构成了儒者之为儒者之标志性在世气象。

三、温：儒者在世之态度与方法

"温"与仁、春相通，也就是温德与温度相通。用今日之语言表述，就是道德与自然相通。以温德之温度在世，并以之接人应物，"温"便构成了儒者在世的基本态度与方法。以其温融化而通达他人之心，以其温融化而通达事事物物，此乃儒者之为儒者的标志，也是其分内之事。

温者首先自身有温度，以此融化自我，使自我温和柔软。一方面，温和柔软之我可融化自我设定之界域，以便开放自我；另一方面，温和柔软之我可接受、容纳他者，且对他者之到来做出反应。朱熹曾将顽石与温者进行对比："试自看一个物坚硬如顽石，成甚物事！此便是不仁。试自看温和柔软时如何，此所以'孝悌为仁之本'。若如顽石，更下种不得。俗说'硬心肠'，可以见。硬心肠，如何可以与他

---

① 朱熹对此论述道："仁虽似有刚直意，毕竟本是个温和之物。但出来发用时有许多般，须得是非、辞逊、断制三者，方成仁之事。及至事定，三者各退，仁仍旧温和，缘是他本性如此。人但见有是非、节文、断制，却谓都是仁之本意，则非也。春本温和，故能生物，所以说仁为春。"（《朱子语类》卷六）在他看来，是非（智）、辞逊（礼）、断制（义）乃仁之发用，亦是仁之完成环节。

② 如朱熹曰："问'夫子温、良、恭、俭、让'。曰：'此子贡举夫子可亲之一节，温之一事耳。若论全体，须如子温而厉，威而不猛，恭而安。'"（《朱子语类》卷二十二）"温、良、恭、俭、让"皆"温"之"事"，"温"可赅"温、良、恭、俭、让"。尽管朱熹在此，仅论及"温"之"可亲性"。

说话！"（《朱子语类》卷六）顽石之硬心肠一方面自我封闭，无法接纳他者；另一方面对他者之境遇麻木不仁，此即不仁。因此，唯有自身有温度、温和柔软，才能对他者言行随感随应，此便是"仁"了。

温者既可使自己柔软，也可以其温度融化他者，使他者柔软，从而使彼此融化、契合。"温"不仅体现在与人应和方面，亦贯穿于与事事物物之交接方面。朱熹对"温故而知新"的阐释，便将此意发挥得极为透彻。

"温故"之"温"，既非"再看一次"或"重复地看"，也非"在心上重新记诵"。"温"首先是"带着温度"面对"故"，以自身的"温度"去接近"故"。朱熹说："道理即这一个道理。《论》《孟》所载是这一个道理，'六经'所载也是这个道理。但理会得了，时时温习，觉滋味深长，自有新得。'温'字对'冷'字，如一杯羹在此冷了，将去温来又好。"（《朱子语类》卷二十四）与"冷"相对之"温"，就是加热，即施加温度于"故"之上。"故"（道理）虽然不会如"羹"一样"冷"，但是人却会将之变"冷"——人与"故"（道理）之间因陌生而产生坚硬的隔阂与距离。可见，加温既是为了融化自身与"故"（道理）之间的隔阂与距离，也是为了柔软自身姿态，以便使自身契入"故"之中，得其"滋味"。故横渠谆谆教导弟子："学者先须温柔，温柔则可以进学。"[1]"温柔"就是使自己"温"，使自己"柔"，其实质是"克己"工夫，故"温柔"乃有德之称。

生命温度源于温德，或者说，乃心性之德所散发之温度。而其温度所融化故学之道理，又反过来敦厚其心性，增进其德性。在此意义上，"温故"既是"存心"，也是"修温德"。此即儒者所谓的"尊德性"。朱子曰："温，犹燖温之温，谓故学之矣，复时习之也。……涵泳乎其所已知。敦笃乎其所已能，此皆存心之属也。"（《中庸章句集注》）朱子又曰："'温故'只是存得这道理在，便是'尊德性'。'敦厚'只是个朴实头，亦是'尊德性'。"（《朱子语类》卷六十四）

"燖"即用火加热，"故"即"已知底道理"，作为精神本原之仁义。将"已知底道理"涵养于身，需要"我"自觉地努力存养，使之常在我。我成为仁义之我，其盎然所现，即"温温君子"。我有"温"于身，以"温"暖之、融化之，以使我与"故"相即。唯有我之仁心常在，才能保证我常有"温"，道理与我"故"而相融不离。自觉地、主动地以仁心亲近、融化、契合仁爱之道理，因契入道理而存得

---

① ［宋］张载：《张载集》，中华书局，1978，第268页。

道理，仁德益厚。存得道理，仁德益厚，仁心温润，则所润日新，此即"知新"。朱熹由此确立了"温故"为"大者"，"知新"为"小者"。他说："'尊德性、致广大、极高明、温故、敦厚'，此是大者五事；'道问学、尽精微、道中庸、知新、崇礼'，此是小者五事。然不先立得大者，不能尽得小者。"（《朱子语类》卷六十四）可见，"温故"是"知新"的前提。唯有先确立"温故"，方可得"知新"。所求所得为"德之知"（张载称作"德性之知"），而非独立、纯粹、客观之知。故"知新"即"德"之"知"所焕发之新光彩。"知"建立在"仁"的根基之上，是"仁"之"知"。仁心与道理相融相通，充满仁爱的精神生命焕然生发，其知觉灵明焕然呈现，此谓"知"之"新"。故"知"之所以"新"，乃在于仁心常温，感人与人，润物通物。"知新"不仅是"知"（对生命之觉解）之"新"，也蕴含所知为新之意。即以仁心不断温物暖人，人、我、物在仁心之温中被凝聚、融摄，不断构成"新的"有暖意、有意味的生活世界。

宋儒强调仁、温、元、生之间的相互贯通，其主旨在于阐述"温"源于"仁"。"仁"必"温"，"温"即"仁"。"仁"为什么发为"温"？"仁者"为什么是"温"的？仁者，爱人、爱物。具体说，就是尊重、关爱与鼓励人，护持人、物之生，使其免受伤害。对他者的尊重、关爱与鼓励，提供了使其生发的能量与环境，此即"温德"。如果说"温度"之"温"是用热量投入来融化对象的，那么，"温德"则是通过投入热情与爱意来融化对象的。热量热情让对象成为与自身一体者，对象凭借我的热量热情而再现再生，我借新融入的对象而成就自身。"温"并不是一个以客观性为基本特征的视觉性概念，而是一个直接可感的触觉性概念，所谓"即之也温"也。"即"是照面、接触。对自身来说，"温"是柔和善意之释放；对他人来说，"温"是以其暖意来融化人与物，完善人与物，当然也"改变"人与物。[1]

"温"不仅可使自身"柔"，亦可使"温"之所及者"柔"。因此，对自身来说，"温"而"柔"者避让、退缩，以便在自己的精神空间给予所接触者一个舒适的接受、容纳。对于所照面者来说，"温"使之融化，个人廉方之形体因"温"而销镕，护持自我之界限不刿不割，由此契入"温者"之精神空间。"温"者之精神空间因接受、容纳所温者而愈博愈厚，故温者能柔、能厚、能和，[2]被温者亦可柔、可厚、

---

[1] 对儒家末流来说，"温"就成为"热"，即灼伤并改变他人、他物之力量。

[2] 《礼记·经解》曰："温柔敦厚，诗教也。""诗教"之温柔敦厚，乃以温情而柔、而敦、而厚，儒者则以仁之温而柔、而敦、而厚。

可和。①

对"温"德的追寻，既需要精神上扎根"仁"，行动上表现"仁"，更需要在四体、颜色上释放"仁"，以暖人心，暖世态。因此，在儒家看来，"温"不仅是在世之态度，也是儒者的标志性气象与德容。作为触觉性精神，"温"展示了直接可感的气度与温度，并在展示过程中成为待人接物的基本方法与认知方式。以温接人，以温待物，此乃儒家之思想基调、思想方法与趋向。较之佛家以"凉"在世，以"凉"作为自身的思想基调、思想方法与趋向；②较之道家以"淡"在世，以"淡"作为自身的思想基调、思想方法与趋向，③"温"无疑鲜明而深刻地刻画出儒者直接可感的在世气象。④

---

① 董仲舒曾以"君"为主体来讨论"温"的效果："深察君号之大意，其中亦有五科：元科，原科，权科，温科，群科。合此五科以一言，谓之君。君者，元也；君者，原也；君者，权也；君者，温也；君者，群也。……失中适之宜，则道不平、德不温；道不平、德不温，则众不亲安，众不亲安，则离散不群；离散不群，则不全于君。"（《春秋繁露·深察名号》）德"温"既可使众亲之，亦可使众安之，亲安为德"温"之效。此即君效天之温，而乐养众。

② 佛家以"苦"为"教"。如"苦集灭道"四谛之中，以"苦"为第一谛，以"灭、道"为解脱之法。按照传统说法，在"味"为"苦"，在"性"为"凉"。以"苦"立教正是以"凉"示人，以"凉"示物。佛家视"欲念"为"火"，以"清凉"降"欲火"，以止定人心、净化人心。

③ 道家以恬知，即以淡知。《老子》三十五章曰："道之出口，淡乎其无味。"《老子》六十三章曰："味无味。"王弼注曰："以恬淡为味。"可知，王弼以恬淡为味得之矣。"淡"即"平"，即"不温不凉"。如王弼："大象，天象之母也，不寒不温不凉，故能包统万物，无所犯伤。"（《老子注》三十五章）在道家看来，"温""凉"皆易加于人、物素朴之性，改变人、物素朴之性。唯有"不温不凉"，才能超越对人、物之性的强加与改变。

④ 不仅《论语》以"温而厉"来刻画孔子，程颐也以"温"来刻画程颢之醇儒行状："纯粹如精金，温润如良玉，宽而有制，和而不流。忠诚贯于金石，孝悌通于神明。视其色，其接物也如春阳之温；听其言，其入人也如时雨之润。胸怀洞然，彻视无间，测其蕴，则好呼若沧溟之际，极其德，美言盖不足以形容。"参见 [宋] 程颢、[宋] 程颐：《二程集》，中华书局，1981，第 637 页。

对《论语》中"君子不器"涵义的探讨

李宁[*]

摘　要:"君子不器"是揭示《论语》对于"君子"的诸多规定的关键。它昭示了在孔子心目中,君子的使命应是修德、弘德,而非局限于某些专门的才能。后世儒家基于孔子对君子使命的这一规定,结合"君子"的士阶层社会特征,提出只有从政和治(儒)学才是正途,农、工、商、医、卜等都是"小道"。士阶层是以"务德"为本,不崇尚专门化的才能训练的,这与孔子对周代兴衰的反思、与其对政治制度的思考有关。但当受教育人群大为扩充、"君子"概念逐渐下移之后,仍从"务德为本"、鄙视"小道"的角度来理解"君子不器",就会造成空谈流行、"实学"不彰的后果。

关键词:《论语》;孔子;君子;不器

"君子不器"是《论语·为政》中独立成段的一句话,由于缺乏上下文背景,其阐释一直存在着诸多争议。鉴于"君子不器"是理解《论语》对于"君子"之规定的关键,故很有必要对"君子不器"的具体内涵进行探讨。

以朱熹为代表的传统注家认为:"器者,各适其用而不能相通。成德之士,体无不具,故用无不周,非特为一才一艺而已。"[①]也就是说,"作为一个君子,不应该像器皿那样,只有一定的用途,而应该多才多艺,无所不能"。[②]不过,也有学者提出,"君子不器"与其说是主张多才多艺,不如说是倡导提高道德水平和境

---

* 李宁,哲学博士,江苏省社会科学院哲学与文化研究所副研究员。

① [宋]朱熹:《四书章句集注》,中华书局,1983,第57页。

② 王大庆:《"君子不器"辨析》,《北京师范大学学报(社会科学版)》2007年第2期。

界。①笔者认为，要想对"君子不器"的内涵作出全面阐释，首先要厘清孔子对于"君子"的界定，其次要结合孔子心目中的"君子"形象及其赋予"君子"的历史使命，来阐释"器"与"不器"的丰富内涵。

一、何为"君子"

关于"君子"的内涵，学界一般认为，在孔子之前，"君子"主要是指统治者和贵族。春秋之前，由于"学在官府"，只有贵族子弟才能接受教育，才能更多地关心"公德"而非私利，因此，君子之"德"与君子之"位"密不可分。当时的"君子"，主要是指政治、社会地位高者而言的。而与"君子"相对的"小人""民"，也是以政治、社会地位而言的。春秋时期，一方面，由于生产力的发展和私学的兴起，"学在官府"的格局被打破，平民子弟也获得了接受教育的机会，出现了大批道德素养较高却"无位"的人。另一方面，由于周王室礼崩乐坏，贵族阶层道德滑坡现象严重，出现了大批虽然"在位"却无德的人。这就导致了"君子"的"德""位"关系出现了偏差和错乱，"'君子'一词逐渐由表示统治者的身份地位的概念转变为表示德性修养的概念"。②孔子是实现"君子"概念由"位"向"德"转化的关键人物。在孔子看来，凡是承载道德理想、躬行道德规范者，均可视为"君子"。"小人"则往往带有道德上的贬义。是否"有德"虽然是孔子区分"君子""小人"的主要标准，但这并不意味着孔子心目中的"君子"与特定的社会阶层毫无关联。

在集中体现孔子思想的《论语》一书中，孔子对君子应具备什么样的品德、应遵循什么样的"礼"以及怎样才能成为君子等，都进行了阐述。《论语·宪问》中的一段对话，集中体现了孔子对何为"君子"以及"君子"应承担何种使命的阐述。其文曰："子路问君子。子曰：'修己以敬。'曰：'如斯而已乎？'曰：'修己以安人。'曰：'如斯而已乎？'曰：'修己以安百姓。修己以安百姓，尧、舜其犹病诸！'"孔子认为，君子不仅要"修己以敬"，还要以德治国，使国家安定、百姓幸福。

除"修己以敬""修己以安百姓"外，君子还要待时而动。"天下有道则见，无道则隐"（《论语·泰伯》）。"君子哉蘧伯玉！邦有道，则仕；邦无道，则可卷而怀

---

① 王大庆：《"君子不器"辨析》，《北京师范大学学报（社会科学版）》2007年第2期。

② 林贵长：《孔子与"君子"观念的转化》，《天府新论》2008年第2期。

之"。(《论语·卫灵公》)"甯武子，邦有道，则知；邦无道，则愚。其知可及也，其愚不可及也"。(《论语·公冶长》)孔子认为，"天下有道""邦有道"是施行"仁治"的前提。"天下无道""邦无道"时，君子仅凭一己之德行，甚至连"安人"都无法做到。如子贡问孔子交友之道。孔子曰："忠告而善道之，不可则止，毋自辱焉。"(《论语·颜渊》)

在孔子看来，"圣人"是比"君子"更高的人格境界。《论语·泰伯》云："大哉，尧之为君也！巍巍乎！惟天为大，唯尧则之。"可见，圣人是像尧舜那样的人，孔子从来不敢以圣人自居。如孔子曰："若圣与仁，则吾岂敢？抑为之不厌，诲人不倦，则可谓云尔已矣。"(《论语·述而》)在孔子看来，圣人能够做到"博施于民而能济众"，这是比"仁"更高的境界。《论语·雍也》云："子贡曰：'如有博施于民而能济众，何如？可谓仁乎？'子曰：'何事于仁？必也圣乎！尧、舜其犹病诸。夫仁者，己欲立而立人，己欲达而达人。'"

孔子认为，君子应以立志、修身为第一要务，至于"安人""安百姓"则应尽力而为，"不可则止"。如果不顾时势和自身能力去强行"安人""安百姓"，就会招致"降志辱身"的后果。如孔子说："不降其志，不辱其身，伯夷、叔齐与？"谓："柳下惠、少连，降志辱身矣；言中伦，行中虑，其斯而已矣。"伯夷、叔齐宁可饿死，也不食周粟，孔子称赞他们"不降其志，不辱其身"。而柳下惠在一个"无道之邦"任士师，多次被罢黜，"人曰：'子未可以去乎？'曰：'直道而事人，焉往而不三黜？枉道而事人，何必去父母之邦？'"而柳下惠坚持"直道事人"，是一个知其不可为而为之的君子，孔子为何要批评他"降志辱身"呢？这是因为在孔子看来，在无道的国家做官，若是一味地坚持"直道事人"，必然招致"降志辱身"；若是"枉道事人"，就会沦为道德卑下之小人。孔子在鼓励君子出仕的同时，强调"君子之仕也，行其义也""不仕无义"(《论语·微子》)；"邦有道，谷；邦无道，谷，耻也"(《论语·宪问》)。有学者提出："在孔子的心目中，'君子'的任务是'学而优则仕'，'仕'就是从政做官，协助朝廷治理民众。"[①]笔者认为，这是不确切的。孔子明明说过："君子务本，本立而道生。"(《论语·学而》)可见，"君子"的本务就是修德。在无道的国家做官，不管是直道事人还是枉道事人，均是与"君子"的本务相背离的。

---

① 李守庸：《略说孔子、柏拉图经济思想之异同——由怎样理解"君子不器"引起的话题》，《经济评论》2002 年第 3 期。

既然"君子"的本务是修德，那么，其一切言行都要围绕"德"而展开。从这一原则出发，孔子提出"君子"不应从事"鄙事"，或专精于某一项技能，而应精通"六艺"（礼、乐、射、御、书、数）。因此，"君子"教育是与通识教育、职业教育有别的陶冶教育。与涵养德性无关的教育，均被孔子归为"小道""小人之学"。最典型的例证就是《论语·子路》中记载的孔子与樊迟之间的一段对话。其文曰：

> 樊迟请学稼。子曰："吾不如老农。"请学为圃。曰："吾不如老圃。"樊迟出。子曰："小人哉，樊须也！上好礼，则民莫敢不敬；上好义，则民莫敢不服；上好信，则民莫敢不用情。夫如是，则四方之民襁负其子而至矣，焉用稼！"

从孔子所谓的"夫如是，则四方之民襁负其子而至矣，焉用稼"来看，这里的"稼"与国计民生有关，而樊迟讨教稼、圃之学，是为了"安百姓"。孔子说樊迟是"小人"，并不是从道德意义上遣责他为个人谋食，而是批评他不懂得治国的关键所在。至于"君子"为什么不应从事"小道"，子夏给出的解释是："虽小道，必有可观者焉。致远恐泥，是以君子不为也。"（《论语·子张》）可见，在子夏看来，农、圃、医、卜等技能虽有一定的可取之处，但与行义、修德等"大道"相比，只是"小道"罢了。

需要指出的是，农、圃、医、卜等"鄙事"并不是在道德上可鄙之事，"鄙事"因总是与逐利联系在一起，故不利于"君子"行义、修德。德国学者韦伯在《儒教与道教》一书中指出："孔子本人并不鄙视对财富的追求，但财富又似乎靠不住，会破坏高贵的心灵平稳，一切本来的经济职业工作都是庸俗的匠人的活儿，在儒家眼里，匠人即使借助他的社会功利价值也不能提高真正积极的尊严。因为'君子不器'就是说，他在适应世界的独善其身的过程中，始终是终极目标，而不是任何事务性目的的手段。"[①]不从事"鄙事"的特征，决定了"君子"要么是有一定的社会地位、经济地位的人，要么是像僧侣那样不事生产的人。孔子虽然实现了"君子"的内涵由重"位"向重"德"的转化，但孔子心目中的"君子"并不是后世儒家所谓的"人皆可为君子"的单纯有德者，而是专以修德、弘德为务的特殊阶层，

---

① ［德］马克斯·韦伯：《儒教与道教》，王容芬译，商务印书馆，1999，第298页。

也就是"士"阶层。有学者提出："孔子对于君子所作的创造性诠释,使得君子从表示地位和身份的社会精英的尊称,转化成大众可以追求的理想人格目标(道德精英)。"①笔者认为,这一论断并不确切,君子"德"与"位"的彻底分离并不是由孔子完成的,而是直到宋代,随着"君子"队伍的不断扩大,"君子人格"成为人人皆可追求的目标,"君子"的内涵才完成了由"位"向"德"的彻底转变。因此,就本分、使命来看,孔子对"君子"人格的阐述主要针对的是"士"阶层。也就是说,在孔子那里,"君子"的"德"与"位"仍然有着密切的关系,只不过"位"指的并不是贵族、统治阶层,而是"士"这一阶层。厘清了这一点,就会明白"君子不器"中的"君子"是仅就"德"而言的,与"德""位"相配的"君子"有着不同的内涵。

二、何为"器",何为"不器"

"器"的本义为"器皿",引申义有工具(器具)、生物体的构成部分(器官)、人的气度格局(器量)等。此外,"器"还被用来指称"形而下"的物质世界(《周易·系辞上》中的"形而上者谓之道,形而下者谓之器")。《论语》中"器"共出现了六次。②

《论语·卫灵公》曰:"子贡问为仁。子曰:'工欲善其事,必先利其器。居是邦也,事其大夫之贤者,友其士之仁者。'"这里的"器",指的是工具。孔子把"事其大夫之贤者,友其士之仁者"比作"实行仁德"的工具。

《论语·公冶长》曰:"子曰:'女器也。'曰:'何器也?'曰:'瑚琏也。'""瑚琏"是祭祀用的礼器,也有学者释为"有具体用途的物品"。子贡是外交家,好美服,善言辞,孔子把他比作贵重而华美的祭祀礼器,暗含责备他华而不实之意。不过,也有学者提出,孔子将子贡比作"国器",是称赞他才堪大用。

《论语·子路》曰:"子曰:君子易事而难说也。说之不以道,不说也;及其使人也,器之。小人难事而易说也。说之虽不以道,说也;及其使人也,求备焉。"君子用人,并不求全责备,而是按照其人的才德去分配任务。在这里,"器"与"备"相对,指的是量才器使。

---

① 王大庆:《"君子不器"辨析》,《北京师范大学学报(社会科学版)》2007年第2期。
② [宋]朱熹:《四书章句集注》,中华书局,1983,第57页。

《论语·八佾》曰："子曰：管仲之器小哉。或曰：管仲俭乎？曰：管氏有三归，官事不摄，焉得俭。然则管仲知礼乎？曰：邦君树塞门，管氏亦树塞门；邦君为两君之好，有反坫，管氏亦有反坫。管氏而知礼，孰不知礼？"管仲辅佐齐桓公"九合诸侯"，建立了非常伟大的功业，孔子数次称赞其"仁"，但在这里却称其"器小"。孔子给出的理由是管仲"不俭""不知礼"，在道德品行上有亏，故算不上"大人"。

《论语·为政》曰："君子不器。"由于缺乏上下文，学界历来对"器"的涵义众说纷纭。结合孔子对"君子"的阐释及《论语》中其他几处"器"的内涵，可将学界对"君子不器"之"器"的理解归纳为以下几种。

一是解释为"工具"或"专门的才能"。西方汉学者多将"器"理解为工具、专门才能、手段等。如韦伯说："'君子不器'，这个基本原则的意思是：他是自我目的，而不是像工具那样只能派一种专门用场的手段。"[1]在将"器"理解为"专门才能"的基础上，学界对于"不器"的理解又形成了两种截然不同的意见。一种意见认为，"不器"是说君子不应拘泥于专门的才能，不应学习和从事农、医、卜、商等谋私利的活动，而应接受道德教育，从事治理国家、教育百姓等公共事务。如韦伯认为，"君子不器"是儒教伦理的核心命题，这个命题"反对专业化，反对近代的专业科层和专业训练，尤其反对为营利而进行的经济训练，与这种崇拜被造物的原则恰恰相反，清教视证明世界和职业生活的特殊的客观目的为己任"。[2]另一种意见认为，"君子不器"是说"君子不应像器皿一般，只具备某一方面的知识。《卫灵公》说'君子病无能焉，不病人之不己知也'。在这种思想的支配下，'多能'必然成为君子的追求目标，因此，广闻博识也必然使其可以立足于各种复杂的形势"。[3]将"君子病无能"解释为"君子担心自己不具备多方面的知识"，从而认为"多能"是君子追求的目标，是不符合孔子原意的。据《论语·子罕》记载："大宰问于子贡曰：'夫子圣者与？何其多能也？'子贡曰：'固天纵之将圣，又多能也。'子闻之，曰：'太宰知我乎！吾少也贱，故多能鄙事。君子多乎哉？不多也。'"孔子少年时家境贫寒，为谋生而掌握了多种技艺，实是一位"多能"之人，他却以此为贱、为鄙。究其原因在于，对"君子"来说，唯有修德、致道才是最为重要的。

① 李守庸：《略说孔子、柏拉图经济思想之异同——由怎样理解"君子不器"引起的话题》，《经济评论》2002 年第 3 期。

② 李守庸：《略说孔子、柏拉图经济思想之异同——由怎样理解"君子不器"引起的话题》，《经济评论》2002 年第 3 期。

③ 裘士京、孔读云：《〈论语〉君子观及其现代启示》，《学术界》2006 年第 1 期。

《论语·卫灵公》中，孔子与端木赐之间的一段对话即是明证。其文曰："子曰：'赐也，女以予为多学而识之者与？'对曰：'然，非与？'曰：'非也，予一以贯之。'"这里的"一"，就是孔子提倡的仁义之道。此外，《论语·子罕》中，达巷党人称赞孔子"大哉，孔子！博学而无所成名"，更是指出孔子之所以被称为"大"，是因为其学问渊博到无法以某种专长来称之。"君子病无能"的"能"，指的是什么呢？如前所述，孔子心目中的"君子"是能躬行道德的"士"阶层，而作为"劳心者"的"士"阶层的根本使命是"修德"和"弘德"，而非"广闻博识"。因此，孔子担心的是"德之不修，学之不讲，闻义不能徙，不善不能改"（《论语·述而》）。

第二种意见是将"器"解释为"形而下者"。《周易·系辞上》云："形而上者谓之道，形而下者谓之器。""器"与"道"相对，指的是物质生活和物质财富，泛指整个凡俗世界。学界对于君子"不器"即指君子应追求形而上之"道"，是没有异议的，但对于孔子心目中的"道"的内涵却莫衷一是。

《论语》中多处提及"道"，如《里仁》中的"富与贵，是人之所欲也，不以其道得之，不处也""朝闻道，夕死可矣""士志于道，而耻恶衣恶食者，未足与议也""吾道一以贯之""夫子之道，忠恕而已矣"。《公冶长》中的"道不行，乘桴浮于海"。《雍也》中的"非不说子之道，力不足也""齐一变，至于鲁；鲁一变，至于道""志于道，据于德，依于仁，游于艺"，等等。

韦伯曾指出，"儒教同佛教一样，仅仅是伦理（'道'相当于印度的'法'）。但是，与佛教截然不同的是，儒教仅仅是人间的俗人伦理"。"儒教的本质，是人间的俗人伦理。儒教适应世界及其秩序和习俗，归根结底不过是一部对受过教育的世俗人的政治准则与社会礼仪规则的大法典"。[1]"至于'道'，既非事业，亦非理想，仅仅是约束人的传统主义礼仪的体现而已"。[2]可见，在韦伯看来，儒教主张要去适应这个世界及其秩序与习俗，既缺乏对现实的批判精神，也缺乏对某项神圣"事业"或"理想"的虔敬。现代新儒家对韦伯的上述观点提出了质疑。如杜维明认为，儒家的"凡俗"并非"跟这个世界取得妥协"，它虽然是入世的，但是具有内在的超越性。儒家既有现实性，又有强烈的理想主义和抗议精神。[3]

---

① 李守庸：《略说孔子、柏拉图经济思想之异同——由怎样理解"君子不器"引起的话题》，《经济评论》2002年第3期。

② 李守庸：《略说孔子、柏拉图经济思想之异同——由怎样理解"君子不器"引起的话题》，《经济评论》2002年第3期。

③ [美]杜维明：《现代精神与儒家传统》，生活·读书·新知三联书店，1997，第388页。

《论语》中提及的"道"，有一部分是等同于凡俗的伦理规则的。如"有君子之道四焉：其行己也恭，其事上也敬，其养民也惠，其使民也义"（《公冶长》）。"子张问善人之道。子曰：'不践迹，亦不入于室。'"（《先进》）"君子道者三，我无能焉：仁者不忧，知者不惑，勇者不惧"（《宪问》）。"君子易事而难说也。说之不以道，不说也。及其使人也，器之。小人难事而易说也。说之虽不以道，说也。及其使人也，求备焉"（《子路》）。上述篇章中的"道"，大致等同于伦理规则、礼仪规范、政治准则。

但毋庸置疑的是，《论语》中的"道"，也有难以等同于凡俗的伦理规则的。如"夫子之文章，可得而闻也；夫子之言性与天道，不可得而闻也"（《公冶长》），"吾道一以贯之"（《里仁》），"朝闻道，夕死可矣"（《里仁》），"邦有道，贫且贱焉，耻也；邦无道，富且贵焉，耻也"（《泰伯》），"人能弘道，非道弘人"（《卫灵公》），"君子之仕也，行其义也。道之不行，已知之矣"（《微子》）。此外，还有《论语》中多次提及的"有道""无道"。其中，"夫子之言性与天道，不可得而闻也"中的"天道"，则近于康德所谓的"物自体"。孔子虽然没有明确阐释"天道"，但我们仍能从他的言说里找到端倪。如《论语·季氏》云："子曰：'予欲无言。'子贡曰：'子如不言，则小子何述焉？'子曰：'天何言哉？四时行焉，百物生焉。天何言哉？'"孔子不言"天道"的原因，并非在于儒教与信徒的关系"是此岸性的"，①或"儒教关心的只是世间的东西"，②而是如韦伯所认为的那样，"'道'本身是一个正统儒教的概念：宇宙的永恒秩序，同时也是宇宙的发展本身，一切非辩证地完成的形而上学往往认为秩序与发展是同一的"。③因此，"天无言或天不言，我们可以通过'四时行焉，百物生焉'等体察天道，领悟天道。子无言，恰如天之无言，可以通过孔子的举手投足，动息语默，而了解夫子之道。此段文献的重点不是'天'，更不是讲天是自然之天，而重点是'予'，是人，或者说是借天以明人"。④因此，"天道"体现在自然变化中，孔子对"天道"的体悟则体现在他的日常行为中，不需要特意"说"出来，也无法"说"出来。如何"道"（说）出"非常之道"，则是所有哲学

---

① 李守庸：《略说孔子、柏拉图经济思想之异同——由怎样理解"君子不器"引起的话题》，《经济评论》2002 年第 3 期。

② 李守庸：《略说孔子、柏拉图经济思想之异同——由怎样理解"君子不器"引起的话题》，《经济评论》2002 年第 3 期。

③ 李守庸：《略说孔子、柏拉图经济思想之异同——由怎样理解"君子不器"引起的话题》，《经济评论》2002 年第 3 期。

④ 颜炳罡：《孔子"道"的形上学意义及精神价值》，《贵州社会科学》2010 年第 2 期。

最棘手的难题。

"天道"不可捉摸,更不可言说,故君子所能做的就是体察、感悟。在孔子看来,"天下"和"邦"之有道、无道皆是"命",人力是无法改变的。不仅君子无法变"无道"为"有道",小人也无法变"有道"为"无道"。因此,孔子曰:"道之将行也与,命也;道之将废也与,命也。公伯寮其如命何!"(《论语·宪问》)君子虽然不能改变道之"命",却不可不知"命"。如孔子曰:"不知命,无以为君子也。"(《论语·尧曰》)冉求所谓的"子之道",就是指孔子的学说、主张以及"世俗人的政治准则与社会礼仪规则的大法典"。① 从这个意义上来说,"不器"反对的是不加反思的世俗生活和追逐私利,而"孔子所说的'君子不器'旨在倡导人们努力从'利'的功利境界提高到'义'的'道德境界'"。②

三、对"君子不器"的解读

"君子不器",与孔子提出的君子的本分在于修德、弘德是一脉相承的。但这里的"君子",并非仅指有"德"的君子,而是指"德""位"相配的君子,即脱离劳动生产的"士"阶层。"君子不器"不仅意味着"士"阶层要"学以致其道"、躬行道德,还意味着他不应从事农、工、医、卜等"鄙事"。孔子赋予君子的社会使命是在天下有道、国家有道的时候,协助君主治理国家,而其施政的重点是内以自身高尚的道德素养感召百姓,外以"礼"的规定来保证国家社会在正常轨道上运行。因此,"君子不器"应包含有"以德治国""仁治"等儒家政治原则。

孔子为什么如此重视专门立志修德、弘德的"士"阶层呢?为什么如此重视君子与"德"之间的关系呢?在孔子生活的时代,各诸侯国为了实现国家富强的政治目标,无不大力发展农业,滋生人口,建设强大的军队等,农家、兵家、法家便应运而生了。在这一时代背景下,孔子不考虑如何"足食""足兵",而是将目光投向专门立志修德、弘德的"士"阶层,与他对周王室衰微的反思有着密切的关联。"周礼美备,却在数百年之后'君微政衰',这促使孔子思考人的内在德性修养对于社会政治制度正常运转的重要性。孔子曾感慨道:'人而不仁,如礼何?人而不仁,

---

① 李守庸:《略说孔子、柏拉图经济思想之异同——由怎样理解"君子不器"引起的话题》,《经济评论》2002 年第 3 期。

② 王大庆:《"君子不器"辨析》,《北京师范大学学报(社会科学版)》2007 年第 2 期。

如乐何？'（《论语·八佾》）他敏锐地发现一个国家不能光有完备的制度，而应由一批有德性的人来执行这套制度。于是，孔子兴'仁治'之教，提倡寓'人治'于'法治'之中"。① 可见，在孔子看来，唯有超拔于琐事和私利之上，专门涵养德性、倡导道德、自上而下地提高全社会的道德水平的"君子"群体，才可以实现他的"仁治"理想。

在孔子的"仁治"理想中，"德"与"礼"处于基础性地位。其中，与法律有着实质性区别的"礼法"则无法被西方学者理解。黑格尔曾说过，在孔子那里，"只有一些善良的、老练的道德的教训"。② 韦伯也认为，儒家之道"仅仅是约束人的传统主义的礼仪的体现而已，它的诫命不是'行动'，而是'空'"。③ 孔子对道德教训——礼极为重视。尽管这些道德教训在西方学者那里只是一些教条，但是在孔子的思想系统中，"礼"作为"德"和"义"的外化，却是"德"获得确定性的关键所在。孔子曰："恭而无礼则劳，慎而无礼则葸，勇而无礼则乱，直而无礼则绞。"（《论语·泰伯》）因此，"'礼'作为一种文化精神，不仅仅是外在的言谈、举止、风度，更为重要的是，它是一种以'义'为根本的表现形式。'不知礼，无以立'，如果缺少礼的支撑，对'道'的追求就会成为虚无缥缈的空中楼阁"。④ 据《论语·卫灵公》记载："卫灵公问陈于孔子。孔子对曰：'俎豆之事，则尝闻之矣；军旅之事，未之学也。'明日遂行。"卫灵公作为一国之君，向孔子请教军事，孔子答以自己不懂军事，只知道一些礼仪方面的知识。可见，在孔子看来，"仁治""德政"是治国的基础，一国之君应关注礼仪、仁义、德行。"上好礼，则民莫敢不敬；上好义，则民莫敢不服；上好信，则民莫敢不用情。夫如是，则四方之民襁负其子而至矣，焉用稼"！（《论语·子路》）这种治国理念是西方学者无法理解的，如韦伯就认为："字斟句酌、辞藻华丽、旁征博引、纯正细腻的儒学教养，这一切被奉为高雅之士的谈吐典范，一切实际的政务则被拒之门外。我们很奇怪，这种囿于经典的理想化的'沙龙'修养何以能治理大片的国土。"⑤

---

① 王大庆：《"君子不器"辨析》，《北京师范大学学报（社会科学版）》2007年第2期。

② ［德］黑格尔：《哲学史讲演录》，贺麟等译，商务印书馆，1997，第78页。

③ 李守庸：《略说孔子、柏拉图经济思想之异同——由怎样理解"君子不器"引起的话题》，《经济评论》2002年第3期。

④ 李守庸：《略说孔子、柏拉图经济思想之异同——由怎样理解"君子不器"引起的话题》，《经济评论》2002年第3期。

⑤ 李守庸：《略说孔子、柏拉图经济思想之异同——由怎样理解"君子不器"引起的话题》，《经济评论》2002年第3期。

此外，韦伯还提出，儒家思想中"高贵的人不应当接受专业训练，而应接受陶冶教育"的倾向，是导致中国传统文化鄙视、拒斥知识分子职业专门化的根源，现代西方式的理性经济与技术也因此受到了绝对的排斥。这是有一定道理的。孔子心目中的"君子"，是指向"士"这一特定阶层的。"士"阶层因肩负着特殊的使命，所以接受的教育、从事的职业都与普通民众不同。宋明儒家学者从"人皆可为尧舜"（《孟子·告子下》）以及"恻隐之心，人皆有之；羞恶之心，人皆有之；恭敬之心，人皆有之；是非之心，人皆有之"（《孟子·告子上》）出发，将"君子人格"推广到一切受教育者身上。由此带来的问题是：仁、义、勇、智、信等"君子人格"固然可以推广到一切受教育者身上，但"君子不器"，即君子不应从事专门化职业，能否推及所有的受教育者呢？在孔子生活的时代，因为生产力水平低下以及"学在官府"，只有少数人能够接受教育，所以这部分人不从事专门化职业对社会的影响不大。但是宋代以后，"君子"群体虽然完成了从"位"到"德"的彻底转变，但是对"小道"的鄙视却被继承下来。宋明理学"以明心见性之空言，代修己治人之实学"（顾炎武语），将心性之学置于学问的核心地位，而将包括科学技术在内的非心性之学一律贬黜为"形下之器""雕虫小技"。因此，"在儒家的价值体系里，科技只是'小道''小技''方技'。宋元大数学家秦九韶、李冶深受这种价值观的影响，因而前者认为与性命之学相比，自己所从事的是次一等学问；后者则说谢良佐记诵文史，被程颢斥为玩物丧志，自己的数学研究就更不足道了"。[①]清代王徵译绘刊刻"远西奇器图说"，有人以"君子不器"讥讽道："今兹所录，特工匠技艺流耳，君子不器，子何敝敝焉于斯？"王徵回答道："兹所录者，虽属技艺末务，而实有益于民生日用，国家兴作甚急也。倘执'不器'之说而鄙之，则尼父系《易》，胡以又云'备物致用，立成器以为天下利，莫大乎圣人'。"[②]从鄙视"小道"的立场来理解"君子不器"，其思想流弊之远、之深，由此可见一斑。这是混淆孔子"德""位"相配之"君子"与后世仅以"德"而言之"君子"所造成的结果。若是从精神的超越性，从脱离低级趣味、提高道德修养的角度来理解"君子不器"，则这种"君子"的规定性仍然适用于现代社会，适用于普通的公民教育。

---

① 陈卫平：《"李约瑟难题"与内圣开出科学》，《浙江社会科学》2006 年第 4 期。

② ［明］王徵：《远西奇器图说录最·序》，转引自陈卫平：《"李约瑟难题"与内圣开出科学》，《浙江社会科学》2006 年第 4 期。

政治生活中的君子与圣人

——《论语》三章镜诠 *

陈志伟 **

摘　要：儒家学说自其创立之时，就以理想人格的成就为旨归，此理想人格即是君子和圣人。但儒家并不以君子人格的养成为最终目的，而是进一步指向了政治生活的实践维度。我们通过对《论语》中"不知命无以为君子""孔子使子路问津"和"无为而治者其舜也与"三章的文本诠释，来凸显儒家德性与政治之间的内在关联，指出"天命"为君子人格提供下学上达的形上根据，并奠定了理想人格的逻辑基础，提示儒家君子人格走向政治生活的必然性（天命的召唤）；孔子与隐士对政治生活的不同态度体现了儒家理想人格的现实追求；圣人"无为而治"一方面呈现了理想人格的治世方式，另一方面也突显了德性在政治生活中的基础性地位。

关键词：孔子；《论语》；君子；圣人；政治生活

阿伦特在《集体责任》一文中，曾对道德和政治进行过明确区分。她说："居于有关人类行为的道德关切中心的是自我，而居于有关人类行为的政治关切中心的是世界。"① 当然，阿伦特很清楚，她这句话所适用的时代语境，即近现代语境。因为古希腊时期通行的看法是，人之为人就是政治行动中人的本性和自由的展现，所以，道德关切就成为政治生活的一部分；而只有经过漫长的中世纪基督教对个体灵

---

　　* 本文为国家社会科学基金一般项目"西方汉学中的孟子学与心性哲学研究"（14BZX058）阶段性成果。

　　** 陈志伟，哲学博士，西安电子科技大学人文学院教授。主要从事中国先秦哲学、海外汉学、古希腊哲学研究。

　　① ［美］阿伦特：《集体责任》，载［美］杰罗姆·科恩编：《反抗"平庸之恶"》，陈联营译，上海人民出版社，2014，第157页。

魂的道德属性的超拔，使其逐渐脱离了政治领域，变成面向上帝的朝圣之旅，直到马基雅维里将道德和政治进行了彻底的切割，并将之作为政治哲学的一个原则确立起来。近代以来，政治哲学的去道德化乃至政治哲学演变为政治科学的基本趋势才得以展开。阿伦特并没有沿着近代以来的政治科学路线进行其政治思考，她的如上区分有其特定的现实指向，即纳粹政治体制下的个人道德与政治责任之间关系的问题。在她看来，只有将个人道德关切与政治责任作一严格区分，才能从法律上将极权体制内个人的政治责任加以确认，以便促使个体承担其罪责并对之施以法律上的惩罚。但是，这种特定的现实指向却为我们提出了一个颇具普遍意义的问题，即在何种意义上，道德可以为政治奠基？或者说，近现代以来，将道德从政治生活中剥离出去的做法，是不是一个值得普遍化的做法？

在中国先秦早期儒家那里，如上问题似乎根本不成其为问题。因为自儒学诞生之日起，道德与政治就是一体之两面，且从未分离过。不过，我们可以参考阿伦特的如上区分，从自我人格的养成和政治生活的天下（世界）这两个角度来理解先秦儒家思想的义理结构。由此出发，我们关注儒家圣人和君子这两种理想人格典范，将其置于政治生活的情境之中加以考察。具体而言，我们从《论语》中选取三章文字予以诠读，揭示儒家的道德目标和政治关切（"成己"与"成物"），以及这两者之间在儒家思想中的内在关联。

一、天命与君子

众所周知，孔子吸取了周朝礼乐制度中对"礼"的强调，从中提炼出"仁"的观念，并辅助于"义"，从而建构出以仁、义、礼为理论架构的儒学体系。但孔子之学的目的并不是一种理论体系的阐发，而是指向理想人格和政治秩序的可能性及其践行。在孔子看来，理想人格是实现理想政治秩序的基本前提，而理想人格的实现则需要个人在学思与修养上的持续努力。

《论语》中关于君子的论述非常多，"君子"作为一个词组在《论语》中共出现一百零七次，由此可见，对于孔子及其所创立的儒家来说，君子人格的养成居于一个极其重要的地位。并且从"君子"二字出现的频率以及孔子对君子人格的重视程度来看，《论语》处处以君子人格的成就为目的而言说，故许多并未提及"君子"二字的章节，并非与君子人格的养成无关。

从总体上而言，孔子关于君子人格的养成，应该说是一个下学而上达的过程。这一点最典型地体现在《论语》首章和最后一章的文字中。

> 子曰："学而时习之，不亦说乎？有朋自远方来，不亦乐乎？人不知而不愠，不亦君子乎？"（《论语·学而》）
>
> 子曰："不知命，无以为君子也；不知礼，无以立也；不知言，无以知人也。"（《论语·尧曰》）

《论语·学而》开篇以"学"发端，最后落实于"君子"之上，即"学"的目的在成就君子人格。而在《论语》最后一章中，孔子提出要成为君子，首先必须"知命"，其次还要"知礼""知言"。很显然，这里的"命"应该与天道相关，而不仅是指某种人力所不能控制的外在力量，即一般而言的所谓的"命运"。① 将此处的"命"释为"命运"，源出于朱熹的《论语集注》。在注疏此章时，朱熹只是简单地引用程子的话："知命者，知有命而信之也。人不知命，则见害必避，见利必趋，何以为君子？"② "知有命而信之"，有相信命运安排的意味，而趋利避害则是不了解命运安排而导致的理性选择。程子和朱熹的这种理解，将孔子此章中所隐含的超越义完全忽略。对此，前人已有所认识，如《论语笔解》云："命，谓穷理尽性以至于命也，非止穷达。"③ "穷理尽性以至于命"是下学而上达的过程，最终的目的是对天命的认识，而"穷达"只是个人命运的遭际。因此，我们看到古人对此处"命"的疏解多从"天道"出发。如董仲舒说："天令之谓命，人受命于天，固超然异于群生，贵于物也。故曰天地之性人为贵。明于天性，知自贵于物，然后知仁义礼智，安处善，乐循理，谓之君子。故孔子曰：'不知命，无以为君子。'此之谓也。"④ 在董仲舒看来，"知命"即是"明于天性"，也就是"知仁义礼智"，而人性或"仁义礼智"等德性皆出于天，故"不知命无以为君子"的"命"就是指"天命"。《韩诗外传》也从"天之所生皆有仁义礼智顺善之心"⑤ 的角度来理解孔子的

---

① 李泽厚先生即将此处的"命"认定为一般意义上的"命运"。参见李泽厚：《论语今读》，生活·读书·新知三联书店，2008，第 571 页。

② ［宋］朱熹：《四书章句集注》，中华书局，2012，第 196 页。

③ 程树德：《论语集释》，中华书局，1990，第 1377 页。

④ 程树德：《论语集释》，中华书局，1990，第 1376—1377 页。

⑤ 程树德：《论语集释》，中华书局，1990，第 1377 页。

"不知命无以为君子",故也是将"命"视为"天命"。

余英时曾对中国古代轴心时期的儒家思想根源作过梳理。他认为,儒家的"命"或"天命"概念紧接上古时代以迄西周末年的巫术文化传统,只不过儒家将巫术文化中视"天命"为带有人格神意味的宗教律令,转化为以人的内在德性为标准的道德原则,同时又将原有的宗教维度在剔除了人格神的前提下加以保留。① 因此,孔子的"命"或"天命"更多的是一种"超越于宇宙万有之上的""精神力量",并且这种"精神力量"也成为他念兹在兹的"道"所从出的源头。② 例如,孔子曾说:"朝闻道,夕死可矣!"(《论语·里仁》)并强调"士志于道"(《论语·里仁》)。从这个意义上来说,孔子的"命"或"天命"即等同于"道"或"天道",而对"天命"或"天道"的觉知和体察,无疑成为儒家在形上层面上的最高要求。就此而言,"不知命无以为君子"中的"命"绝非通常意义上的"命运"所能涵盖,而是拥有其超越的形上意涵。

所谓"知礼""知言",则是指对日常行为中的礼仪规范及其内在包含之礼义的了解,以及对言辞应对的学习。这两个方面都属于德性修养工夫的下手处,但亦与上述"天命"或"天道"相关联,因为无论是礼还是言,其最终根据都是天理之秩序或天道之仪文,所以,从工夫论的角度上来说,"知礼""知言"必然在君子人格的养成过程中处于先行位置。也就是说,我们应该先由这两个方面入手,随着内在德性的厚积,天理秩序或天道仪文自然呈现于我们的意识结构之中。但若从人格修养的逻辑根据的角度来看,"知命"则成为君子人格养成的枢纽与核心。因为若不树立这样的形上目标,君子之为君子,或者人之为人将难以寻获内在根据,所以孟子提出"先立乎其大"(《孟子·告子上》),并认为"尽其心者,知其性也,知其性则知天也",以及"夭寿不贰,修身以俟之,所以立命也"(《孟子·尽心上》)。由此可知,"立其大"即是"立命","大"者不立,难以明修身之目标。孟子如上观念显然是对上引孔子"士志于道"在思想史意义上的接续承继。

孔子在此章中强调,君子"知礼""知言"属于下学的范围,而君子"知命"则是上达的目标。那么,孔子为什么要设定"知命"作为君子上达的目标呢?这个问题牵涉到君子人格之养成的两个维度,其一,与先秦儒家人性论相关,即君子人格的成就从实质意义上而言,就是对人之内在德性的培育和修养,而按照儒家人性

---

① 余英时:《论天人之际》,中华书局,2014,第42—49页。
② 余英时:《论天人之际》,中华书局,2014,第48页。

论的观点，人的内在德性根源于天命，如《中庸》所说"天命之谓性"。孟子也认为："仁之于父子也，义之于君臣也，礼之于宾主也，智之于贤者也，圣人之于天道也，命也，有性焉，君子不谓命也。"（《孟子·尽心下》）仁义礼智圣，是天之所命，但是一旦授之于人，即内化为人之性。既然是人之性，就成为人通过意志选择和修养工夫能够培育并不断扩充之的德性品格。如此一来，若不能对天命有根本上的了解和体悟，则内在德性的扩充培养将变得不可能。其二，虽然君子人格的成就似乎单纯是一个道德心性问题，但在孔子和儒家看来，道德心性的成就最终指向的却是天下的政治秩序，而儒家意义上的政治秩序，其根源则在于天道秩序。因此，在春秋战国礼崩乐坏的大局面之下，要想重建礼乐秩序，作为承担此重任的君子以至贤人、圣人，就必须要对天道秩序有充分的把握和洞彻。否则，即使其内在德性得到一定程度的培养和扩充，仍不足以承担重建礼乐之序的大任，其"君子"身份终将难符其实。孔子一生栖栖惶惶，在列国之间游走，面对楚狂、长沮、桀溺等隐士的嘲弄却自叹"鸟兽不可与同群，吾非斯人之徒而谁与"，并慨然而曰："天下有道，丘不与易也！"（《论语·微子》）充分显示出其变"天下无道"为"天下有道"的政治使命意识，[1] 这种"知其不可而为之"（《论语·宪问》）的强健不息，自是君子所必须具备的精神品格。

通过以上分析，我们看到一方面，人性根源于天命；另一方面，政治生活是天命的召唤。前者为"知命"提供了逻辑上的可能性，后者则为"知命"赋予了必然性。在此，君子所需要承担的，既是人性的内在涵养，又是德性推扩外显的政治使命。而这两个方面都发端于《论语》开篇的"学"。众所周知，孔子一生重视"学"，评价自己一生"学而不厌"（《论语·述而》），并且在评价弟子时，将"学"作为与"仁"并列的最高标准。如季康子问孔子，弟子中有谁好学，孔子答曰："有颜回者好学，不幸短命死矣，今则亡也。"（《论语·先进》）这充分凸显出儒家下学而上达的致思理路。"学"而致君子，是政治秩序的人格保证，而人格的养成又依赖于天之所命的"性"在日用常行（包括政治生活）中的呈现与发用；天命同时还为政治秩序提供终极根据。在此，君子人格与天命所召就有了内在的统一性。因此，我们有必要从儒家典范人物孔子与隐士对比的角度，进一步考察儒家君子人格的政治维度，以彰显儒家君子人格对天命召唤的自觉意识和勇于承担的精神。

---

[1]　余英时：《论天人之际》，中华书局，2014，第46页。

二、儒家君子与隐士

从《论语》所记载的孔子本人的亲身经历中，我们也能体会到君子是如何协调个人德性与政治胸怀之间的关系的。《论语·微子》记录了孔子与几个隐士相遇之事，其中孔子对隐士们质疑的回答，让我们对君子的政治态度有了比较充分的了解。有鉴于此，我们以"孔子使子路问津"章为核心，来考察儒家君子的政治态度。下面这段文字突出呈现了儒家君子与各类隐士之间在政治态度上的根本差异。

> 长沮、桀溺耦而耕，孔子过之，使子路问津焉。长沮曰："夫执舆者为谁？"子路曰："为孔丘。"曰："是鲁孔丘与？"曰："是也。"曰："是知津矣。"问于桀溺。桀溺曰："子为谁？"曰："为仲由。"曰："是鲁孔丘之徒与？"曰："然。"曰："滔滔者天下皆是也，而谁以易之？且而与其从辟人之士也，岂若从辟世之士哉？"耰而不辍。子路行以告。夫子怃然，曰："鸟兽不可与同群，吾非斯人之徒与而谁与？天下有道，丘不与易也。"

就本章而言，长沮、桀溺以农事为隐，与下一章的荷莜丈人相类。在学派上，长沮、桀溺和荷莜丈人可能与上一章的楚狂接舆不同。如果说楚狂接舆是道家的隐者，那么，前三者应该是农家的隐者。先秦农家在《孟子·滕文公上》中有描述，孟子也曾与其代表人物进行过辩论。只是《孟子》中的农家并非隐者，而是希望以农事政，让在位君主亦从事于农田作业，与农民同甘苦，孟子对此予以有力辩驳。但我认为《孟子》中的农家与《论语》此章和下一章的三个隐者的共同之处，是对农业都亲力亲为，并且都有意混淆儒家予以明确区分的君子野人之辨。王夫之论述君子野人之辨甚详："君子、野人，皆人也，而有辨。君子，治野人者也。易君子，则野人不待易而易矣。食其力，安其身，不相为治，野人之性固然，而其去鸟兽不远矣。为君子者，虽至无道，而犹然衣冠礼乐之遗，野人之所恃以易也。"① 君子之意义，一为其自身德性修养，使人能挺立于天地之间；二为野人树立典范，因君子之德行而易其野性。故此，即使天下无道，亦存有可依据之人性标准，使道存于伦理人情之中。《论语·颜渊》"君子之德风，小人之德草，草上之风必偃"的论断，

---

① ［清］王夫之:《四书训义》，载氏著:《船山全书》第七册，岳麓书社，1990，第944页。

无疑蕴含了这一道理。

孔子经过长沮、桀溺耕田之所，让子路去向他们二人问津。"问津"二字的字面意义是询问过河的津渡，而"长沮、桀溺各皆从水"，①并且以"长""桀"字加以修饰，表明此二人或许是长年躬耕于河津渡口旁边的隐者。"是知津矣"表达了隐者对孔子栖栖惶惶四处周游却处处碰壁的一种嘲讽，无意中却提示出"问津"更具普遍性的意义，即为实现内心之志而寻求路径、探访道路，内含人应该如何生活的价值意蕴。无论是儒家还是道家抑或农家，都以其对于何为良好生活的价值判断而立基，并因之使其成为儒家、道家、农家。从政治角度而言，"问津"有为天下寻找道路之意，即探寻天下平治之道。按照李零的解释，长沮说孔子"是知津矣"，意在讽刺孔子：你不是知道天下的出路吗？何必来问我？这一点与下文桀溺所说的"滔滔者天下皆是"之"滔滔"恰成对应：天下已如滔滔江河之水，民众陷于江河之中承受混乱之苦。因此，孔子"问津"就是要为天下百姓寻找摆脱滔滔苦海的出路。②前述分析表明，儒家君子人格在内在价值和外在追求方面的一致性。

桀溺回答子路的话可谓意味深长。桀溺说："滔滔者天下皆是也，而谁以易之？且而与其从辟人之士也，岂若从辟世之士哉？"前半句是桀溺对当时世道的判断，后半句是依据这一判断所作的人生道路的选择。隐者情怀就在于：天下治乱与否，皆与己无关，尤其是处于乱世，更应该避世之乱而颐养天年。隐者之所以有如此选择，是因为在他们看来，个人在政治上再怎么努力都无济于事，故与其白白浪费精力，不如保全自己的性命。这里面隐含着两个问题：第一，隐者似乎更注重个人行动的结果和效用，而不太关注内在动机，这一点正好与儒家相反；第二，这里面还存在一种更深层次的功利性算计，既然在政治上无法达到个人所期望的效用，那只能在个人生活上和生命的保全上作更多的谋划，这一点也与儒家背道而驰。孔子对待政治事务的态度是"知其不可而为之"，其深层根据是孔子强调"为己"之学，而反对"为人"之学（《论语·宪问》）。在孔子看来，全生心地投入政治实践之中，也是个体自身德性修养的基本方式之一。而为政的效果（如"安人""安百姓"等），都是"修己以敬"（《论语·宪问》）的自然结果，是德性修养之后必然附带的结果。这就是孟子所谓的"修其天爵，而人爵从之"（《孟子·告子上》）。可见，儒家自孔子创始之初，就不以功利的或效果主义的态度看待政治事务。董仲舒

---

① 程树德：《论语集释》，中华书局，1990，第 1266 页。
② 李零：《丧家狗——我读〈论语〉》，山西人民出版社，2007，第 315 页。

在《春秋繁露·对胶西王越大夫不得为仁》中直截了当地指出："正其谊不谋其利，明其道不计其功。"隐者没有理解的是，孔子辟人是为了寻找贤良以救世，辟人不是目的，弘道救世才是目的。隐者之所以把辟人视为孔子的目的，是因为隐者以辟世全身为自己的目的。因此，"圣人不忍弃天下之人群，而必与当世之君、大夫为群""非独行之世所知也"。①孔子曾说："君子之于天下也，无适也，无莫也，义之与比。"（《论语·里仁》）杨伯峻译曰："君子对于天下的事情，没规定要怎样干，也没规定不要怎样干，只要怎样干合理恰当，便怎样干。"因此，"义之与比"凸显出儒家君子人格的非功利性特点。

孔子明确地说："鸟兽不可与同群，吾非斯人之徒与而谁与？""修己以安人""修己以安百姓"虽然强调修己（德性修养）才是目的，但这一目的只有在"安人""安百姓"的政治实践中才能实现，也就是"己欲立而立人，己欲达而达人"的"能近取譬"的"仁之方"（《论语·雍也》）。离此，必定堕入隐者之流，即"绝人逃世以为洁"。②"安人""安百姓"凸显了孔子的群体意识，这种群体意识以人禽之辨为前提，强调人文化成的政治向度，但儒家并没有因此忽视个体原则，而是以"为己""成己"之类的要求来突出道德主体的内在价值。正如杨国荣教授所说，孔子既重视成己又关注成人，而自我实现是成人的前提，同时自我又不能停留于成己，而应由己及人，并且只能在成就他人的他者向度上达成实现自我的可能性。③

孔子所说的"天下有道，丘不与易也"，明显是应对桀溺"滔滔者天下皆是也，而谁以易之"之问的。两相对比，儒家与隐者之间的差异便显现出来。在隐者看来，天下无道，无人能以道变易天下，所以不如隐去；但对孔子而言，正因为道之不行，才更需要人去呼唤道，探寻道，践履道，力行道，正所谓"人能弘道，非道弘人"（《论语·卫灵公》）。天下有道时，便无须以道易之了。④虽然孔子有时也会表现出一种隐者情怀，如"天下有道则见，无道则隐"（《论语·泰伯》）、"道不行，乘桴浮于海"（《论语·公冶长》）等，但是"有道则见，无道则隐"的根本目的是

---

① [清]王夫之：《四书训义》，载氏著：《船山全书》第七册，岳麓书社，1990，第944页。
② [宋]朱熹：《四书章句集注》，中华书局，2012，第184页。
③ 杨国荣：《自我与群体：价值选择的历史走向》，《社会科学》1994年第5期。
④ 朱熹曰："天下若已平治，则我无用变易之；正为天下无道，故欲以道易之耳。"参见[宋]朱熹：《四书章句集注》，中华书局，2012，第184页。

"守死善道"，而不是隐居全身。"乘桴浮于海"只不过是"假设之言耳"，① 与隐士之隐存在着明显的区别。何况，孔子还明确说过："隐居以求其志，行义以达其道。"（《论语·季氏》）可见，儒者之隐旨在求志，而不是为了全身。颜回之箪食瓢饮而长乐，曾点的沐沂舞雩而高咏，就是儒者"隐居以求其志"的高标和典范。儒道的根本区别就在于：儒家在强调个体原则的同时，又不忽视兼善天下的群体诉求，并且强调个体原则只有在兼善天下的政治维度上才能实现；而道家在突出个体生命价值的前提下，在某种程度上忽略了群体的维度，"以保辱殆之不至"② 为鹄的。

政治生活对于一个人的德性修养的意义，不仅是儒家所坚持的一个基本维度，而且是西方古典哲学所认同的维度。亚里士多德就认为，虽然善人能完全实现他的人性能力，即使不参与政治活动，也可以去过一种有德行的生活，但他却区分出公民道德和一般人的德行。在亚里士多德看来，完全脱离政治的生活不可能是良好的生活，因为与公民同胞们一起思考并践行共同善和良好生活的意义，是一个人实现其人性能力的题中应有之义。③ 正是在这个意义上，亚里士多德提出"人在本性上是政治动物"的论断。这一论断与王夫之所谓的"人未有无与群者"④ 意义相近。若是考虑到"群"在传统儒家思想中的政治学意义，则这种相似性更为明显。前文已述，孔子意义上的成己为己只有在成人的践行仁义的过程中才能实现，孟子也强调德性修养是"集义而生"（《孟子·公孙丑上》），由此可见，儒家不会割裂自我与群体的关联来谈个体自我价值的实现，而这正是儒家与道家及其他隐者的根本区别所在。

三、从君子到圣人：德治天下

从孔子与隐者之间的对话可知，儒家君子必然选择在政治生活中达成自我人格的实现。实现了这种理想人格后，其在政治实践中又是如何表现的呢？按照孔子的观点，君子（在位之君）以德治世，其主要表现就是"恭己正南面"的"无为而治"。

---

① 程子语，参见 [宋] 朱熹：《四书章句集注》，中华书局，2012，第 77 页。
② [清] 王夫之：《四书训义》，载氏著：《船山全书》第七册，岳麓书社，1990，第 945 页。
③ [美] 桑德尔：《从"比较式对话"到"合作式对话"——对陈来等教授的回应与评论》，《华东师范大学学报（哲学社会科学版）》2016 年第 3 期。
④ [清] 王夫之：《四书训义》，载氏著：《船山全书》第七册，岳麓书社，1990，第 944 页。

子曰："无为而治者，其舜也与？夫何为哉，恭己正南面而已矣。"
（《论语·卫灵公》）

孔子在此章指明了君子（在位之君）治天下的方式。不过，他选择的"在位之君"比较特殊，即三代之治中的舜，这就将理想人格从君子提升到圣人的高度。无论是对于儒家来说，还是对于道家来说，"无为而治"都是治理天下的最佳方式，从而凸显出儒道在最终的政治途径和政治目标上的一致性。儒道在最终的本体根据上存在对立性，前者立足于仁义礼智等人文德性，化天道为人道；后者则奠基于自然，而否弃人文德性，一以天道为本。

对于儒家来说，"无为而治"的前提是"德"。孔子明确提出："为政以德，譬如北辰，居其所而众星共之。"（《论语·为政》）张栻从北辰作为"极"而"居中不迁"的枢纽特点出发，提出"德者，所以为民极也"，即"德"是民众之极、枢纽，[①] 政治道德秩序端赖于对此极或此枢纽的掌控。那么，如何才能掌控这个枢纽呢？这就要从孔子对于"政"字的理解来分析。

季康子问政于孔子。孔子对曰："政者，正也。子帅以正孰敢不正？"
（《论语·颜渊》）

由孔子回答季康子的话可知，儒家所理解的"政"并非司管理、行政、统治、治理之职的政府机构或国家权力机关，而首先是一个个体修养概念。"正"字从一从止，"一"者，本也；"止"者，有所坚持并心有所指向也，故有目的的含义。结合《大学》文本中的"止于至善"推知，"正"是个体以"善"为本而朝向德性的培育，从而获得行为之正当性。为政者获得这种行为的正当性（正）之后，就能达到"子帅以正，孰敢不正"的自然效果，而由此得到的政治道德秩序是不假人为、无须强迫的。为政者以身作则，提供典范的生活方式，并以此教化民众，民众效仿为政者的生活方式而生活，从而转化气质，最终走向"正"。这就是所谓的"君子之德风，小人之德草，草上之风必偃"。（《论语·颜渊》）孔子反对用"杀"（《论

---

① ［宋］张栻：《张栻集》，中华书局，2015，第103页。

语·颜渊》），也是"无为而治"的一种表现。季康子所谓的"杀无道以就有道"，是以严厉的方式震慑民众，只能将政治秩序维持于一时，难以获得持久的效果。王夫之指出："'正'云者，所谓以其正而正人之不正也。"①他的解释颇为符合孔子"举直错诸枉，能使枉者直"（《论语·为政》）之意。

孔子将"政"释作"正"，而"正"是以善为本来培育德性以保证行为的正当性，"德"由此成为儒家之"政"的枢纽。"无为而治"的关键，就在于为政者之"德"在自身内的修养成就。孔子所谓的"据于德"（《论语·述而》），即是此意。因此，《大学》强调"一是皆以修身为本"，并提出"格物""致知""正心""诚意""修身"等个体修养次第。由此可知，儒家注重在位者以德性为根据，成就自我人格，进而范导天下的为政方式。这种为政方式必须以孔子的核心概念——"仁"为依据，采取"能近取譬"（《论语·雍也》）的方式，在修养自身的同时又推己及人，由近及远（从个人到家庭，到乡里，到国家，而后到天下）。换句话说，必须在推己及人的过程中完成自我人格的修养，这就是孟子所谓的"集义而生"或"由仁义行"。若是非要等自我人格修养完成之后再去推己及人，或仅以德性要求民众，那就是"义袭而取之"或"行仁义"了，必然会导致以礼杀人的局面。因此，只有在推己及人的过程中完成自我人格的修养，在修养德性之中达到天下之治，才是儒家的"无为而治"。反之，就是张栻所说的"自三代以后，为治者皆出于智力之所为"②的为政方式了。

事关天下的政治道德秩序以在位者的"德"为枢纽，在位者的德性修养由此变得极其重要。因此，孔子才会说，在位者只是"恭己正南面"，而"恭己"就是对在位者的道德要求。《吕氏春秋·先己》曰："昔者先圣王成其身而天下成，治其身而天下治。"张栻也认为："恭己则奉顺而不失也。"③所"奉顺"的，就是天道秩序。这个天道秩序已经被尧转化为人道秩序，以典则礼制的形式留存人间，并发挥着规范作用。因此，舜的"恭己"是对自身的要求，而不是以典则礼制的形式强迫民众遵从。从这个意义上来说，舜的做法就是"无为"，也就是《中庸》所说的"笃恭而天下平"，或《孟子·离娄上》所说的"君仁莫不仁，君义莫不义，君正莫不正。一正君而国定矣"。王夫之将"恭己"释作"修德于己"，并批评朱熹将"恭己"释

---

① ［清］王夫之：《船山全书》第七册，岳麓书社，1990，第825页。
② ［清］王夫之：《船山全书》第七册，岳麓书社，1990，第825页。
③ ［宋］张栻：《张栻集》，中华书局，2015，第254页。

作"圣人敬德之容",是"未能识一'己'字",从而背离了孔子强调内在德性的主旨。[①]刘宝楠的《论语正义》将"恭己"释作"修己以敬"。[②] 这种解释既包含了王夫之强调的"己"的关键性,又以"敬"字涵盖了"恭"的意思。因为内在德性唯有显发于外在形体之中,才能发挥其教化之功,所以刘宝楠对于"恭己"的诠释最为全面。

"正南面"是指在位者需要确立于正位,从而把内在德性显发于天下。套用张栻的话来说,就是"'正南面'云者,犹云以是居正位而已",[③] 即在位者将显示德性的"恭己"体现于某种恰切合宜的仪式之中,使天下之民均能看见并模仿之。孔子所谓的"恭而无礼则劳"(《论语·泰伯》),即是强调此意。王夫之认为,"'正南面'者,施治于民也。此皆君道之常,不可谓之有为"。而"巡守、封浚、举贤、诛凶"等都是"'正南面'之事",故都不算作"有为"。[④] 按照王夫之的观点,"正南面"是指在位之君要通过各种礼仪的实践,来维纲纪、立法度、正经纶、明典秩、显权威。

由上面的分析可知,"无为而治"是有条件的。第一个条件是在位者的德性。孔子曾评价舜:"舜之有天下也,而不与焉。"(《论语·泰伯》)强调舜之得天下,是民因其德性盛隆而加以选择的结果。[⑤]朱熹也认为:"无为而治者,圣人德盛而民化,不待其有所作为也。"[⑥]强调唯有圣德之君,才能化行天下。第二个条件是在位者所处之时。孔子曾评价尧:"大哉,尧之为君也!巍巍乎,唯天为大,唯尧则之!荡荡乎,民无能名焉。巍巍乎,其有成功也!焕乎,其有文章!"(《论语·泰伯》)尧则天以治天下,文治武功卓然,创制礼乐法度,故是有为之君。只有在尧创制礼乐法度之后,舜才可以行"无为"之治。因此,张栻才会说:"独称舜者,礼乐法度至舜而备,人见其制作之盛,而不知其本无为也。"[⑦]第三个条件是在位者身边有贤良之士辅佐。孔子曾说:"舜有臣五人而天下治。"(《论语·泰伯》)朱熹注曰:"独称舜者,绍尧之后,而又得人以任众职,故尤不见其有为之迹也。"[⑧]孔子之所以将

① [清]王夫之:《船山全书》第七册,岳麓书社,1990,第824—825页。
② [清]刘宝楠:《论语正义》,中华书局,1990,第615页。
③ [宋]张栻:《张栻集》,中华书局,2015,第254页。
④ [清]王夫之:《船山全书》第七册,岳麓书社,1990,第824—825页。
⑤ 程石泉:《论语读训》,上海古籍出版社,2005,第140页。
⑥ [宋]朱熹:《四书章句集注》,中华书局,2012,第162页。
⑦ [宋]张栻:《张栻集》,中华书局,2015,第254页。
⑧ [宋]朱熹:《四书章句集注》,中华书局,2012,第162页。

舜视作"无为而治"的典范，就是因为舜具备了上述三个条件。王夫之亦有同样的论述："三代以上，与后世不同，大经大法皆所未备，故一帝王出，则必有所创作，以前民用。《易传》《世本》《史记》备记之矣。其聪明睿知，苟不足以有为，则不能以治著。唯舜承尧，而又得贤，则时所当为者，尧已为之，其臣又能为之损益而缘饰之；舜且必欲有所改创，以与前圣拟功，则反以累道而伤物。舜之'无为'，与孔子之'不作'同，因时而利用之以集其成也。"①

程石泉明确指出了儒道两家在"无为而治"上的差异性："所谓'无为而治'，非'不为而治'也，如道家之所言者。'无为而治'端在能恭己修身，其言行足为百官之表，万民之型，不待劳而天下化成矣。"②可见，儒家之"无为"强调的是在位者要对民众行教化之功，在自身德性修养上则要弘毅精进，自强不息。此外，由前文对于"正南面"的辨析可知，儒家之"无为"强调的是在位之君要通过各种礼仪的实践，来维纲纪、立法度、正经纶、明典秩、显权威。因此，儒家之"无为而治"指的是：在位之君在具体政务上不亲力亲为，在大纲大纪、大经大法上则要行维护之力。道家既反对一切礼乐法度对民众的约束，也反对自身德性修养的提升。在道家看来，只要在位者安时处顺，民众各安其性，自然会实现天下之治。朱熹注"无为而治"曰："无为而治者，圣人德盛而民化，不待其有所作为也。"③王夫之指出，"圣人德盛而民化"针对的是"无为而治"之"治"字，"非为'无为'言也"。"此是圣人与老、庄大分判处，不可朦胧判去"。④王夫之一语道破了儒道之根本差异，其最核心者当是对待"德"的态度。由"天地不仁以万物为刍狗"推出"圣人不仁以百姓为刍狗"的老子，肯定不会赞同孔子将仁德置于成就圣人人格和治理天下的关键地位的做法。

儒家理想人格从培育君子、成就自我德性开始，其终极目标是内圣，并在这一前提下实现天下大治（外王）的政治理想。孔子与隐士在生活方式上的不同选择，凸显了儒家的政治关怀。孔子有将这种政治关怀日常生活化的倾向。如孔子曰："《书》云：'孝乎惟孝，友于兄弟，施于有政。'是亦为政，奚其为为政？"可见，孔子将孝悌等发挥作用的私人生活，也纳入了政治的领域。儒家在政治实践上强调德治，德治的方法是"无为"，即通过为政者自身德性的外显，使礼乐教化通

① ［清］王夫之：《船山全书》第七册，岳麓书社，1990，第824页。
② 程石泉：《论语读训》，上海古籍出版社，2005，第272页。
③ ［宋］朱熹：《四书章句集注》，中华书局，2012，第162页。
④ ［清］王夫之：《船山全书》第七册，岳麓书社，1990，第825页。

行天下。此即孟子所谓的"大而化之之谓圣，圣而不可知之之谓神"（《孟子·尽心下》）。"恭己正南面"的为政方式类似于祭祀活动中的"尸"。"尸"寂然不动，而万人朝拜。"尸"之所以能胜任神灵之位，是因为其被赋予了一定的符号意义，圣人的"恭己正南面"也是如此。不过，圣人的符号意义是圣人的内在德性自然外显的结果。孟子提出："形、色，天性也。唯圣人然后可以践形。"（《孟子·尽心上》）这是对儒家理想人格之功能和实效的刻画，君子在下学上达的过程中成就自我并回应天命之召唤；圣人作为天命的象征，在化行天下的过程中，使德性与政治最终完美地融合为一。

论竹简《五行》的君子思想

任蜜林[*]

摘 要: 竹简《五行》以"君子"作为最高理想的人格形象,君子就是能够把"五行"形于内且以时践行的人,而仁、义、礼、智、圣"五行"的和谐状态则被称为"德","德"是"天道"的表现。在《五行》看来,这五种德性都是源自天道的,而其落实到人身上则被称为人类人格修养的最高境界。这种境界,《五行》称为"君子"。能够实现五行和谐的君子,与天道是一致的。《五行》认为,要想达到"君子"的境界,主要靠"慎独"。

关键词:《五行》;君子;五行;慎独

《五行》是一篇古佚书,先后出土于湖南长沙马王堆汉墓和湖北荆门郭店楚墓。马王堆《五行》书写在帛片上,郭店《五行》书写在竹简上。帛书《五行》由经和说两部分组成,竹简《五行》只有经的部分。从时间来看,郭店竹简要早于马王堆帛书。从内容来看,郭店《五行》要早于帛书《五行》。因此,帛书《五行》说的部分是后来加上去的。也就是说,经和说出自不同的作者,这点在郭店《五行》出土以后才得以明确。

帛书《五行》因无篇题,故一开始有"德行""五行"等名称。郭店《五行》则有"五行"之篇题。郭店《五行》的出土进一步证实了此《五行》就是荀子《非十二子》中所批评的"思孟五行"说。很多学者推断,《五行》的作者应是子思。

---

* 任蜜林,中国社会科学院哲学研究所副研究员。研究方向为中国哲学史、两汉魏晋哲学、儒家哲学、道家哲学。

如李学勤说："《五行》的经文部分，据《荀子·非十二子》亦出于子思。"① 姜广辉说："郭店楚墓竹简中《五行》篇的出土，我们可以进一步推定《五行》为子思所作。"② 陈来详细论证了《五行》篇的经部为子思所作，说部为孟子所作，并提出唯有如此，才能落实荀子所说的"子思唱之，孟轲和之"。③ 从现有资料来看，《五行》经部是子思所作，当无疑问。

从已有的研究成果来看，学界对于《五行》的研究多集中于"五行"与"四行"的关系、荀子对"五行"的批判、经说异同、简帛异同等方面，较少关注《五行》中有关"君子"思想的内容。有鉴于此，本文拟对《五行》中的"君子"思想作一探讨。

一、君子与五行

"君子"是先秦儒家人格修养的重要组成部分。孔子对于"君子"进行了深刻阐述，如"君子不器"（《论语·为政》）、"君子无终食之间违仁"（《论语·里仁》）、"君子不忧不惧"（《论语·颜渊》）、"君子义以为质，礼以行之，孙以出之，信以成之"（《论语·卫灵公》）、"君子道者三，我无能焉：仁者不忧，知者不惑，勇者不惧"（《论语·宪问》），等等。可见，君子具有很多优秀的品德，是一般人难以达到的。因此，孔子常常把君子与小人放在一起论述。如"君子和而不同，小人同而不和"（《论语·子路》）、"君子泰而不骄，小人骄而不泰"（《论语·子路》）、"君子上达，小人下达"（《论语·宪问》）、"君子求诸己，小人求诸人"（《论语·卫灵公》），等等。君子本来是古代社会的贵族阶级，后来由于社会政治因素，很多贵族阶级流落民间，成为"士"阶层。"士"阶层担负了传承中国文化的使命。贵族阶级由于受到良好的教育，故具备很多优秀的品德。后来，他们虽然丧失了贵族阶级的地位，但是他们所具备的优秀品德并没有丧失。因此，古代社会的"君子""小人"，是从德、位两个方面讲的。

但在孔子那里，"君子"并不完全等同于"仁"。《论语·宪问》说："君子而不

---

① 李学勤：《郭店楚简〈六德〉的文献学意义》，载武汉大学中国文化研究院编：《郭店楚简国际学术研讨会论文集》，湖北人民出版社，2000，第18页。

② 姜广辉：《郭店楚简与〈子思子〉》，载包遵信主编：《中国哲学（第二十辑）》，辽宁教育出版社，2000，第83—84页。

③ 陈来：《竹帛〈五行〉与简帛研究》，生活·读书·新知三联书店，2009，第96—109页。

仁者有矣夫，未有小人而仁者也。"其似乎与《论语·里仁》中的"君子无终食之间违仁"相矛盾。正如贵族阶级并非全是儒者，君子也未必全是仁者。但是，仁者必可称作君子。在孔子那里，最高的人格理想并非"君子"，而是"圣人"。但是，"圣人"的境界是很难达到的，连尧、舜都难以企及。据《论语·雍也》载："子贡曰：'如有博施于民而能济众，何如？可谓仁乎？'子曰：'何事于仁？必也圣乎！尧舜其犹病诸！'"孔子从不以"圣人"自居。如《论语·述而》曰："若圣与仁，则吾岂敢？"这固然是孔子自谦的说法，但也充分表明"圣人"境界的难以企及。

因此，《五行》把"君子"作为人格修养的最高境界。其文曰：

> 五行皆形于内而时行之，谓之君子。

所谓"君子"，就是能把"五行"形于内且时时践行的人。那么，"五行"具体指什么呢？《五行》给出的答案是：

> 五行：仁形于内谓之德之行，不形于内谓之行。义形于内谓之德之行，不形于内谓之行。礼形于内谓之德之行，不形于内谓之行。智形于内谓之德之行，不形于内谓之行。圣形于内谓之德之行，不形于内谓之德之行。

可知，"德之行"和"行"的主要区别在于：仁、义、礼、智、圣是否"形于内"，"形于内"的是"德之行"，"不形于内"的是"行"。按照"德之行"的说法，四"行"可以称作"善之行"。在《五行》作者看来，"德之行"有五，而"善之行"有四的原因在于，"圣"德并不存在是"形于内"还是"不形于内"的问题。

"形于内"有两种理解：一种是"形于内"，即把仁、义、礼、智、圣五种"德行"内化到人的内心，这是一个由外到内的过程；一种是"于内而形"，即把仁、义、礼、智、圣理解为由内心而发的行为，是"德之行"，这是一个由内到外的过程。[①]结合上下文来看，后者更为贴合文意。《五行》说：

---

① 关于"形于内"的解释，请参见陈来：《竹帛〈五行〉与简帛研究》，生活·读书·新知三联书店，2009，第120—121页。

君子无中心之忧则无中心之智，无中心之智则无中心之悦，无中心之悦则不安，不安则不乐，不乐则无德。

《五行》明确指出，唯先有"中心之忧"，然后才能有"中心之智"，才能有"中心之悦"，才能有安乐。唯有达到"乐"的境界，才能有"德"。这里的"德"，即"德之行"之"德"。因此，《五行》特别强调"思"的作用。其文曰："善弗为亡近，德弗志不成，智弗思不得。"四种"善之行"是外在的行为，靠行动就可以达到。而五种"德之行"是"内于形"的，靠心志才能完成。"智弗思不得"则较为难解。庞朴认为，这里的"智"应理解为"志"。他说："于提出'德弗志不成'，即以志成德的时候，明确补充以'志弗思不得'，即以思得志的办法，并进一步对'思'的诸形态给予系统的说明。"[①]这种解释虽然有一定道理，但是改变了原文。在"君子无中心之忧则无中心之智，无中心之智则无中心之悦，无中心之悦则不安，不安则不乐，不乐则无德"之后，帛书本还有"君子无中心之忧则无中心之圣"一节。学界多认为，此节为竹简所佚。其实，从"智弗思不得"来看，与其说此节为竹简漏抄，不如说其乃帛书据前文所增。"智弗思不得"既是总结上文，又引出下面"思"的内容：

思不精不察，思不长不形。不形不安，不安不乐，不乐无德。

其中，"思不长不形"，帛书作"思不长不得，思不轻不形"。这里的"不精""不长""不轻"分别指仁之思、智之思、圣之思。如其论述"仁之思"说"玉色则形，形则仁"；论述"智之思"说"玉色则形，形则智"；论述"圣之思"说"玉音则形，形则圣"。"形则仁""形则智""形则圣"中的"形"，都是"形于内"的意思。由此可知，"形于内"就是指由内而形。

《五行》认为，"五行"达到和谐状态时，即可称作"天道"。其文曰："德之行五，和谓之德，四行和谓之善。善，人道也。德，天道也。"既然"形于内"是从内心来讲的，那么，指称五种"德之行"和谐状态的"德"何以就是"天道"呢？庞朴给出的解释是："它（德）是天的最得意的表现或显形，是天道之被得于

---

① 庞朴:《庞朴文集》第二卷，山东大学出版社，2005，第220页。

人——只有在这种被得的状态中（形于内），天道方得以最好地显现。"① 日本学者池田知久也认为，"德，天道也"一句是说："'仁、知、义、礼、圣'的一项一项，还有它们'五行'的调和、统一，都是从最初开始先天而自然地被赋予于人类的内在中的'道'。"② 陈来提出，"德，天道也"应当是指："有始无终是天道的属性；五行形于内而协和，体现了天道的和谐；圣人知天道，故行动可合顺于天道。所以这里的'德，天道也'，是说德合于天道，而不是说德得自天道。"③ 按照陈来的解释，"德，天道也"只是说"五行"形于内而和谐体现了天道的和谐。如果仅从和谐的角度来说明"德，天道也"，那么，四行和的"善"也应体现了天道的和谐。从这个意义上来说，陈来的解释恐不当，应遵从庞朴和池田知久的解释。此外，《五行》明确指出："天施诸其人，天也。""天施诸其人"的内容，就是仁、义、礼、智、圣五行。五行中的任何一项都不能称作"天道"，只有五者和谐为一时，方可称作"天道"。从"五行"与"四行"的区别来看，除"形于内"与"不形于内"之别外，"圣"德也是区分二者的一个关键。与仁、义、礼、智不同，"圣"德并不存在是"形于内"还是"不形于内"的问题。也就是说，"德"之所以是"天道"，就在于"圣"德的参与。

在《五行》作者看来，五种"德之行"和谐为一时，才能称作"德"，而"德"又被称作"天道"。毫无疑问，这种"德"是通过后天修养而达到的结果。这就存在一个问题：在作为先天而有的"德"中，五行是分离的，还是合而为一的？显然，先天而有的"德"应该是合而为一的。也就是说，作为"天道"的"德"是作为一个整体存在的。这种"天道"降到人身上，就会分化为仁、义、礼、智、圣五行。因此，需要经过后天的修养，才能把五者和谐为一。

二、君子与天道

《五行》作者按照是否"形于内"的标准，把人类的行为分为"德之行"和"行"。"形于内"的是"德之行"，"不形于内"的是"行"。"德之行"有五，故称"五行"；"行"有四，故称"四行"。五种"德之行"达到和谐状态时，就被称

---

① 庞朴：《庞朴文集》第二卷，山东大学出版社，2005，第219页。
② [日]池田知久：《马王堆汉墓帛书五行研究》，王启发译，线装书局、中国社会科学出版社，2005，第147页。
③ 陈来：《竹帛〈五行〉与简帛研究》，生活·读书·新知三联书店，2009，第125页。

作"德"；四种"行"达到和谐状态时，就被称作"善"。"德"又被称作"天道"，
"善"又被作"人道"。

如前所述，作为"天道"的"德"是五种"德行"和谐为一的结果，而作
为"人道"的"德"是通过后天修养而达到的结果，类似于《中庸》中的"诚之
者"或孟子所谓的"思诚者"。作为"人道"的"善"似乎与作为"天道"的"德"
没有关系。也就是说，通过"人道"的"善"的修养，无法达到"天道"的"德"。
因为"善"和"德"的内容是不一样的，"善"是仁、义、礼、智四行调和的结果，
而"德"是仁、义、礼、智、圣五行调和的结果。关于"善"和"德"的区别，
《五行》说得很清楚：

> 闻君子道，聪也。闻而知之，圣也。圣人知天道也。知而行之，义
> 也。行之而时，德也。见贤人，明也。见而知之，智也。知而安之，仁
> 也。安而敬之，礼也。圣，知礼乐之所由生也，五行之所和也。和则乐，
> 乐则有德，有德则邦家兴。
>
> 见而知之，智也。知而安之，仁也。安而行之，义也。行而敬之，礼
> 也。仁，礼义所由生也，四行之所和也。和则同，同则善。

听见君子道为聪，听见君子道而能知之则为圣。看见贤人为明，看见贤人而
能知之则为智。也就是说，聪和明分别是"圣"和"智"的前提和基础，只有先
"聪""明"了，才能"圣""智"。因为"圣人知天道也"是接着"闻而知之"说
的，所以这里的"天道"和"君子道"是可以画等号的。何谓君子？《五行》说：
"五行皆形于内而时行之，谓之君子。"既然"君子"是能把"形于内"的五行调和
为一且以时践行的人，那么，把五行调和为一的方法就是"君子道"。而"天道"
是五行调和为一的"德"，因此，"君子道"就是"天道"。只不过，"天道"讲的是
先天本体，"君子道"讲的是后天境界。知晓"君子道"（"天道"）并以时践行，就
可以达到"德"的境界。"圣"能够生出"义"，"知而行之，义也"，而"智"又是
"仁""礼"的基础，因此，"圣，知礼乐之所由生也"就是说"圣"是仁、义、礼、
智四行的基础和根本，也是五行和谐为一的根本原因。此即所谓的"（圣），五行
之所和也"。五行和谐为一则能"乐"，达到"乐"的状态即是达到了"德"的境界，
"乐则有德"。

"见而知之，智也"一节讲的是四行"善"的问题。四行之中，"仁"居于核心的地位，"礼""义"皆由"仁"生。而四行之所以能够调和，也是因为"仁"的作用。不过，四行之"和"只能达到"和则同，同则善"的境界，而不能达到"和则乐，乐则有德"的境界。四行作为"不形于内"的外在行为，是不能达到"和则乐"的境界的。究其原因，在于"乐"需要有内心的根据。《五行》提出，"君子无中心之忧则无中心之智，无中心之智则无中心之悦，无中心之悦则不安，不安则不乐，不乐则无德""思不精不察，思不长不形，不形不安，不安不乐，不乐无德"。可见，"德"和"善"不但有高低之分，还有本质差别。《五行》又说：

> 君子之为善也，有与始，有与终也。君子之为德也，有与始，无与终也。金声而玉振之，有德者也。金声，善也。玉音（振），圣也。善，人道也。德，天道也。唯有德者，然后能金声而玉振之。

"善"是一种外在的行为，"为善"是有始有终的。"为德"是道德的修养，是有始无终的。此外，《五行》还以"金声玉振"为喻，来说明"善"与"德"的不同。金声为奏乐的始音，玉振为奏乐的终音。金声比喻"善"，玉振比喻"德"。在《五行》看来，唯有有德者，才能"金声而玉振之"。"金声玉振"的比喻与其前的"君子之为善也，有与始，有与终也。君子之为德也，有与始，无与终也"正好相反。为了解决这一矛盾，孟子又以"智"和"圣"来说明"金声玉振"的道理。

《五行》则以"人道"和"天道"来区分"善"和"德"。在"金声玉振"这一比喻中，以金声喻"善"，以玉振喻"圣"，并强调"唯有德者，然后能金声而玉振之"。按照这个说法，"德"似乎包括"善"和"圣"两个方面，其中，"善"是"德"的开始，"圣"是"德"的终点。如此一来，"善"就成为达到"德"的一个环节，而通过四行的修养就可以达到"德"的境界了。由《五行》对于"五行"与"四行"的论述来看，"金声玉振"的比喻显然是不恰当的。

综上所述，在《五行》中，"天道"与"人道"之间并非上下贯通的关系，与"天道"具有上下贯通关系的是"君子道"。虽然"君子道"从逻辑上讲属于"人道"，但是按照《五行》的论述，"君子道"与"人道"存在很大的差别，"君子道"是"形于内"的五行和谐为一的方法，与作为"天道"的"德"一致，而"人道"的"善"则是四行调和的结果。

三、"君子慎其独"

前文已述，在《五行》中，最高的人格境界是"君子"。何为"君子"？《五行》曰："五行皆形于内而时行之，谓之君子。"那么，如何才能达到"君子"的境界呢？《五行》给出的答案是：

> 君子集大成。能进之为君子。弗能进也，各止于其里。

所谓"进之"，就是提高修养的意思。只要不断提高自己的修养，就能达到"君子"的境界。这里的"集大成"，应是指能把仁、义、礼、智、圣五种"德行"和谐为一。由于君子是能够把五种"德行"和谐为一并以时践行的人，故君子能够"集大成"。

如何"进之"呢？《五行》说：

> 目而知之，谓之进之；喻而知之，谓之进之；譬而知之，谓之进之；
> 几而知之，天也。

这里的"目而知之""喻而知之""譬而知之""几而知之"，都是"进之"的方法。这些方法之中，"几而知之"是最高层次的方法，又被称作"天"。"几"，《易传》的解释是："几者，动之微，吉之先见者也。"因此，"几而知之"的意思就是，通过事物的最初苗头来知道君子道。

"进之"的方法虽然有多种，但每种方法都要靠"心"的作用。《五行》说：

> 耳目鼻口手足六者，心之役也。心曰唯，莫敢不唯；诺，莫敢不诺；
> 进，莫敢不进。后，莫敢不后；深，莫敢不深；浅，莫敢不浅。

不仅耳、目、鼻、口、手、足等感官要听从"心"的指挥，"德"（"天道"）的境界也要通过"心"来达到。《五行》说："君子无中心之忧则无中心之智，无中心之智则无中心之悦，无中心之悦则不安，不安则不乐，不乐则无德。"由于"心"

的作用是"思"，故《五行》特别强调"思"的作用。其文曰："思不精不察，思不长不得，思不轻不形，不形不安，不安不乐，不乐无德。"前文已述，"不精""不长""不轻"分别指仁之思、智之思、圣之思。可见，仁、智、圣等"德行"的实现，都离不开"心"之"思"的作用。

《五行》认为，"君子"是能把仁、义、礼、智、圣五种"德行"和谐为一且以时践行的人，而达到"君子"境界离不开"心"之"思"的作用。通过"心"之"思"的作用达到"君子"境界的过程，《五行》称作"慎独"：

> "淑人君子，其仪一兮"。能为一，然后能为君子，君子慎其独也。
> "瞻望弗及，泣涕如雨"。能差池其羽，然后能至哀。君子慎其独也。

"能为一，然后能为君子"，而君子又是"五行皆形于内而时行之"者，因此，"能为一"就是指能把仁、义、礼、智、圣五种"德行"和谐为一。"能差池其羽，然后能至哀"，是说真正懂得丧礼的人，能够超越丧服的外在形式，而关注内心的真情。《五行》释"君子慎其独"曰："言至内者之不在外也，是之谓独。"

先秦文献中多次提到"慎独"，最有代表性的当属《大学》和《中庸》。在《大学》中，"慎独"是对"诚意"的解释。《大学》曰："诚于中，形于外，故君子必慎其独也。"《大学》又曰："所谓诚其意者，毋自欺也。"小人不能"诚其意"，独处的时候，无恶不作；见到君子的时候，以善来掩盖自身的不善。由此可见，"慎独"强调的是独处时的道德修养。《五行》作者引用曾子"十目所视，十手所指，其严乎"之言，来强调独处与群居的不同。

将"慎独"解释为"独处"，在传世文献中十分常见。在《礼记》中，《中庸》居前，《大学》居后。郑玄注《礼记》时，仅对《中庸》作注，于《大学》则未注。不过，郑玄注《中庸》之"慎独"时，明显受到《大学》思想的影响。郑玄《礼记正义》曰："慎独者，慎其闲居之所为。小人于隐者，动作言语，自以为不见睹，不见闻，则必肆尽其情也。"鉴于《中庸》首段中并未出现"闲居""小人"，可知"闲居""小人"乃是出于《大学》。朱熹在注解《大学》时，也将"慎独"解释为"独处"。朱熹《大学章句》曰："独者，人所不知而己所独知之地也。言欲自修者知为善以去其恶，则当实用其力，而禁止其自欺。使其恶恶则如恶恶臭，好善则如好好色，皆务决去，而求必得之，以自快足于己，不可徒苟且以殉外而为人也。

然其实与不实，盖有他人所不及知而己独知之者，故必谨之于此以审其几焉。"朱熹又说："闲居，独处也。厌然，消沮闭藏之貌。此言小人阴为不善，而阳欲掩之，则是非不知善之当为与恶之当去也；但不能实用其力以至此耳。然欲掩其恶而卒不可掩，欲诈为善而卒不可诈，则亦何益之有哉！此君子所以重以为戒，而必谨其独也。"由此可见，朱熹的注解既说到"独处"，又说到"己独知之者"，强调的是为善要内外如一。

联系上下文来看，郑玄、朱熹将"慎独"解释为"独处"较为符合《大学》原意，在传世文献中也不乏其例。如《淮南子·缪称训》说："夫察所夜行，周公（不）惭乎景，故君子慎其独也。"《文子·精诚》说："君子之憯怛，非正为也，自中出者也，亦察其所行。圣人不惭于影，君子慎其独也。"两书都指出，君子在"独处"的时候，行为端直，不怕自己的影子会倾斜。类似的思想还见于《庄子》和《晏子春秋》。《庄子·庚桑楚》说："为不善乎显明之中者，人得而诛之；为不善乎幽闲之中者，鬼得而诛之。明乎人，明乎鬼者，然后能独行。"《晏子春秋·外篇八之四》说："君子独立不惭于影，独寝不惭于魂。"《庄子》和《晏子春秋》虽然没有提及"慎独"，但"独行""独立""独寝"等说法与《淮南子》《文子》所说的"慎其独"意义相同。其实，"慎独"思想的来源甚早，《诗经》中就能看到类似的思想。如《大雅·抑》说："相在尔室，尚不愧于屋漏。""屋漏"是屋内西北角的特定名称，古时是设置小帐，安藏神主的地方。"相在尔室，尚不愧于屋漏"就是说，虽然在宗庙里，但无愧畏之心。

在《中庸》中，"慎独"主要与"性"有关。《中庸》曰："天命之谓性。"明确指出"性"是从天而来的。"率性之谓道，修道之谓教"，并不是字面意义上的顺从性的发展就是道，按照道进行修饰就是教，而是完善"性"的两种方式。否则，由"性"发出的"过"与"不及"也可称作"道"了。这显然是不符合《中庸》原意的。因此，"天命之谓性，率性之谓道，修道之谓教"之后的"道也者，不可须臾离也"，实际上也是讲"性"的。这样一来，"君子戒慎乎其所不睹，恐惧乎其所不闻。莫见乎隐，莫显乎微"，讲的也都是"性"了。因此，《中庸》中的"慎独"是对"性"而言的，仅包含内在的方面。

由此可见，《五行》的"慎独"与《中庸》相似，二者虽然一个讲"心"，一个讲"性"，但都是纯内在的修养方式。

综上可知，《五行》的"君子"思想是相当有体系的。它认为，"君子"是能把仁、义、礼、智、圣五种"德行"和谐为一且以时践行的人，而仁、义、礼、智、圣五种"德行"的和谐状态在《五行》中被称作"德"，"德"是"天道"的表现。在《五行》看来，仁、义、礼、智、圣五种"德行"都是源自天道的，天道落实到人身上，就成为人格修养的最高境界。这种境界，在《五行》中称作"君子"。既然"君子"是能把"形于内"的五行调和为一且以时践行的人，那么，把五行调和为一的方法就是"君子道"了。换句话说，"君子道"就是"天道"。如何才能实现这种最高境界呢？在《五行》看来，要靠"慎独"。

"岂弟"亦是"德"

——《诗经》君子形象的道德内涵新探

张强[*]

摘　要: "岂弟"一词,于《诗经》中多与"君子"连言,组成"岂弟君子"的句式。先秦文献在引用《诗经》时,通常将"岂弟"写作"恺悌""凯弟"。无论是"岂""弟"分言,还是"岂弟"合称,在周代,均已显示出与"德"之间的密切联系。《诗经》"岂弟君子"中的"岂弟",不应局限于其"和乐平易"的字面意义,而应体察到其中的"德"之意味。"岂弟君子"中,"岂弟"对"君子"的修饰,并非对君子形象的简单描绘,其实质是对君子具体道德内涵的深刻揭示。

关键词: 岂弟;《诗经》;君子;道德内涵

　　"岂弟"一词,于《诗经》中多与"君子"连言,组成"岂弟君子"句式。[①] 其中,"君子"是名词,指身居高位之人;"岂弟"是形容词,用于修饰"君子"。《左传》《礼记》《国语》等先秦文献在引用《诗经》时,通常将"岂弟"写作"恺悌""凯弟"。可见,先秦时期,"岂弟""恺悌""凯弟"之间可通用。

　　"岂弟"的词性,通常被界定为联绵词。但先秦时期,亦出现将"岂""弟"分开解释的例子。例如,《礼记·表记》载孔子之言曰:"君子之所谓仁者,其难乎?《诗》云:'凯弟君子,民之父母。'凯以强教之,弟以说安之。"《吕氏春秋·不屈》亦云:"《诗》曰:'恺悌君子,民之父母。'恺者,大也;悌者,长也。"此外,早期注家在解释"岂弟"时,亦有将二者分释的习惯。如《小雅·蓼萧》曰:"既见君

---

　　* 张强,扬州大学文学院讲师、硕士生导师。研究方向为先秦文化诗学。

　　① "岂弟"在《诗经》中共出现19处,其中,与"君子"连言者16处。具体而言,《小雅·湛露》1处,《小雅·青蝇》1处,《大雅·旱麓》6处,《大雅·泂酌》3处,《大雅·卷阿》5处。

子，孔燕岂弟。"毛亨注"岂弟"云："岂，乐；弟，易也。"

关于"岂弟"的词义，历来注家多释"岂"为"和乐"，释"弟"为"平易"，故"岂弟"的字面意义就是"和乐平易"，而对"岂弟"的深层意蕴并不深究。而从先秦文献引《诗》皆有所意指的传统来看，无论是"岂""弟"分言，还是合言"岂弟"，皆有着特别的意蕴。有鉴于此，本文分别考释了"岂"与"弟"在先秦语境中的独特意涵，并在此基础上，力求还原出"岂弟"与德相关的内在本质。

一、"岂（恺、凯）"与宽柔之德

"岂"，《说文》云："豈，还师振旅乐也。一曰欲登也。从豆，微省声。"① 可见，"岂"是回师时献功之乐。"恺"，《说文》云："恺，康也。"段玉裁注云："恺、康双声。《释诂》曰：'康，安也。'毛传释'岂弟'曰：'岂，乐也。弟，易也。'"② 《尔雅·释诂》云："恺，乐也。"③ 可见，"恺"为安静和乐之义。"凯"，段玉裁《说文解字注》云："《诗》又作'凯'，俗字也。'凯'亦训'乐'。即'恺'字也。"④ 可知，"凯"为"恺"之俗字，亦为和乐之义。按照"凡岂之属皆从岂"的字形演变原则，"岂"是本字，"恺"为衍生字，"凯"则为"恺"之俗字。从词义衍生关系来看，"岂"的本义"胜利之乐"中必然包含着"和乐"之义，故"岂""恺""凯"均应有安静和乐义。但若将"恺"置于周代社会语境中进行考察，便可发现它与德之间的关联极大。

《左传·文公十八年》中关于"八恺"⑤的论述，非常值得关注。其文曰："昔高阳氏有才子八人，苍舒、隤敳、梼戭、大临、龙降、庭坚、仲容、叔达，齐、圣、广、渊、明、允、笃、诚。天下之民谓之八恺。"⑥ 这段文字是时人对高阳氏麾下才子们的评价。其中，"恺"是时人对苍舒、隤敳、梼戭、大临、龙降、庭坚、仲容、叔达八人所具"齐、圣、广、渊、明、允、笃、诚"特征之总括。那么，何为"齐、圣、广、渊、明、允、笃、诚"呢？孔颖达《春秋左传正义》释曰："齐者，中也。

① ［清］段玉裁：《说文解字注》，上海古籍出版社，1988，第206—207页。
② ［清］段玉裁：《说文解字注》，上海古籍出版社，1988，第207页。
③ 李学勤主编：《尔雅注疏》，北京大学出版社，1999，第13页。
④ ［清］段玉裁：《说文解字注》，上海古籍出版社，1988，第502页。
⑤ 《说文》引用时作"凯"字，《说文》释"凯"云："《左传》八凯有隤敳。"
⑥ ［晋］杜预注，［唐］孔颖达等正义：《春秋左传正义》，北京大学出版社，2000，第577—578页。

率心由道，举措皆中也。圣者，通也。博达众务，庶事尽通也。广者，宽也。器宇宏大，度量宽弘也。渊者，深也。知能周备，思虑深远也。明者，达也。晓解事务，照见幽微也。允者，信也。终始不愆，言行相副也。笃者，厚也。志性良谨，交游款密也。诚者，实也。秉心纯直，布行贞实也。……以其德行如是，天下之民为其美目，谓之八恺。恺，和也。言其和于物也。"①可见，"齐、圣、广、渊、明、允、笃、诚"皆是"恺"的具体德行。

在周代的"德"观念中，德行是德的最主要内涵。如《尚书·洪范》云："乂用三德：一曰正直，一曰刚克，一曰柔克。"《尚书·皋陶谟》载皋陶之言曰："都！亦行有九德。……宽而栗，柔而立，愿而恭，乱而敬，扰而毅，直而温，简而廉，刚而塞，强而义。彰厥有常，吉哉！"金景芳考释"三德""九德"之义时指出："《皋陶谟》所谓九德，如宽，如柔，如愿，如乱，如扰，如直，如简，如刚，如强，无非人之性格、心理以及行为能力方面的特点，尚不具有后世如仁义礼智信忠孝等道德范畴的意义。……而《洪范》三德正是此经九德之概括。'宽而栗，柔而立，愿而恭'相当于《洪范》的'柔克'；'乱而敬，扰而毅，直而温'相当于《洪范》的'正直'；'简而廉，刚而塞，强而义'相当于《洪范》的'刚克'。"②

"九德"之说，亦见于《逸周书·常训》。其文云："九德：忠、信、敬、刚、柔、和、固、贞、顺。"而在《逸周书·文政》中，"固""信"则直接以"行"称之。其文曰："九行：一仁，二行，三让，四信，五固，六治，七义，八意，九勇。"

从德行是德的最主要内涵这一视域来检视孔颖达对"齐、圣、广、渊、明、允、笃、诚"所作的阐释，便可得出"齐、圣、广、渊、明、允、笃、诚"作为德行的本质，就是德的结论。

如前已述，"齐、圣、广、渊、明、允、笃、诚"乃是"恺"所内蕴之内容，则"八恺"的实质就是包含数种德行于内的有德行为之总括，为德观念所统属。

孔子对于"凯"的解释也表达了相似的观点。《礼记·表记》载："子言之：君子之所谓仁者，其难乎？《诗》云：'凯弟君子，民之父母。'凯以强教之，弟以说安之。"孔子所谓的"凯以强教之"，是就"凯"的诗用（教化）而言的。至于何为"强"，《表记》虽然没有明说，但我们从《礼记·中庸》记载的"子路问强"一段文字中可以窥见孔子对"强"的解读。

① ［晋］杜预注，［唐］孔颖达等正义：《春秋左传正义》，北京大学出版社，2000，第578页。
② 金景芳：《〈尚书·虞夏书〉新释》，辽宁古籍出版社，1996，第206页。

> 子路问强。子曰："南方之强与？北方之强与？抑而强与？宽柔以教，不报无道，南方之强也，君子居之。衽金革，死而不厌，北方之强也，而强者居之。故君子和而不流，强哉矫；中立而不倚，强哉矫；国有道，不变塞焉，强哉矫；国无道，至死不变，强哉矫。"①

孔子讨论了"南方之强"与"北方之强"，从他以"君子居之"评价"南方之强"，而以"强者居之"评价"北方之强"，不难看出他更倾向于"南方之强"。他将"君子和而不流""中立而不倚"作为"强哉矫"，便是明证。鉴于孔子所称之"君子"，乃指兼具"位""德""才"之人，②他以"强"比附于君子，无疑表明"强"是君子的德行范式之一。如此一来，"强"便是指宽柔的德行。

如前所述，"凯"为安静和乐之义，正好与"强"的内涵相合。"强"作为德行本身，是通过"凯"来传达的，故"凯"势必也包含有德行特征。再加上孔子释"凯"，是基于"仁"这一前提的，而他所称引的仁者必是有德者，由此推之，孔子所释之"凯"必然与德相关联。既然"八恺"之"恺"及孔子所释之"凯"均与德相关联，那么，"岂"在周代语境中的本质意蕴，乃指可归属于德的宽柔之德行。

二、"弟（悌）"与敬序之德

"弟"，《说文》云："韦束之次第也。从古字之象。"段玉裁注云："以韦束物。如轵五束、衡三束之类。束之不一则有次弟也。引申之为凡次弟之弟，为兄弟之弟，为岂弟之弟。"③可见，"弟"的本义是次第，"岂弟"之"弟"是其引申义。"悌"，《说文》云："悌，善兄弟也。"《孝经·广扬名》云："事兄悌。为人兄必友，为人弟必悌。"《贾子·道术》云："弟敬爱兄谓之悌。"可见，"悌"乃专指弟对兄的敬重。"弟"的本义是"次第"，本身便具备秩序性，而"悌"作为弟对兄的单向行为，也体现出严格的等差秩序。如此一来，"弟"与"悌"在语义上便具备了通用之可能。而《礼记》中的"孝悌"常作"孝弟"，即表明"弟"与"悌"可相通。

---

① [汉] 郑玄注，[唐] 孔颖达疏：《礼记正义》，北京大学出版社，1999，第 1994 页。
② 周国正：《孔子对君子与小人的界定：从〈论语〉"未有小人而仁者也"的解读说起》，《北京大学学报（哲学社会科学版）》2011 年第 2 期。
③ [清] 段玉裁：《说文解字注》，上海古籍出版社，1988，第 236 页。

周代，"悌"不仅指基于血缘关系的弟对兄的敬重，还扩展至对无血缘关系的所有长者的敬重。例如，《孟子·梁惠王》曰："壮者以暇日修其孝悌忠信，入以事其父兄，出以事其长上。"《国语·齐语》曰："于子之乡，有不慈孝于父母、不长悌于乡里、骄躁淫暴、不用上令者，有则以告。"《孝经·广至德》曰："教以悌，所以敬天下之为人兄者也。"郭店楚简《唐虞之道》曰："昏（闻）舜弟（悌），智（知）亓（其）能事天下之长也。"其中，"出以事其长上""不长悌于乡里""天下之为人兄者""事天下之长也"所指涉的"悌"之对象，均是与行悌者不存在血缘关系的长者。

此外，还有一种特殊现象值得引起我们的注意，即非血缘性的悌还可用于上位者对下位长者的敬重。如《周礼·地官·党正》云："一命齿于乡里。"孙诒让引贾公彦疏云："当正齿位之时，民内有为一命已上，必来观礼，故须言其坐之处。……若有一命之人来者，即于堂下乡里之中为齿也。"①《礼记·祭义》亦有"一命齿于乡里"之言，孔颖达正义曰："此谓乡射饮酒时也。齿者，谓以年次立若坐也。"②孙希旦解曰："齿于乡里，谓与其同乡里之人以年齿为次序也。"③可见，"一命齿于乡里"是说乡射饮酒时，一命官要与乡里众宾按年龄大小排位。

《礼记·祭义》载："天子设四学，当入学而大子齿。"大子即世子。这是说，天子世子入学后，要和同学们按年龄大小排位。关于天子世子的同学，《礼记·王制》详述道："乐正崇四术，立四教。顺先王诗书礼乐以造士。……王大子，王子，群后之大子，卿、大夫、元士之适子，国之俊选，皆造焉。凡入学以齿。""群后"，郑玄注云："公及诸侯。""国之俊选"，《礼记·王制》云："命乡论秀士，升之司徒，曰选士。司徒论选士之秀者，而升之学，曰俊士。"可见，天子世子的同学中，既有王公诸侯之子，也有普通国人之子。

此外，《礼记·祭义》又云："是故朝廷同爵则尚齿。七十杖于朝，君问则席。八十不俟朝，君问则就之，而弟达乎朝廷矣。"可见，同爵官员之间的次序排位，也是以年长者为上的。由此观之，"一命齿于乡里""入学而大子齿""朝廷同爵则尚齿"等，均属于"悌"之体现。

周代，不仅臣子与下位长者之间存在"悌"的关系，天子与下位长者之间亦复

①　[清] 孙诒让：《周礼正义》，中华书局，1987，第 870—871 页。
②　[汉] 郑玄注，[唐] 孔颖达疏：《礼记正义》，北京大学出版社，1999，第 1857 页。
③　[清] 孙希旦：《礼记集解》，中华书局，1989，第 1232 页。

如是。据《礼记·乐记》载："天子，食三老五更于大学。天子袒而割牲，执酱而
馈，执爵而酳，冕而总干。所以教诸侯之弟也。"这段话的意思是说，天子设三更
五老之位，以尊养年老德高的退休官员。"三老五更"，郑玄注云："皆年老更事致
仕者也。"[1]天子礼事"三老五更"的袒而割牲、执酱而馈、执爵而酳、冕而总干等
仪式，与天子的祭祖仪式相似，这无疑表明，天子敬养处于下位的长者，本质上也
是"弟"之体现。此外，《礼记·祭义》中的"七十杖于朝，君问则席。八十不俟
朝，君问则就之"等，也表明天子与下位长者之间存在"弟"的关系。

需要指出的是，"弟"之外延在逐步扩大的同时，其功能也在发生着深刻的改
变。《礼记·文王世子》对于"世子齿于学"礼规之阐释，就是揭示"弟"之核心
功能的典范性证据。其文云：

> 世子齿于学，国人观之曰："将君我。而与我齿让，何也？"曰："有
> 父在，则礼然。"然而众知父子之道矣。其二曰："将君我，而与我齿让，
> 何也？"曰："有君在，则礼然。"然而众著于君臣之义也。其三曰："将君
> 我，而与我齿让，何也？"曰："长长也。"然而众知长幼之节矣。故父在
> 斯为子，君在斯谓之臣，居子与臣之节，所以尊君亲亲也。故学之为父子
> 焉，学之为君臣焉，学之为长幼焉，父子、君臣、长幼之道得而国治。[2]

引文分别从父子、君臣和长幼三个层面阐发了"齿让"的内涵，但是三者之
中，唯有长幼属于齿让自身的内在伦理要求。由于父子、君臣、长幼的最终落脚点
都是国治之道，故长幼所表征的"弟"就成为天子治国的基本准则之一。这样一
来，"弟"之功能就突破了家族血缘伦理的界限，逐渐具备了与社会，尤其是与国
运相连的政治性功能。因此，孔子释"弟"曰："言以逊弟之道下化于民，民皆说
豫而康安，是'弟以说安之'也。"（《礼记·表记》）[3]

若是进一步考察"弟"在周代语境中的功能和意义，便会发现"弟"与"德"
之间关联甚密。如《逸周书·宝典》载周武王之言曰："九德：一孝，孝子畏哉，
乃不乱谋，二弟，弟乃知序，序乃伦，伦不腾上，乃不崩……九德广备，次世有

---

① [汉]郑玄注，[唐]孔颖达疏：《礼记正义》，北京大学出版社，1999，第1550页。
② [汉]郑玄注，[唐]孔颖达疏：《礼记正义》，北京大学出版社，1999，第854页。
③ [汉]郑玄注，[唐]孔颖达疏：《礼记正义》，北京大学出版社，1999，第2078页。

声。"《孔子家语·弟子行》云:"孝,德之始也;悌,德之序也;信,德之厚也;忠,德之正也。"王肃注云:"悌以敬长是德之次序也。"

综上所述,关于"悌"的内涵,有两点值得关注:第一,"序"是"悌"之核心内容,恰好契合了"悌"的本义。第二,在形式及功能的表象下,"悌"的本质是以敬序为核心德之行为。

三、"岂弟(恺悌)"合言与德

前文关于"岂"与"弟"的意义与功能的阐释,充分揭示出二者在周代语境中均与"德"密切相关。事实上,作为合成词的"恺悌",同样与"德"紧密相关。《左传·襄公十四年》以"恺悌"称赞范宣子,便是明证。其文曰:

> 范宣子亲数诸朝。曰:"来!姜戎氏!昔秦人迫逐乃祖吾离于瓜州,乃祖吾离被苦盖,蒙荆棘,以来归我先君。我先君惠公有不腆之田,与女剖分而食之。今诸侯之事我寡君,不如昔者,盖言语漏泄,则职女之由。诘朝之事,尔无与焉。与,将执女。"对曰:"昔秦人负恃其众,贪于土地。逐我诸戎,惠公蠲其大德,谓我诸戎,是四岳之裔胄也,毋是翦弃。赐我南鄙之田,狐狸所居,豺狼所嗥,我诸戎除翦其荆棘,驱其狐狸豺狼,以为先君不侵不叛之臣,至于今不贰。昔文公与秦伐郑,秦人窃与郑盟,而舍戍焉。于是乎有殽之师,晋御其上,戎亢其下,秦师不复,我诸戎实然。譬如捕鹿,晋人角之,诸戎掎之,与晋踣之。戎何以不免。自是以来,晋之百役,与我诸戎,相继于时,以携诸侯,而罪我诸戎。我诸戎饮食衣服,不与华同,贽币不通,言语不达,何恶之能为,不与于会。亦无瞢焉。"赋《青蝇》而退。宣子辞焉,使即事于会,成恺悌也。①

从杜预释"成恺悌"为"不信谗也"来看,范宣子被称誉为"恺悌"的原因,就在于他不信谗言。事实上,先秦时期,是否喜好谗言是衡量一个人是否有德的关键标准之一。如《左传·文公十八年》云:"少皞氏有不才子,毁信废忠,崇饰恶

---

① 参见 [晋] 杜预注,[唐] 孔颖达等正义:《春秋左传正义》,北京大学出版社,2000。

言，靖譖庸回，服谗搜慝，以诬盛德，天下之民，谓之穷奇。"①《左传·襄公四年》评价寒浞时，亦称"恃其谗慝诈伪而不德于民"。穷奇和寒浞均因喜好谗言而被视为不德之人，便是明证。

既然喜好谗言乃"不德"之行，那么，远离谗言就是君子之懿德了。《左传·襄公十三年》云："世之治也，君子尚能而让其下，小人农力以事其上。是以上下有礼，而谗慝黜远，由不争也，谓之懿德。"《逸周书·大匡解》载周武王之言曰："在昔文考，战战惟时，祗祗汝其，夙夜济济，无竞惟人，惟允惟让，不远群正，不遂谗邪。"可见，远于谗邪乃有德之重要表现。

此外，在《左传》中被称誉为"恺悌"的范宣子，还具有"让"之德。而"让"作为"礼之主"和"德之主"，也是懿德的重要条目。如《左传·襄公十三年》评价范宣子道："让，礼之主也。范宣子让，其下皆让。"《左传·昭公十年》曰："让，德之主也，让之谓懿德。"《国语·周语下》云："动莫若敬，居莫若俭，德莫若让，事莫若咨。"《逸周书·大匡解》曰："则生敬在国，国咸顺，顺维敬，敬维让，让维礼，辟不及宽，有永假。"上述史料充分表明，"恺悌"与"德"之间存在着内在关联。

若是具体分析先秦文献中引《大雅》诗"恺悌"之用例，便不难发现"恺悌"与"德"之间的种种内在关联。

《左传·僖公十二年》云："王曰：'舅氏，余嘉乃勋，应乃懿德。谓督不忘，往践乃职。无逆朕命。'管仲受下卿之礼而还。君子曰：'管氏之世祀也宜哉！让不忘其上。《诗》曰：恺悌君子，神所劳矣。'"②《吕氏春秋·不屈》记惠子之言曰："不然。《诗》曰：'恺悌君子，民之父母。'恺者，大也；悌者，长也。君子之德，长且大者，则为民父母。"《左传》引《大雅》诗，是为了服务于特殊的叙述目的。前文已经指出，管仲因助周襄王平息内乱有功而受到嘉奖，君子在评价管仲品行时，便引用《大雅》诗，称管仲是"恺悌君子，神所劳矣"。在这里，"恺悌"可视为"德"之注解。而《吕氏春秋》引《大雅》诗时，"恺悌"是叙述评价之中心。所谓"君子之德，长且大者，则为民父母"，就是对"恺悌"的直接解释。从其强调"德"之重要性来看，"恺悌"与"德"之间实密切相关。

---

① ［晋］杜预注，［唐］孔颖达等正义：《春秋左传正义》，北京大学出版社，2000，第581页。
② ［晋］杜预注，［唐］孔颖达等正义：《春秋左传正义》，北京大学出版社，2000，第366—367页。

显而易见,"岂弟(恺悌)"合言,正可视为"德"之彰显。而由其与"德"之间的种种关联推断,"德"正是"岂弟"的本质意涵所在。

四、结论

无论是"岂""弟"分言还是"岂弟"合言,均与"德"之间存在密切联系。具体而言,"岂""弟""岂弟"与"德"之间的关联表现在三方面。

首先,"岂"与"德"之间的关联表现在:《左传》所述"八恺"之"恺"及孔子所论之"强"所包含的宽柔之义,正好与"岂"之"安静和乐"本义相通。由此可知,"岂"乃指具体的德行。

其次,"弟"与"德"之关联表现在:"弟"在功能方面突破了家族血缘的限制,逐渐具备了与社会,尤其是与国运相连的政治性功能。其内涵则接近于《逸周书》所述之"九德"及孔子所谓的"德序"之属。可见,"悌"的本质是以敬序为核心德之行为。

最后,"岂弟"与"德"之关联表现在:《左传·襄公十四年》称范宣子为"恺悌"的事例,以及先秦文献中引《大雅》诗"恺悌"之用例,均表明德行是"岂弟"的本质意涵所在。

厘清"岂弟"的真正内涵后,再来审视《诗经》中的"岂弟君子",便不难发现"岂弟君子"中,"岂弟"作为"君子"的修饰语,并不是对君子形象的简单描绘,而是对君子道德内涵的深刻揭示。

谦谦君子，卑以自牧

——由《周易·谦卦》而引申出的一种儒家修身工夫

余治平 *

摘　要:《周易》之《谦卦》第一次把谦德纳入一个近乎神秘又非常严格的知识架构（卦体、卦位、爻位）中，并借助于特殊的叙事方式和解读路径（卦象、卦辞、爻辞、传解），予以全面阐发，逐步推证，使之获得可靠的理性根据与信念力量。在《周易》的诠释与演绎下，又被注入了更为丰富的人文价值蕴涵。《周易》之后，谦的品格更被世代社会精英所倡导和推扬。关于谦的评议与论述也逐步呈现出越来越丰富、越来越饱满的态势，最终使谦之为德发展成为中华民族精神的一项有机构成，并催生出一整套行谦、致谦的实践工夫。

关键词:《周易》;《谦卦》;儒家;谦德

我们可以设想这一幕：山间一线窄路，只容得下一个人通过。两个人相向而行，谁都不愿意退让一步。在知识逻辑、法理权力上，谁都不亏欠，谁都应该走，谁都可以走。辩论起来，根本就分不出一个青红皂白。于是，留给两个人的便只有一场恶战，谁赢谁先走，谁输谁后走。认识论、法律学解决不了的问题，最终还得交给道德学。如果两个人一直相持不下，或激烈争吵不休，最终谁都通过不了。道德兴起，人类安顿，社会才更有秩序。于是，让不宜被绝对理解为无能、没本事，或迫于情势的万不得已、无可奈何，而是主体自身刻意追求、积极修为的一种道德结果。道德心是上帝造人之初给予人类的第一馈赠。主观上没有让心，行动上又不

---

　* 余治平，上海交通大学长聘教授、博士生导师，上海交通大学君子文化研究中心执行主任。主要从事儒家思想与文化、中国哲学研究。

能谦和，其余一切德性品格便都难以落实和确立。

日常生活中，每个人都必须与别人打交道。一个人在面对别人的时候，首先遭遇到的一个问题就是，自己应该充当一个什么样的角色。唯有定位好自己，才能处理好与别人的关系。尽管人们在实际交往的过程中，并不一定清醒地意识到这一问题的存在，但是作为建立良性社会关系的基础和前提，它一定是不可回避的。在儒家看来，面对别人时，人应该首先怀有一份谦虚、谦退、谦卑的态度。"谦"在文字起源上，当与言语方式有关，本义为"说话恭谨、不自满"，[①] 引申义为"自谦"，即自己使自己敬让，自己把对自己的身份形象、人格定位和德性能力的心理预期主动放在一个低于对方的水平与层面上。没有一份谦逊、敬畏、卑微的心情，人是很容易傲视别人的。而一旦傲视别人，就不可能与别人友善相待、和谐相处，人与人之间的关系必然趋向紧张。因此，从道德认识论与行为知识学的角度上分析，谦是行恕的心理准备与精神基础。在恕之为德的各种态度、路径与方法中，谦应该放在第一位而被强调和凸显。

一

《周易》的六十四卦之中，唯有作为第十五卦的《谦卦》，六爻皆吉，无一不利。《谦卦》之吉，无以复加，究竟是一种巧合，还是一种必然呢？值得我们进一步思考。孔颖达正义曰："《谦卦》之象，谦为诸行之善，是善之最极。"[②] 透过《周易·谦卦》象爻的原始含义与思想内容，我们可以看到谦卑的品格在道德生活中的积极价值与启发意义。[③] 在《周易》中，《谦卦》的卦象为下艮上坤。《谦卦》的卦

---

① 谷衍奎编：《汉字源流字典》，华夏出版社，2003，第731页。

② [唐]孔颖达：《周易正义》，北京大学出版社，1999，第80页。

③ 1942年，胡朴安提出了一套颇为别致的《周易》史学解释系统。他将六十四卦解读为记事之史，结合《易传》特别是《序卦》，通过还原自草昧时代至殷末以及周初文、武、成王的历史发展图景，形成了一套完整的《周易》历史叙事体系。按照胡朴安的解释，《谦卦》无非"教民稼穑之事也"。人君唯有亲自乘车涉川去教民稼穑，以求谋人民生活之满足，而不是贪图一己生活之满足，才能够确保存人君之位，执人君之柄。《谦卦》六爻的具体含义分别为："初爻，言率人民涉大川，为预备耕种之始也。二爻，言宣布耕稼之方法于民众也。三爻，言与人民并耕也。四爻，言人民有不能耕者，而听教惟谨，不违法则也。五爻，言邻邑不能耕，使民往教而不听，则豫备侵伐之也。上爻，言侵伐不服教之邑国而行师也。"参见胡朴安：《周易古史观》，上海古籍出版社2005，1999，第50、53、54页。笔者认为，胡解之垢有三：一是把卦爻只当作记序符号，忽略卦爻自身所具有的丰富蕴涵，乃至彻底抛开卦爻，只讲卦辞；二是过于依赖《说文》求得《周易》本义，基本不涉及象数、图书；三是只见历史事件，蔽于思想意义，《周易》的哲理价值并未获得展开。

辞曰："谦：亨。君子有终。"一个人如果始终保持谦虚、卑微的态度去待人接物，那么，最终必然会摘取美好的人生果实。或者说，一个人的言谈举止如果能够做到谦逊有加，那么，其做任何事情都会顺利、成功。《易传·彖·谦》说："天道下济而光明，地道卑而上行。天道亏盈而益谦，地道变盈而流谦，鬼神害盈而福谦，人道恶盈而好谦。谦，尊而光，卑而不可踰，君子之终也。"①天道向下运行，所以能够化生万物，一如日光下射而温暖万物，雷电下作而震动万物，风雨下施而吹润万物。地的位置虽然卑下，但其气却能够向上运行。地气上升，而与天气相交接，于是成就出天地之间的万事万物。天道运行也呈现出或降或升，或盈或亏的状态，太阳运行至正午便开始下降，月亮走到圆满的时候便逐渐转为亏缺，升降相继，盈亏相推，周而复始，无穷无尽。地上的水与沙石往往都流淌到洼处，从而使洼处获得增益。沟虚则水至，不谦则不得，行谦则必然有益，甚至连鬼神也以盈满为祸害，而以谦虚为福气。②人道之中，骄傲则使人讨厌，谦虚则使人可爱，可爱则必收获、得益。概而言之，无论是天道、地道，还是人道、鬼道，一旦盈满则必然导致亏折、倾覆、祸害；相反，如果虚心、谦逊、恭敬则必然能够获得增益、流注与福祐。如果能做到自谦，那么，身处尊位的人会更加荣耀，身处卑位的人也不会遭受欺凌和侮辱。因此，孔颖达说："谦者，屈躬下物，先人后己，以此待物，则所在皆通。"又说："小人行谦则不能长久，唯君子有终也。"③

从卦象上分析，《易传·象·谦》曰："地中有山。"王弼注曰："多者用谦以为衰，少者用谦以为益，随物而与，施不失平也。"④《谦卦》外卦为坤，内卦为艮。坤为地，艮为山。所谓"地中有山"，也就意味着"地卑而山高""内高而外卑"，即地势虽卑微，却突显出山势的雄伟与高大；内中虽富满充实，外在形象却平凡朴实。比之于人品，就是"谦者，才高而不自许，德高而不自矜，功高而不自居，名高而不自誉，位高而不自傲，皆是内高而外卑"。⑤拥有很好的才华却不自我称颂，具备很好的德性却不自我膨胀，功劳卓著却并不觉得自己了不起，负有盛名却不自

---

① 高亨：《周易大传今注》，齐鲁书社，1998，第136—137页。
② 朱熹解释道："天道是就寒暑往来上说，地道是就地形高下上说，鬼神是就祸福上说，各自主一事而言耳。"又："'尊'字是对'卑'字说。言能谦，则位处尊而德愈光，位处卑而莫能逾。如古之贤圣之君，以谦下人，则位尊而愈光；若骄奢、自大，则虽尊而不光。"参见[宋]黎靖德编：《朱子语类》第三册，岳麓书社，1997，第1588页。
③ [唐]孔颖达：《周易正义》，北京大学出版社，1999，第80页。
④ [唐]孔颖达：《周易正义》，北京大学出版社，1999，第81页。
⑤ 高亨：《周易大传今注》，齐鲁书社，1998，第137页。

我陶醉，权势很大却从不骄傲自满，这些通常都是内在素养极好却外在形象平凡的君子所具有的风尚和品格。

《谦卦》初六爻辞说："谦谦，君子用涉大川，吉。"即面对巨川大河、水深流急的危险，君子唯有从一开始就保持一种特别谨慎小心的态度，才能够顺利安全地渡过去。比之于人品，则如《易传·象·谦》所说："谦谦君子，卑以自牧也。"自牧，就是自守，即自己看护自己，自己把持自己，自己支配自己。能够做到谦之又谦的人，往往是那些十分谨慎、退让有加且自守非常严格的人。因此，王弼注曰："处谦之下，谦之又谦者也。能体'谦谦'，其唯君子。用涉大难，物无害也。"可见，谦之又谦并非虚伪、懦弱，实是君子一德。

《谦卦》六二爻辞说："鸣谦，贞吉。"所谓"鸣谦"，引申义为负有盛名，美誉在外，却从不夸耀自大。这样的人所占问的事情，其结果肯定顺利如意。比之于人品，则如《易传·象·谦》所说："鸣谦，贞吉。中心得也。"享有盛名，却能一贯保持谦逊的心态，这样的人内中踏实，平和可靠，值得人们的信赖。而且六二爻居下卦之中位，象征人已经获得了正中之道。声名闻达且处正得中，无过无不及，实属难得的中道品格。孔颖达正义曰："'中心得'者，鸣声中吉，以中和为心，而得其所，鸣谦得中吉也。"[1]力行谦德，内中应该平和恬适，宁静自得，万不可急切烦躁。

九三爻是《谦卦》六爻中唯一的阳爻。九三爻辞说："劳谦，君子有终，吉。"所谓"劳谦"，是指获得了功劳，却从不傲慢自大。[2]这样的君子，一定能获得很好的归宿。王弼注曰："处下体之极，履得其位，上下无阳以分其民，众阴所宗，尊莫先焉。居谦之世，何可安尊？上承下接，劳谦匪解，是以吉也。"[3]从卦象上来看，九三爻是《谦卦》六爻中唯一的阳爻，又处下卦之极、上卦之下，承前启后，且统领、控制着所有的阴爻。虽然辛劳疲惫，却起着重要的枢纽作用，故地位尊贵，将来必定功勋卓著。《易传·象·谦》说："劳谦君子，万民服也。"功勋卓著却从不傲慢的人，必会赢得天下人的敬仰与佩服。《易传·系辞上》说："劳谦，君子有终，吉。子曰：'劳而不伐，有功而不德，厚之至也。'"高亨解释道："有劳而不

① [唐]孔颖达：《周易正义》，北京大学出版社，1999，第82页。
② 李镜池以为，"劳谦"是"以勤劳刻苦为前提的谦让""如果不劳而谦，事事让人，自己不做，是懒汉。君子勤劳刻苦，谨慎谦虚，是会有好结果的"。参见李镜池：《周易通义》，中华书局，1981，第33页。
③ [唐]孔颖达：《周易正义》，北京大学出版社，1999，第82页。

自夸，有功而不自居，是忠厚之至。"① 显然，劳而能谦，苦而不怨，是一种难能可贵的德行品格。

二

《谦卦》六四爻辞说："无不利，撝谦。"六四爻也是大吉之爻。王弼注曰："处三之上，而用谦焉，则是自上下下之义也。承五而用谦顺，则是上行之道也。尽乎奉上下下之道，故'无不利'。"② 六四爻处下卦之上，虽处尊位，却能够主动俯身与下卦沟通联络，实已具备了敬让、恭和的君子之德。所谓"撝谦"，是指施予恩惠、德泽于别人，却从不彰显。《经典释文》将"撝"解为"宣"，将"宣"解为"明、智"。如此一来，"撝谦"的意思就是，既明智又谦逊。③ 比之于人品，则如《易传·象·谦》所说："无不利，撝谦，不违则也。"高亨解释道："人有明智而能谦，不自骄满，不敢违反法则，自无不利。"④ 天资愚钝的人谦虚，是因为其内部实在没有什么值得炫耀的东西，而天资聪明的人谦虚，在排除阴谋、狡猾、奸诈的可能后，就是一种自觉自为的德行了。

《谦卦》六五爻辞说："不富以其邻，利用侵伐，无不利。"一个国家无论是富裕还是贫穷，都应该谦逊对待自己的邻国。强暴之君为了追求土地和钱财，不惜悍然发动侵略邻国的战争，既劳民伤财，又给邻国带来灾难。对这种不义之举进行镇压、讨伐，一定能够取得最终的胜利。比之于人品，则如《易传·象·谦》所说："利用侵伐，征不服也。"王弼注曰："（六五爻）居于尊位，用谦与顺，故能不富而用其邻也。以谦顺而侵伐，所伐皆骄逆也。"孔颖达正义曰："六五居于尊位，用谦与顺，邻自归之，故不待丰富能用其邻也。'利用侵伐，无不利'者，居谦履顺，必不滥罚无罪。若有骄逆不服，则须伐之，以谦得众。"⑤ 可见，君王致谦，不仅使本国民众受惠，还能使邻邦得益。谦之德推广于政治实践领域，一定能够获得良好的影响。

---

① 高亨：《周易大传今注》，齐鲁书社，1998，第 392 页。

② ［唐］孔颖达：《周易正义》，北京大学出版社，1999，第 82 页。

③ 关于"撝"，连斗山、俞琰、刘大钧等前贤均认为，"撝"即挥手，有如别人称道六四爻有谦德的时候，六四爻自己却连连摆手，表示对这一美誉"不敢当"。参见刘大钧：《周易概论·疑难卦爻辞辨析》，齐鲁书社，1988，第 264 页。

④ 高亨：《周易大传今注》，齐鲁书社，1998，第 138 页。

⑤ ［唐］孔颖达：《周易正义》，北京大学出版社，1999，第 82 页。

《谦卦》上六爻辞说："鸣谦，利用行师，征邑国。"①孔颖达将"鸣谦"解为"声名"。王弼注曰："最处于外，不与内政，故有名而已，志功未得也。处外而履谦顺，可以邑一国而已。"内府谋划尚且无法插足，说话、办事哪能不谦逊呢？！孔颖达正义说："'鸣谦'者，上六最处于外，不与内政，不能于实事而谦，但有虚名声闻之谦，故云'鸣谦'。志欲立功，未能遂事，其志未得。既在外而行谦顺，唯利用行师征伐外旁国邑而已，不能立功在内也。"②在外征伐时即使取得了胜利，但因不知道朝廷动向，故仍必须保持谦逊、平和、谨慎的态度。"鸣谦，利用行师，征邑国"或可理解为享有美好的名声、恪守谦逊的美德且具有正义精神的君子，出师讨伐不义之君、不义之国，一定能够获得胜利。《易传·象·谦》说："鸣谦，志未得也。可用行师，征邑国也。"享有盛名并且谦让，但是没有实现感化邻邦的志向，便可以出兵征伐邻邦。需要注意的是，《谦卦》主张谦虚、不与人争，六五、上六两爻的爻辞中为何会出现"利用征伐"呢？朱熹指出："大抵《谦》自是用兵之道，只退处一步耳，所以'利用征伐'也。盖自初六积到六五、上六，谦亦极矣，自宜人人服之。尚更不服，则非人矣！故'利用征伐'也。"③兵乃国之凶器，关涉天下苍生，故轻易不举。不得不举兵时，必须谨慎考虑各方利益，谦逊采纳各方意见，千万不可贸然行事！可见，六五、上六两爻是谦德在战争中的具体运用。

谦德背后隐藏着一种莫大的智慧。《易传·系辞上》借孔子之口说："劳而不伐，有功而不德，厚之至也。语以其功下人者也。德言盛，礼言恭。谦也者，致恭以存其位者也。"④付出辛劳却不炫耀自夸，建立功勋却不居功自傲，的确是忠厚到了极点。唯有具备深厚德性的君子，才能做到立下大功却甘居人下。因此，君子施德非常盛厚，行礼也极为恭敬谨慎。由此可见，谦逊不是无能，更不是畏缩，而是一种主观自觉的品格，乃至上升为一种德性。人的一生中，难免会经历风雨坎坷，不断遭受岁月的锤炼打磨，往往越是谦逊平和的人，越能完整地保存自己的生命存在。

《易传·序卦》说："有大者，不可以盈，故受之以《谦》。有大而能谦，必豫，

---

①　李镜池将之别解为："谦让虽是美德，但要明辨是非。在敌人侵犯的时候，要反击。出征战胜敌国，是吉利的。"参见李镜池：《周易通义》，中华书局，1981，第34页。

②　[唐]孔颖达：《周易正义》，北京大学出版社，1999，第83页。

③　[宋]黎靖德编：《朱子语类》第三册，岳麓书社，1997，第1589页。

④　高亨：《周易大传今注》，齐鲁书社，1998，第392—393页。

故受之以《豫》。"① 只有那些大有收获却谦虚行事的人，才能享受安乐。按照《周易》六十四卦卦序，《豫卦》紧跟在《谦卦》之后，充分表明只要保持谦逊美德，最终必能享用丰硕的人生果实。《易传·系辞下》说："谦，德之柄也。"② 孔颖达正义曰："为德之时，以谦为用，若行德不用谦，则德不施用，是谦为德之柄，犹斧刃以柯柄为用也。"③ 谦逊是保持一切美德的关键，所有德性的推扩都必须以谦、谦谦、再谦谦为基本态度。因此，谦是德中之德。《易传·彖·谦》说："谦，尊而光，卑而不可逾。"④ 朱熹释曰："以尊而行谦，则其道光；以卑而行谦，则其德不可逾。"即无论是居处尊位，还是出身寒门，只要力行谦逊，自身的德性都会日益光大与坚固。因此，朱熹又说："如古之贤圣之君，以谦下人，则位尊而愈光；若骄奢自大，则虽尊而不光。"⑤ 君主以谦卑礼让的态度对待臣子与百姓，既可保住至高无上的帝位，又可彰显自己的德性。相反，以威慑的方式，是无法感服天下的。

《周易·谦卦》在特殊的结构体系（如卦体、卦位、爻位）中，以特殊的叙事方式和解读路径（如卦象、卦辞、爻辞、传解），系统而全面地向世人展现出谦之为德的发生过程及其必要性与重要性。首次也是最深刻的一次，把谦德纳入一个既显得神秘又显得严格的知识架构中予以全面阐发，精推细演，逐步论证，使其获得了可靠的理性根据和坚实的信念力量。经由《易传》的诠释与演绎后，谦德被注入了更为丰富的人文价值和伦理蕴涵，⑥ 逐步成为中华民族精神的一项有机构成以及公、私道德的一项重要内容。由此可见，在整个儒家乃至古代中国的道德文明发展史上，《周易·谦卦》的创作以及《易传》注解系统的完成，无疑是一个重大的历史事件。

---

① 高亨：《周易大传今注》，齐鲁书社，1998，第481页。孔颖达正义曰："圣人顺动能谦，为物所说，所以为豫。人既说豫，自然随之，则谦顺在君，说豫在人也。"参见[唐]孔颖达：《周易正义》，北京大学出版社，1999，第336页。

② 高亨：《周易大传今注》，齐鲁书社，1998，第435页。

③ [唐]孔颖达：《周易正义》，北京大学出版社，1999，第313页。

④ 高亨：《周易大传今注》，齐鲁书社，1998，第137页。

⑤ [宋]黎靖德编：《朱子语类》第三册，岳麓书社，1997，第1588页。

⑥ 林忠军指出，《易传》解释学经历了三个转向，分别是由卜筮解释到德义解释、由文字解释到普遍意义解释、由符号属性的解释到世界意义及其概念解释。参见林忠军：《易学源流与现代阐释》，上海古籍出版社，2012，第337—355页。

三

随着《周易》的传播，谦的品格被越来越多的人所接受，并且被世代社会精英所倡导和推扬。关于谦的评议与论述经久不息，其思想内容也呈现出越来越丰富、越来越饱满的态势。《管子·法法》说："凡论人有要：矜物之人，无大士焉。彼矜者，满也。满者，虚也。满、虚在物，在物为制也。矜者，细之属也。"①即评价人物要抓住要点：骄傲自大的人，是不可能成为杰出人物的。水满就容易流失，自满一定会导致空虚，这是一切事物存在与发展的一般规律。骄傲自大者，属于品德欠缺、人格渺小的一类人。

《管子·白心》说："强而骄者，损其强；弱而骄者，亟死亡。强而卑义[者]，信其强；弱而卑义[者]，免于罪。是故骄之余卑，卑之余骄。"②即强大且骄傲自满的人，往往会蒙受损害。弱小且傲慢的人，很快会走向死亡。强大且自谦自卑的人，能不断地巩固和提高自己。弱小且自谦自卑的人，能够养精蓄锐、远离祸患。

谦虚与傲慢直接起源于人心对自我评价和对他人评价的落差。高估自己的人，往往会低估别人，十有八九会傲慢；低估自己的人，总是抬高别人，百分之百会谦虚。清唐甄《潜书·虚受》说："傲者，人之恒疾。岂惟众人，圣贤亦惧不免。意念之间，自足而见其足，过人而见其过人，是即傲矣；足而不以为不足，过人而不以为不及人，是即傲矣！"③由此可见，谦卑与傲慢在本质上都是一种存在于内心的自我意识，是一种考验人的道德自觉程度的基本情感。自觉不如别人了，就是谦卑；自觉超过别人了，就是骄傲。其实，傲慢最初来源于自足。人一旦自足，就很容易产生自大自傲的情绪。明代学者方孝孺说："人之不幸，莫过于自足。恒若不足，故足；自以为足，故不足。"因此，自足是人性最大的缺陷。人只有时刻反省自己的不足，才能与时俱进。

对他人的评价，可折射出一个人的道德水准与精神素质。如郑板桥《淮安舟中

---

① 《管子·法法》，载[周]荀况等撰，[三国魏]王肃等注：《百子全书》第二册，岳麓书社，1993，第1303页。

② 《管子·白心》，载[周]荀况等撰，[三国魏]王肃等注：《百子全书》第二册，岳麓书社，1993，第1355页。

③ [清]唐甄：《潜书·上篇上·虚受》，中华书局，1955，第12—13页。

寄舍弟墨》说："以人为可爱，而我亦可爱矣；以人为可恶，而我亦可恶矣！"①心里装着愤怒，看什么都不顺眼；心里充满愉悦，看到的一切都阳光灿烂。郑板桥在《范县署中寄舍弟墨第四书》中讽刺那些"动谓人不如我"的人："既然目空一世，自己之为文，必能远胜于人，讵知实际非特不能胜人，反不如所骂之秀才、举人、进士远甚。所为不反求诸己，徒见他人之不通。自己傲气既长，不肯用功深造，而眼高手低，握管作文，自嫌弗及不通秀才，免得献丑，索性搁笔不为文，于是潦倒终身，永无寸进。"可见，自视甚高者，对自己的评价往往与自己的实际情况大相径庭。而骂人的人，其道德能力实际上并不如被自己骂的人。

甚至，礼的本质规定之一，就是主动把自己放在低处，而抬高别人、尊敬别人。《礼记·曲礼上》说："夫礼者，自卑而尊人。虽负贩者，必有尊也，而况富贵乎？富贵而知好礼，则不骄、不淫。贫贱而知好礼，则志不慑。"②人一旦傲慢自大，就容易好为人师，到处教育、训斥别人。《礼记·中庸》说："君子之道，辟如行远必自迩，辟如登高必自卑。"③郑玄注曰："行之以近者、卑者，始以渐致之高远。"④可见，仁心越是深厚的人，越能够行谦、卑让，越认为自己微不足道。

相反，越是微不足道的人，越是自我感觉高人一等，从来不知道"谦卑"为何物。《孟子·离娄上》说："人之患，在好为人师。"赵岐注曰："人之所患，患于不知己未有可师而好为人师者，惑也。"⑤待人的正确态度是，自己谦卑而尊敬别人，善于拜别人为师。古文《尚书·大禹谟》说："满招损，谦受益。时乃天道。"空间满了，就塞不进别的东西了；人心满了，就会心高气傲、目空一切。而谦逊却能在人心中拨出一片天空来，给新知新能腾位让缺，让人不断受益，持续成长。古文《尚书·大禹谟》记舜对禹之言曰："克勤于邦，克俭于家，不自满假，惟汝贤。"舜告诫大禹，要勤劳于国，俭朴于家，万不可狂妄自大。面对"昏迷不恭，侮慢自贤，反道败德"的三苗，大禹率领"众士，奉辞伐罪"。⑥可见，部落首领若是不谦卑，反道败德，不但自己会失去权位，还会对部落犯下不可饶恕的罪行。

在王阳明看来，行谦的根本之法是"忘我"。人一旦消解了自我本己，就不可

①　参见 [清] 郑燮：《郑板桥全集·家书·淮安舟中寄舍弟墨》，中国书店，1985。

②　陈戍国点校：《礼记·曲礼上》，岳麓书社，1989，第 280 页。

③　陈戍国点校：《礼记·中庸》，岳麓书社，1989，第 496 页。

④　[唐] 孔颖达：《礼记正义·中庸》，北京大学出版社，1999，第 1432 页。

⑤　[汉] 赵岐注：《孟子注疏·离娄上》，北京大学出版社，1999，第 208 页。

⑥　《尚书·虞书·大禹谟》，载黄怀信注训：《尚书注训》，齐鲁书社，2002，第 46、43、45 页。

能傲慢狂妄了。王阳明说："人生大病，只是一'傲'字。为子而傲必不孝，为臣而傲必不忠，为父而傲必不慈，为友而傲必不信。"傲慢是人性中难以根除的一大顽疾，其来源于人的主观意识中太执着于本己，把自己看得太重要了。王阳明又说："人心本是天然之理，精精明明，无纤介染着，只是一无我而已。胸中切不可有，有即傲也。古先圣人许多好处，也只是无我而已。无我，自能谦。谦者，众善之基；傲者，众恶之魁。"[1] 即唯有心中无我，空旷一片，才能行谦。古今圣贤超越于常人的一个重要方面，就是能够合理地向别人让渡出自己的一部分。人有傲慢之情并不可怕，可怕的是不知悔改而任其发展。其实，人性中固有可以克制傲慢的良药，那就是谦逊。

此外，傲慢还被视为导致一切罪恶的一大原因。王阳明说："今人病痛，大段只是傲。千罪百恶，皆从傲上来。傲则自高、自是，不肯屈下人。故为子而傲，必不能孝；为弟而傲，必不能弟；为臣而傲，必不能忠。"人心一旦滋生出傲慢之情，便不能正确地对待他人。王阳明又说："'傲'之反为'谦'。'谦'字便是对症之药。非但是外貌卑逊，须是中心恭敬，撙节退让，常见自己不是，真能虚己受人。故为子而谦，斯能孝；为弟而谦，斯能弟；为臣而谦，斯能忠。尧、舜之圣，只是谦到至诚处，便是'允恭克让''温恭允塞'也。"[2] 谦逊作为傲慢的对立面，可让人与人之间的交往更加融洽、和谐。恭敬、克制、退让等，都是谦之德的表征。谦逊不在外表，而在发自内在，真心诚意。一个人唯有经常反省自己的缺点与失误，并及时予以纠正，才可为接纳外界的意见保留足够的空间。

傲慢发展到极点，就会导致众叛亲离，自取灭亡。《尚书·仲虺之诰》说："德日新，万邦惟怀。志自满，九族乃离。"[3] 孔安国注曰："日新，不懈怠。自满，志盈溢。"孔颖达正义曰："《易·系辞》云：'日新之谓盛德。'修德不怠，日日益新，德加于人，无远不届，故万邦之众惟尽归之。志意自满则陵人，人既被陵，情必不附，虽九族之亲，乃亦离之。"[4] 君主若是修德涵咏，日日自新，则万国归附；如果骄傲自满，盛气凌人，则丧失民心，成为"独夫"。政治家即使于不经意间怠慢、轻蔑别人，也会给自己带来难以预测的灾祸。因此，《春秋左传·定公十三年》引

① [宋] 王阳明：《传习录·黄以方录》，岳麓书社，2004，第 345 页。
② [宋] 王阳明：《王阳明全集·文录五·杂著·书正宪扇》，上海古籍出版社，1992，第 280 页。
③ 《尚书·商书·仲虺之诰》，载黄怀信注训：《尚书注训》，齐鲁书社，2002，第 46 页。
④ [唐] 孔颖达：《尚书正义·商书·仲虺之诰》，北京大学出版社，1999，第 198 页。

史鳅之言曰："富而不骄者鲜，吾唯子之见；骄而不亡者，未之有也。"①

如何才能克服傲慢、自用呢？古圣先贤给我们树立了良好的典范。如《尚书·尧典》称尧"钦明文思安安，允恭克让"。②孔颖达将"允恭克让"解为"信实，恭勤，善能，谦让"③四德，即做事认真，英明细察，思维敏捷，待人恭敬有礼。《尚书·舜典》称舜"浚哲文明，温恭允塞。玄德升闻，乃命以位"，④即舜智慧深邃，谈吐文雅，明察秋毫，待人温和，恭谦诚信。而对于普通人来说，恭敬、礼让是克服傲慢的最有效工夫。王符《潜夫论·交际》说："所谓恭者，内不敢傲于室家，外不敢慢于士大夫；见贱如贵，视少如长；其礼先入，其言后出；恩意无不答，礼敬无不报；睹贤不居其上，与人推让；事处其劳，居从其陋；位安其卑，养甘其薄。"⑤无论是居家还是出门办事，都应谦逊而戒盈，低调而诚恳，平和而务实，切不可张扬狂妄，盛气凌人，并对弱势人群给予充分的尊重与关爱。《韩诗外传·卷二》说："君子有主善之心，而无胜人之色，德足以君天下，而无骄肆之容，行足以及后世，而不以一言非人之不善。故曰：'君子德盛而卑，虚己以受人，旁行而不流，应物而不穷。虽在下位，民愿戴之。虽欲无尊，德乎哉？！'"⑥内心有仁善，德行超乎他人，持满戒盈，虚心接受别人的批评，善于从外界汲取智慧，想不被人敬重爱戴都不可能！

四

关于谦德的积极修为与自觉塑建，刘向在《说苑·敬慎》中概括出六种路径：

> 德行广大而守以恭者，荣；土地博裕而守以俭者，安；禄位尊盛而守以卑者，贵；人众兵强而守以畏者，胜；聪明睿智而守以愚者，益；博闻

---

① 顾馨、徐明校点：《春秋左传·定公十三年》，辽宁教育出版社，1997，第358页。

② 《尚书·虞书·尧典》，载黄怀信注训：《尚书注训》，齐鲁书社，2002，第12页。

③ [唐]孔颖达：《尚书正义·虞书·尧典》，北京大学出版社，1999，第25页。

④ 《尚书·虞书·舜典》，载黄怀信注训：《尚书注训》，齐鲁书社，2002，第21页。

⑤ [汉]王符：《潜夫论·交际》，载[周]荀况等撰，[三国魏]王肃等注：《百子全书》第一册，岳麓书社，1993，第834页。

⑥ [汉]韩婴：《韩诗外传·卷二》，载许维遹校释：《韩诗外传集释》，中华书局，1980，第52页。

多记而守以浅者，广。此六守者，皆谦德者。[①]

德高行洁，又恭敬地对待别人的人，是非常荣耀的；拥有广博的土地和巨大的财富，却勤俭持家的人，一定能获得平安吉祥；官高俸厚，却卑谦自牧的人，很值得敬重；兵强马壮，却能保持高度的畏惧心与警惕性的军队，肯定能打败所有的敌人；生性机敏，却又勤奋好思的人，一定能有更大的收益；博闻强记却深入浅出的人，一定会拥有宽广的知识视野。谦之六德都强调一个"守"字，可谓意味深长，充分表明行谦的原动力在于个体自身。谦唯有发自内心，才能产生守的欲求；具备谦德后，仍须敬诚把持和谨慎护卫。由此可知，包括谦在内的一切道德，都蕴涵着强烈的主体自觉意向。道德不是法律，纯依靠主体的积极自为。

儒家坚信，内中充盈、守持正道且保持谦逊的人，其德性一定会逐步丰富与提升。《潜书》说："有而若无，进而若退，而后可以为学也。"[②]谦卑的人，在自我想象与道德理解中从不会觉得自己完美无缺，从而为别人留下展示的空间。据《说苑·敬慎》记载，孔子到周庙参观时，看到一种倾斜着的容器，叫"欹器"（又称"宥坐之器"）。相传，"欹器"空时倾斜，注入一半水时持平，灌满水时就会倾覆，孔子让子路取水验证，果然如此。孔子感慨道："持满之道，挹而损之。"君子待人接物也应如"欹器"那样，"高而能下，满而能虚，富而能俭，贵而能卑，智而能愚，勇而能怯，辩而能讷，博而能浅，明而能暗，是谓损而不极。能行此道，唯至德者及之"。[③]人在春风得意、踌躇满志的时候，如果能够恪守谦逊卑让的心态，就会少犯错误。但人是性情中人，心绪总会随事波折，唯有那些至善至德的圣人才能根绝傲慢。绝大多数"中人"能做到的，就是在傲气萌动之际，就毫不留情地加以遏制。因此，儒家的道德标准针对的既非尽善尽美的圣人，也非不可救药的冥顽之徒，而是那些"可以语上"的"中人"。圣人人格虽然难以企及，却具有道德理想主义的示范效应与导引作用。因此，依据"中人"的实际状况因材施教，是儒家思想的立足点和当务之急。

徐干《中论·虚道》说："人之为德，其犹虚器欤？器虚则物注，满则止焉。

---

① ［汉］刘向：《说苑·敬慎》，载［周］荀况等撰，［三国魏］王肃等注《百子全书》第一册，岳麓书社，1993，第615页。

② ［清］唐甄：《潜书·上篇上·虚受》，中华书局，1955，第13页。

③ ［汉］刘向：《说苑·敬慎》，载［周］荀况等撰，［三国魏］王肃等注《百子全书》第一册，岳麓书社，1993，第616页。

故君子常虚其心志，恭其容貌，不以逸群之才，加乎众人之上。视彼犹贤，自视犹不足也，故人愿告之而不倦。"越是虚怀若谷的人，越能容纳新事物；越是自满的人，越是听不进别人的意见与建议。徐干又曰："君子之于善道也，大则大识之，小则小识之。善无大小，咸载于心，然后举而行之。我之所有既不可夺，而我之所无又取于人，是以功常前人，而人后之也。"善可定性而不可定量，君子应心存善念，无论大善还是小善，都积极作为。而人的一生中难免犯错，圣贤、君子也不例外，但圣贤、君子异于常人之处，就在于能及时改正错误，杜绝再犯。这就是徐干所谓的"君子之所贵者，迁善惧其不及，改恶恐其有余"。①

五

孔子的谦卑意识，主要体现为不耻下问。孔子说："三人行，必有我师焉。择其善者而从之，其不善者而改之。"（《论语·述而》）何晏注曰："言我三人行，本无贤、愚，择善从之，不善改之，故无常师。"邢昺正义曰："有善可从，是为师矣。"②万物复杂，事理缜密，没有人能全知全能。每一个人身上都蕴藏着我之为我的理由，天生其才，必有其用。因此，与人相处时，应学习别人的优点以弥补自身的不足，而非紧抓着别人的缺点不放。据《论语·八佾》载："子入太庙，每事问。"邢昺疏曰："孔子闻或人之讥，乃言其问之意其问之意，以宗庙之礼当须重慎，不可轻言，虽已知之，更当复问，慎之至也"。③在孔子看来，周公制作的礼乐制度堪称璀璨盛备，自己即使学一辈子也学不完。自己既然以复兴周礼为己任，便需虚心向宗庙管理员请教礼器方面的知识。

谦德包含有一定的利己目的，不过这里的"利己"指向的是道德修为，而非事功效果。吕坤说："君子有君子之长，小人有小人之长。"④每个人都有自己的长处，作为安身立命之本。君子、小人也是如此。君子之长，可以补小人之短；小人之

---

① [汉]徐干：《中论·虚道》，载[周]荀况等撰，[三国魏]王肃等注：《百子全书》第一册，岳麓书社，1993，第888页。

② [三国魏]何晏注，[宋]邢昺疏：《论语注疏·述而》，北京大学出版社，1999，第92—93页。

③ 邢昺正义说："此章言夫子慎礼也。"太庙，"周公庙。孔子仕鲁，鲁祭周公而助祭，故得入之也"。《春秋公羊传·文公十三年》曰："周公称太庙，鲁公称世室，群公称宫。"邢昺曰："'每事问'者，言太庙之中，礼器之属，每事辄问于令长也。"参见[三国魏]何晏注，[宋]邢昺疏：《论语注疏·八佾》，北京大学出版社，1999，第37页。

④ [明]吕坤：《呻吟语·用人》，三秦出版社，2006，第178页。

长，也可以补君子之短。凡人必有一善，但只有那些虚怀若谷、海纳百川的圣贤，才能集众善于一身。人都有自己的见解，汇集众人的智慧可决断天下的大事。因此，只有虚心、低调的君子，才能办大事、成大器。在吕坤看来："小人亦有好事，恶其人则并疵其事；君子亦有过差，好其人则并饰其非，皆偏也。"①唯有专注于事情本身，才能发现其有利于道德养成的内容；若是仅关注于人，很容易受成见影响，发现不了别人的优点和缺点，也就难以补充自己、丰富自己和完善自己了。如何对待君子、小人呢？吕坤的建议是："君子有君子之长，小人有小人之长。用君子易，用小人难。惟圣人，能用小人。用君子在当其才，用小人在制其毒。"②圣人由于洞穿了小人的一切伎俩，故能对其因势利导，发挥其才能，制约其丑陋与破坏的一面。

儒家对谦德的推扬与强调，甚至到了无以复加的地步，以至于谦德被误解为虚伪、假装、文过饰非，无法真实反映道德的精神实质。《旧唐书·孔颖达传》说："圣人设教，欲人谦光。己虽有能，不自矜大，仍就不能之人，求访能事；己之才艺虽多，犹以为少，仍就寡少之人，更求所益；己之虽有，其状若无；己之虽实，其容若虚。"③在这里，儒家既非不崇尚真实，更非不追求道体，而是认为个体在尚未具备完美、充分的内中仁性的时候，应一直保持谦虚、低调的心态，通过吸取别人的优点和长处来不断补充、丰富和完善自己；具备完美、充分的内中仁性之后，就会于外在状态上谦让、宽容，不再囿于非真实层面上的表象物事了。儒家提倡的谦德完全发自内在本心，遇物成物，遇事成事，属于一种自觉自为，而非为了显示自己的高超德行。若是囿于表象物事，就会走出内在自觉，成为一种道德结果了。由此可见，道德始终都依赖于主体自身的高度自觉和内在欲求。内心具备不骄傲、不自大的德性自觉，遇事则卑微而不足道，待人则礼让谨慎、谦逊谦和。这既尊重了对象，也让自己受益无穷。

朱熹在《朱子语类》中，将自大自傲的心理根源概括为："大抵人多见得在己者高，在人者卑。谦则抑己之高而卑以下人，便是平也。"④通常情况下，人总是看高自己，而看低别人，谦德却要求人们甘居别人之下。谦和的人，地位越高德行越厚，越能赢得别人的仰慕与敬佩。奢侈自大的人，即便地位再高、身份再显赫，也

①　[明]吕坤：《呻吟语·品藻》，三秦出版社，2006，第260页。
②　[明]吕坤：《呻吟语·用人》，三秦出版社，2006，第178页。
③　[后晋]刘昫：《旧唐书·卷七十三·列传第二十三·孔颖达》，中华书局，1975，第2602页。
④　[宋]黎靖德编：《朱子语类》第三册，岳麓书社，1997，第1588页。

不会赢得别人的尊敬与爱戴。

与傲慢一样，刚愎自用也是一种与谦德相背的坏品行。《尚书·仲虺之诰》曰："好问则裕，自用则小。"[1] 与自大自傲相比，"自用"已从纯粹的内在思想转化成现实的行动，必将会造成不可弥补的后果。王阳明告诫弟子说："与朋友论学，须委曲谦下，宽以居之。"[2] 与朋友切磋学问时，应该委曲谦让，宽厚待人。谦和，留一点余地，让历史、让后人去慢慢检验吧！

---

① 《尚书·商书·仲虺之诰》，载黄怀信注训：《尚书注训》，齐鲁书社，2002，第117页。
② [宋]王阳明：《传习录·陈九川录》，岳麓书社，2004，第257页。

理想人格与功夫进路

——宋儒对"天行健君子以自强不息"的解说

冯国栋 *

摘　要：《周易》经传，特别是"大象传"中对于君子的劝诫与期许，是中国"君子"文化的源头活水。《周易》经传中的君子形象，具有丰富、立体的个性：既有"自强不息""果行育德"的进取精神，复有"厚德载物""容民蓄众"的包容品格；既有刚健中正的气象，复有含弘光大的容度；既有"致命遂志""立不易方"的坚定与果敢，也有"知几而舍""括囊无咎"的智慧与从容；既有"启国承家""观民设教"的外王事业，复有"反身修德""惩忿窒欲""见善则迁，有过则改"的内圣功夫。《周易》经传中对于君子人格的规定，对于建构现代的君子人格具有非常重要的借鉴意义与参考价值。

关键词：《周易》；君子；《国语》

作为"五经"之首的《周易》，对中国思想与文化产生过重要的影响，中国社会的"大传统"与"小传统"都与《周易》有着密切的关系，因此，《周易》是一部沟通"大传统"与"小传统"的重要经典。《周易》不仅影响了中国古代政治、思想等上层文化，同时也影响了普通民众的生存方式与日常生活。《四库全书总目提要》言："又易道广大，无所不包。旁及天文、地理、乐律、兵法、韵学、算术，以逮方外之炉火，皆可援《易》以为说，而好异者又援以入《易》，故《易》说愈繁。"[①] 足可看出《周易》对中国思想文化影响的深远与广泛。

---

* 冯国栋，浙江大学古籍研究所副所长、博士生导师，浙江大学人文学院副院长。2016年入选教育部长江学者青年学者。

① ［清］永瑢、［清］纪昀：《四库全书总目提要》，中华书局，1965，第1页。

《周易》经传，特别是"大象传"中对于"君子"的劝诚与期许，正是中国"君子"人格的投射与反映。可以说，《周易》经传与《论语》是中国"君子"文化的两大源头经典。与《论语》中所描写的君子形象相比，《周易》经传中的君子形象更具丰富、立体的个性。如《周易》中的君子既有"自强不息""果行育德"的进取精神，复有"厚德载物""容民蓄众"的包容品格；既有刚健中正的气象，复有含弘光大的容度；既有"致命遂志""立不易方"的坚定与果敢，也有"知几而舍""括囊无咎"的智慧与从容；既有"启国承家""观民设教"的外王事业，复有"反身修德""惩忿窒欲""见善则迁，有过则改"的内圣功夫。可以说，《周易》关于君子人格的规定，对于建构现代的君子人格仍然具有非常重要的借鉴意义与参考价值。本文以"《乾》大象"之"天行健，君子以自强不息"为对象，探讨宋儒对于这句名言的解释及其所包含的君子人格。

一、为何自强不息——人法天的论证模式

孔子言："加我数年，五十以学《易》，可以无大过矣。"（《论语·述而》）《四库全书总目提要》也言："故《易》之为书，推天道以明人事者也。"[①]尽管《周易》本为卜筮之书，然经过"十翼"的解释，逐渐富有了丰富的人生内涵与意义，也逐渐形成了"天人合一"的论证模式，从天道变化引出人生的劝诫。《周易》"大象"，每假天道以明人事。天道成为人事内在的形上依据，而人事则成为天道外显的现实体现，二者互为因依，不可分离。在《周易》中，许多"大象传"都是通过天道变化来说明人事的。如"地势坤，君子以厚德载物""天与水违行，讼，君子以作事谋始""水洊至，习坎，君子以常德行，习教事""雷风，恒，君子以立不易方""山下有泽，损，君子以惩忿窒欲""风雷，益，君子以见善则迁，有过则改""地中生木，升，君子以顺德，积小以高大""水在火上，既济，君子以思患而预防之"，等等。

"天行健，君子以自强不息"，是《周易·乾卦》的大象之辞。"天行健"者，自强不息之根据也；"自强不息"者，天行健于人事之体现者也。《子夏易传》曰："健而不息，天之运也；自强而成德者，君子之事也。"孔颖达疏云："'行'者，运动之称；'健'者，强壮之名，'乾'是众健之训。今大象不取'健'为释，偏说

---

① ［清］永瑢、［清］纪昀：《四库全书总目提要》，中华书局，1965，第1页。

'天'者，万物壮健，皆有衰怠。唯天运动，日过一度，盖运转混没，未曾休息，故云'天行健'。……'天行健'者，谓天体之行，昼夜不息，周而复始，无时亏退，故云'天行健'。此谓天之自然之象。君子以自强不息，此以人事法天所行。言君子之人用此卦象，自强勉力，不有止息。"[1] 二者皆在阐明天道是人事之基础，天道运行不辍之刚健，正是君子自强不息的内在根据。宋人对此也多有论及。如：

> "天行健"者，盖言天以至健而行，故一昼夜之间，凡行九十余万里。而君子之人，则当法之，而健健不已，以至为君、为臣、为父、为子，小之一身，次之一国，大之天下，皆当法天之至健之德，强勉于己，夕思昼行，无有休息，则可以成天下之事业，而行天下之大道也。[2]

> 乾道覆育之象至大，非圣人莫能体，欲人皆可取法也，故取其行健而已。至健固足以见天道也。君子以自强不息，法天行之健也。[3]

> 君子之于天，无所不法，法之以为修身之要者，健而已，故七德之中，独法其健。[4]

> 至健者，乾之用也；自强不息者，君子取法于乾也。天所以历万古而无敝者，以息息不停运而无迹也。君子体之以进德修业，如成汤之昧爽丕显，坐以待旦，文王日昃不暇食，固足以继天道矣。[5]

乾有七德，即刚、健、中、正、纯、粹、精也。如程子所言，乾道至大，唯圣人能体之，君子可以取法者，健行不息之道也。亦如耿南仲所言，君子当取法于天，乾有七德，而可为修身之要者，健行之道，"故七德之中，独法其健"。由此可知，在为何要行健自强这一点上，宋人的解说与汉唐旧注差别不大，皆将天道之健作为人事自强的依据，人法天而行，依天而动，天道运行不辍为君子自强不息提供了学习的榜样与效法的根据。正如清胡煦《周易函书》所言："若以'君子'句说作法天，与乾德何乾？须知上句即天道以为象，下句即人事以为象。而乾德总

---

① [唐] 孔颖达疏：《周易注疏》，上海古籍出版社，2014，第 23—27 页。
② [宋] 胡瑗说，[宋] 倪天隐述：《周易口义》卷一，文渊阁四库全书本。
③ [宋] 程颐：《周易程氏传》卷一，中华书局，2011，第 4 页。
④ [宋] 耿南仲：《周易新讲义》卷一，文渊阁四库全书本。
⑤ [宋] 李光：《读易详说》卷一，文渊阁四库全书本。

在象外，其必合天人为象者，为《周易》为天人合一之道也。"① 正道出"天人合一"为《周易》取得之道，故君子之行事须以天道为基础，君子之自强须以天之健行为依据。

二、何为自强——"在我不在人"的中和之道

如果说宋儒在为何要自强不息这一点上，多与汉唐诸儒相合，无多发明，而对何为"自强"，何以能"自强不息"，"自强不息"的目的何在，则多有创说。宋儒认为，"自强"二字皆极重要，"自"者，在我而不在人也，我欲仁，仁斯至矣。自强得之于天然，故不待外力勉强而行。勉强而行，则或时有息，与"不息"之义不合。"强"者，非刚狠、刚猛之义。健强者，知进退存亡而不失其正之谓也，强乃合于中和之刚。

杨简言："君子之所以自强不息者，即天行之健也。非天行之健在彼，而君子仿之于此也，天人未始不一也。孔子发愤忘食，学而不厌，孔子非取之外也。发愤乃孔子自发愤，学乃孔子自学，忘食不厌即孔子之自强不息。"② 杨氏强调，自强不息即天行之健，乃在于天、人未尝分。而自强之道"非取之外也"，发愤乃自发愤，学乃自学。强调自强乃来自内心的驱动力，非是来自外部有驱使力。赵汝楳《周易辑闻》亦言："力之强者行地远，志之强者行道远，然必自强而后其行不息。苟待人勉强，则有时而息矣。"③ 赵氏进一步指出，自强非待人之勉强，若待人之劝勉而强者非自强，非自强则有时而息不能长久。杨万里也说："自强，非有使之者也。"④ 吕祖谦则说："君子体乾，正在自强不息，当看'自'之一字。"⑤"当看'自'之一字"，正是强调自强非自外来。丁易东《周易象义》曰："君子者，主用易者而言。以者，以此象而体之于身也。自者，在我而不在人也。强者，此心之健也。"⑥ 认为自强之道，"在我不在人"，在心不在物。若我心能发愤，则能自强不息。由此可以看出，宋儒对于"自强不息"的解说重在"自"，认为自强非待人之劝勉而行，乃

① ［清］胡煦：《周易函书》，中华书局，2008，第484页。
② ［宋］杨简：《杨氏易传》卷一，文渊阁四库全书本。
③ ［宋］赵汝楳：《周易辑闻》卷一，文渊阁四库全书本。
④ ［宋］杨万里：《诚斋易传》卷一，文渊阁四库全书本。
⑤ ［清］纳兰性德：《合订删补大易集义粹言》卷二，文渊阁四库全书本。
⑥ ［宋］丁易东：《周易象义》卷一，文渊阁四库全书本。

自发愤，自学习，自己返身修德。自强者在我不在人，在心不在物。若不能自发愤，则不能自强，不能自强则不能恒久。

宋儒论自强，还强调自强乃得自天然，故合乎中和之道。耿南仲《周易新讲义》曰："君子之于天，无所不法，法之以为修身之要者，健而已，故七德之中，独法其健。且力分之外，不可强欲，强则虽勇于必用，且拂而逆理矣。彼君子之自强，法天之行健而已，则其强非力分之外也。非力分之外，故能久而不息也。"① 耿氏认为，强与勇有别，勇是分外之强，而强乃分内之勇。分外之强，逆于天理，不能久恒也。朱子亦言："天惟健，故不息；不可把不息做健。"② 不息者动而不已也，健者知时而动也；不息者知进不知退也，健者知进退存亡而不失其正者也。清惠栋《周易述》曰："子路问强，夫子反诘之曰：抑而强与……因告之曰：故君子和而不流，强哉矫；中立而不倚，强哉矫。是强有中和之义，君子法天之健，合于中和。"③ 由惠栋之言可知，应合于中和，方得称为"强"，知进不知退的一勇之强，诡随而进取的不正之强，皆非"强"之本义。"强"者，随时而能进取，知时而能从容，进取而能守正之义也。

三、如何自强不息——存心

"自强不息"作为君子人格理想之一，汉唐诸儒通过对"天行健"与"自强不息"的解释，充分论述了自强不息的内在根据；又在此基础上强调，自强乃"在我不在人"的中和之道。然则，如何才能做到自强不息呢？也即是说，如果"自强不息"是一种人格理想，那么，如何才能达至这种人格理想呢？自强不息的入手功夫是什么，便成为宋儒必须面对的问题之一。

朱子《周易本义》言："天，《乾卦》之象也。凡重卦皆取重义，此独不然者，天一而已，但言天行，则见其一日一周，而明日又一周，若重复之象，非至健不能也。君子法之，不以人欲害其天德之刚，则自强而不息矣。"④ "天理""人欲""人心""道心"是朱子功夫哲学中的重要概念，操存天理，约制人欲，扩其道心，克其人心，正是朱子的功夫入路。朱子认为，君子之所以能自强不息，乃来自"天

① ［宋］耿南仲：《周易新讲义》卷一，文渊阁四库全书本。
② ［宋］朱熹：《文公易说》卷八，文渊阁四库全书本。
③ ［清］惠栋：《周易述》卷十一，中华书局，2007，第184页。
④ ［宋］朱熹：《周易本义》卷一，中华书局，2009，第34页。

德之刚"；不能自强，是因为有人欲之私。故而，君子若能使人欲之私不杂于天德之刚，则能自强而不息。《朱子语类》又载："问：'天运不息，君子以自强不息。'曰：'非是说天运不息，自家去赶逐也，要学他如此不息。只是常存得此心，则天理常行而周流不息矣。'"① 朱子认为，自强不息不是表面上去追逐天道，而是操存其道心，使道心纯一，不杂人心。如此，则"天理常行而周流不息"，则不待勉强而能自强。朱子明确提出，"自强"的功夫入路在于"存心"，即通过道心的操存，达到自强不息的境界。

对于朱子这一功夫入路，明清学者多有继承与发明。如明林希元《易经存疑》言："君子体乾，全在不息。……如何方能不息？自强方能不息。如何是自强？《传》曰：自胜者强。又曰：能胜物之谓刚。是知所谓自强者，能胜物欲而已。故《本义》曰：'不以人欲害其天德之刚，则自强而不息。''不以人欲害其天德之刚'解'自强'，盖人心天理本自流行不息，惟为私欲所胜，而不能自强，则天理遂壅塞而不行矣，不行则止息矣。人能胜其人欲之私而自强，则天理无所壅遏，常流行而不止息。"② 来知德《周易集注》也言："体《易》而用之，乃孔子示万世学者用易之方也。自强者，一念一事，莫非天德之刚也。息者，间以人欲也。天理周流，人欲退听，故自强不息。若少有一毫阴柔之私以间之，则息矣。"③ 二人皆强调，人欲之私乃不能自强的原因。若"天理周流，人欲退听"，则能自强不息。清刁包《易酌》曰："天以乾道成人，而人不能体天之健是谓不肖。……天一昼一夜行九十余万里，人若一刻放下，便与天行不相似了。故一息尚存，此志不容少懈，务期与天同健而后已。盖始而法天者，久而合天矣。《本义》云：'不以人欲，害其天德之刚。'又《语录》云：'不息只是常存得此心，则天理常行而周流不息矣。'此从源头上着解，才是真自强，才是真不息，才是君子下手真工夫。……六十四卦，凡身心家国天下之务无不俱备，学者一一身体而力行之，斯可以学易矣。"④ 刁氏明确指出，存心才能真自强，存心才能真不息，存心才是君子下手真工夫。

---

① [宋] 黎靖德编：《朱子语类》卷六十八，中华书局，1986，第 1702 页。
② [明] 林希元：《易经存疑》卷一，文渊阁四库全书本。
③ [明] 来知德：《周易集注》卷一，文渊阁四库全书本。
④ [清] 刁包：《易酌》卷一，文渊阁四库全书本。

四、自强不息的目标——至诚无息

宋儒通过孟子的操存理论，一方面将"存心"作为达到"自强不息"的功夫进路与入门手段；另一方面又将"自强不息"的"不息"与《中庸》"至诚无息"的"无息"联系起来，以"四书"解"五经"，将《中庸》的"诚"与乾德的"自强不息"结合起来，将"诚"作为"自强不息"的终极目标。如张浚《紫岩易传》言："天以诚运其行，至健生物，大功自是流出。君子法天，去伪存诚，求以自强。自强而后能不息。《记》曰：不息则久，久则悠远，悠远则博厚，博厚则高明。且夫君子之所不息者何道，曰善道也。君子勉于为善，生物之德，可以配天，功用大矣。"① 此处之《记》，即《礼记》之《中庸》。《中庸》有言："故至诚无息，不息则久，久则征，征则悠远，悠远则博厚，博厚则高明。博厚所以载物也，高明所以覆物也，悠久所以成物也。博厚配地，高明配天，悠久无疆。"张氏认为，天以诚运万物，君子通过自强不息，去伪存诚，体验天道之诚。

自张浚以后，宋儒多将"自强不息"与《中庸》"至诚"结合起来，将"诚"作为自强不息的目标。如：

> 至健者，乾之用也；自强不息者，君子取法于乾也。……《中庸》曰：至诚无息，不息则久。非体本刚健，安能无作辍者乎？②
>
> 天所以为天者健也，万里一息，其行不已。君子以是自强不息，不敢横私其身也。夫不息则久，久则征，征则悠远，悠远则博厚，博厚则高明。博厚配地，高明配天。乾言不息，配天也；坤言厚德，配地也。两者诚而已矣。独于乾言诚者，诚天之道也。③
>
> 天所以运行者在乎乾，乾不可见，可见者其刚健之德也。君子之法乾，亦法其刚健而已，故自强不息。自强不息者，至诚尽性之学也。《中庸》曰：至诚无息，不息则久，久而至于博厚配地，高明配天，悠久无疆。夫悠久无疆，非刚健之德，其孰能之哉？④

① ［宋］张浚：《紫岩易传》卷一，文渊阁四库全书本。
② ［宋］李光：《读易详说》卷一，文渊阁四库全书本。
③ ［宋］朱震：《汉上易传》卷一，文渊阁四库全书本。
④ ［宋］李杞：《用易详解》卷一，文渊阁四库全书本。

　　杨万里进一步将天之道（健）称为"诚者"，将人之道（自强不息）称为"诚之者"。杨氏言："天行健，健即诚也，所谓诚者，天之道也。君子以自强不息，其不息亦诚也，所谓诚之者，人之道也。"①天之道为诚，人之道为诚之，即体天之诚。人通过自强不息，自诚其意，诚之又诚，最终与天道之诚者相合。李过《西溪易说》亦言："盖'乾'字大，须是刚、健、中、正、纯、粹、精七字方能尽得乾。就天行处观之，即是健而已。……君子体此，自强不息，所以法天行之健。然天道无息，惟圣人然后能配天，必如尧之广运、舜之由行、文王之纯亦不已，乃无息地位。学者未敢言无息，且自不息入，故由不息以至无息，自强又不息之功也。"②此外，李过又将"无息"与"不息"视作修养的两个境界。无息者，圣人之境界；不息者，学者之进路。学者之功，乃由"不息"之强达至"无息"之诚，"自强不息"乃"至诚无息"之入路，"无息之诚"乃"不息之强"的目标。明代何楷《周易订诂》也言："健而无息之谓乾，《中庸》言'至诚无息'者，通之于天也。自强言不息，不言无息，学之为法天事耳，始于不息，终于无息。"③何楷也认为，学者之事，"始于不息，终于无息"；始于自强，终于至诚。

　　综上所述，在"天人合一"的认识模式与思维模式下，汉唐诸儒阐释了《周易·乾卦·大象传》中"天行健"与"君子自强不息"之间的关系，指明天道运行之刚健不辍是君子自强奋发的形上依据。宋儒在汉唐旧说的基础上，进一步对何为自强、何能自强、自强为何三个问题进行申说，并认为"自强"之"自"旨在说明自强是一种"在我不在人""我欲仁，仁斯至矣"的内在追求；"自强"之"强"乃一种合于中道的进取精神，既非一勇之强，也非诡随无原则之进取。至于如何能达至"自强不息"的境界，宋人认为，通过存心，克制私心私欲，自然天理流行不息，不勉强而能自强；并提出"存心"是达至"自强不息"的功夫入路。然则，"自强不息"并非最终之境界。相对于"至诚无息"而言，"自强不息"本身仅是一个功夫入路。通过"自强不息"最终达到"至诚无息"，才是君子通往圣人之路。从这个意义上来说，在宋人的阐释体系中，"自强不息"既是功夫入路又是精神境界，相对于"存心"，它是境界；相对于"至诚"，它又是功夫。天道之诚，是人道

---

① ［宋］杨万里：《诚斋易传》卷一，文渊阁四库全书本。
② ［宋］李过：《西溪易说》卷一，文渊阁四库全书本。
③ ［明］何楷：《周易订诂》卷一，文渊阁四库全书本。

自强的形上依据。君子通过操存道心、克制人心，便能"自强不息"，通过"自强不息"便能达至"至诚无息"的圣人境界，而最终与天道之诚相合。宋儒正是通过天人合一、天人分离、天人再合一的分合模式，阐明作为人道之诚的"自强不息"的重要性。一言以蔽之，"自强不息"既是君子、小人的界分，又是君子迈向圣贤的功夫入路。

朱子论"君子"

——以《论语》"视其所以"章之分析为主

徐国明[*]

摘　要:《论语·为政》"视其所以"章没有直接提及"君子",历代《论语》的重要注家也不以此章关涉"君子",而以之关涉"察人法"。唯有朱子以此章关涉"君子",视此章所说的"所以""所由""所安"为判别人(包括他人与自己)是否为"君子"的三个标准。由"所以"至"所由"再至"所安"为递进关系,由表及里,直至人心隐微处。"所安"("所乐")这一标准更为重要,其关乎行善的连续性与持久性。而在判别"君子"的活动中,"判别者"也很重要,须做工夫涵养自己。朱子对"视其所以"章的阐述,既从理论上进行了详细阐发,又举有生动的例子进行切当说明,同时融入了他的"心性论""工夫论"内容,使其打上了理学的烙印。

关键词:朱子;君子;"所以";"所由";"所安"

引言

　　朱子虽然著作浩富,然未有专论"君子"之作,其所论者多就经文而发,故后人似未有较多之讨论。朱子之论既依经而发,兹便依《论语·为政》"视其所以"章^①分疏讨论之。《论语》言"君子"之文甚多,如开篇便有"人不知而不愠,不亦君子乎?"^②"视其所以"章同篇有"君子不器""子贡问君子""君子周而不比,

---

　　* 徐国明,浙江大学人文学院哲学系博士。

　　① [宋]朱熹:《四书章句集注》,中华书局,2012,第56—57页。

　　② [宋]朱熹:《四书章句集注》,中华书局,2012,第47页。

小人比而不周"①,《里仁》有"君子怀德,小人怀土;君子怀刑,小人怀惠""君子喻于义,小人喻于利"②等。此皆《论语》明言"君子"及"君子""小人"对举而言。唯本文讨论之"视其所以"章,既非明言"君子"及"君子""小人"对言,亦非暗含此义。此可以后世之批注印证之。如三国何晏《论语集解》、南朝梁皇侃《论语集解义疏》③、北宋邢昺《论语注疏》④、清刘宝楠《论语正义》⑤、康有为《论语注》⑥、杨树达《论语疏证》⑦、程树德《论语集释》⑧、钱穆《论语新解》⑨、杨伯峻《论语译注》⑩、辜鸿铭英译本《论语》⑪,甚或朱子《集注》引程子语等,皆未言及"君子",皆以此章关涉察人(观人、视人、识人)。而著名"察人"之作——三国刘邵之《人物志》,其《自序》与《八观》篇皆引此章。⑫上述学者皆不以此章所言有关"君子",而是有关察人法。皇侃《论语集解义疏》明白道:"此章明观知于人之法。"此章所言之"所以""所由""所安",皇氏谓之"三法",而"用上三法以观验彼人之德行,则在理必尽,故彼人安得藏匿其情耶"!

朱子却在此章注文中两用"君子"一词,且注文首句即将"君子"与"小人"对言。朱子门人中,黄勉斋(黄榦)、胡伯量(胡泳)有批注《论语》之作,此章同于朱说。⑬可见,以为《论语》此章关涉"君子"者,非朱子一人,盖朱门之学皆然。故而,以《论语》此章来讨论朱子所言之"君子",似可见朱子所言之特色之一斑。《论语或问》此章中,朱子就谢上蔡关于此章之说批评道:"所安之云则得之,然兼君子小人而言,亦似非此章之本旨。"⑭上蔡何所云,今已不可考见。仅就这句评语而言,朱子实乃反对以"君子""小人"解《论语》此章。如信之,则不

---

① [宋]朱熹:《四书章句集注》,中华书局,2012,第57页。
② [宋]朱熹:《四书章句集注》,中华书局,2012,第71、73页。
③ [南朝梁]皇侃:《论语集解义疏》卷一,商务印书馆,1937,第19页。
④ [清]阮元校刻:《十三经注疏·论语注疏》卷二,上海古籍出版社,1997,第2462页。
⑤ [清]刘宝楠:《论语正义》卷二,中华书局,1990,第53—54页。
⑥ [清]康有为:《论语注》,中华书局,1984,第21—22页。
⑦ 杨树达:《论语疏证》,科技出版社,1955,第35—36页。
⑧ 程树德:《论语集释》,中华书局,1990,第92—94页。
⑨ 钱穆:《论语新解》,九州出版社,2011,第38—39页。
⑩ 杨伯峻:《论语译注》,中华书局,1980,第16—17页。
⑪ 辜鸿铭:《西播〈论语〉回译》,王京涛译注,东方出版中心,2013,第28页。
⑫ [三国魏]刘邵:《人物志》,文学古籍刊行社,1955,第4、14页。
⑬ [宋]赵顺孙:《四书纂疏》,文渊阁四库全书本。据其《引书总目》可知,黄勉斋有《论语通释》,胡伯量有《论语衍说》。
⑭ 朱杰人等主编:《朱子全书·论语或问》第六册,上海古籍出版社、安徽教育出版社,2002,第647—648页。

仅与此章之《集注》以及《语类》相龃龉，且本文亦不必作矣。故于此作一辨析。就《或问》本身而言，朱子曾指出："张元德问曰：'《语孟或问》乃丁酉本，不知后来改定如何？'答曰：'《论孟集注》后来改定处多，遂与《或问》不甚相应，又无工夫修得《或问》，故不曾传出。今莫若且就正经上玩味，有未通处，参考《集注》，更自思索为佳。不可恃此未定之书，便以为是也。'"①张元德又问曰："《论语或问》甚好，何故不肯刊行？"朱子曰："便是不必如此。文字尽多，学者愈不将做事了，只看得《集注》尽得。"②张仁叟问《论语或问》。朱子曰："是五十岁前文字，与今说不类。"③在朱子看来，当《或问》与《集注》扞格时，当以后者为信。由此可见，朱子盖谓"所安"一语，"兼君子小人而言，亦似非此章之本旨"，非谓《论语》此章不当以"君子""小人"言。就《语类》而言，《论语》此章"所以""所由""所安"三者之中，"所以"是"大纲目""只是个大概""是兼善恶而言""善者为君子，恶者为小人"；后二者"是专言善"。④因此，以"所安"为"兼君子小人而言"，非朱子所理解的"所安"在《论语》此章中之本旨。"所安"为专言，"兼君子小人而言"乃是"所以"。

朱子解《论语》此章之不同，亦有所自来矣。前人、后人以《论语》此章为察人法，以"所以""所由""所安"为察人之三大标准。朱子之不同，在于注文中凸出"君子""小人"。《论语》中夫子所言之"君子""小人"，一面是道德上之评判，一面是身份地位之所指。夫子有时更倾向于后者，朱子则更倾向于前者。究其原因，在于"君子""小人"在朱子时早已失其身份地位之含义。道德上评判一人是"君子"还是"小人"，何尝不可谓察人？察人之活动，评定所察之人究竟如何，于朱子而言，其或为"君子"或为"小人"。简言之，朱子之说可谓就《论语》此章历来之解说中因袭损益而来，而强调所察之人究竟为"君子"还是为"小人"。若说前人、后人以"所以""所由""所安"为察人之三标准，则朱子是以之为判别"君子""小人"之三标准。此三者，朱子之解说亦因袭损益，但尤有不同。下文详论之。

---

① [清]王懋竑：《朱熹年谱》卷二，中华书局，1998，第79页。

② 此为训郭友仁，郭氏所录在戊午年；戊午，朱子年六十九。参见[宋]黎靖德编：《朱子语类》第七册，中华书局，1986，第2804页。

③ 此条为甘节癸丑以后所闻；癸丑，朱子年六十四。参见[宋]黎靖德编：《朱子语类》第七册，中华书局，1986，第2630页。

④ 此引《语类》数语皆出卷二十四有关《论语》"视其所以"章之讨论。下文有详引，将详注其出处，此不赘。参见[宋]黎靖德编：《朱子语类》第二册，中华书局，1986，第571—575页。

一、"视其所以"章之分析

朱子《论语集注·为政》"视其所以"章原文如下:

> 子曰:"视其所以,以,为也。为善者为君子,为恶者为小人。观其所由,观,比视为详矣。由,从也。事虽为善,而意之所从来者有未善焉,则亦不得为君子矣。或曰:'由,行也。谓所以行其所为者也。'察其所安。察,则又加详矣。安,所乐也。所由虽善,而心之所乐者不在于是,则亦伪耳。岂能久而不变哉?人焉廋哉?人焉廋哉?"焉,于虔反。廋,所留反。焉,何也。廋,匿也。重言以深明之。程子曰:"在己者能知言穷理,则能以此察人,如圣人也。"①

《大戴礼记》卷十《文王官人》曰:"考其所为,观其所由,察其所安。"② 王应麟《困学纪闻》卷七有详述。③ 朱子将"所以"之"以"解作"为",远源可溯及《大戴礼记》。"所以"即"所为",《语类》明言"所以是所为"。何晏解"以"为"用",解"视其所以"为"言视其所行用"。皇侃、邢昺仍之。皇侃疏曰:"若欲知彼人行,当先视其即日所行用之事也。"可见,朱子之前,批注《论语》之最为重要之三家均以"所以"为日用中所做之事。如结合皇侃对"所由"之疏解可知,"所以"指现在所做之事,"所由"指过去所做之事。相较而言,朱子说更为特出。三家说与朱子说皆讲行为,但三家所言较广泛,盖包括人所有之行为,朱子则特别指与善恶有关之行为,更关乎"君子""小人"之别。用朱子的话来说,就是"为善者为君子,为恶者为小人"。也就是《语类》所谓的"'所以'是大纲目,看这一个人是为善底人,是为恶底人";"'视其所以'者,善者为君子,恶者为小人"。有善的行为(善行)乃为"君子",反之则为"小人"。行为之善恶关乎"为君子""为小人",故"所以"乃兼善恶、君子小人而言,"是大纲目""只是个大概"。此是以"所以"(行为之善恶)来判别"君子""小人"。换言之,此是以"所以"("所为")

---

① [宋]朱熹:《四书章句集注》,中华书局,2012,第56—57页。
② [汉]戴德撰,[北周]卢辩注:《大戴礼记》卷十,商务印书馆,1937,第162页。
③ [宋]王应麟:《困学纪闻》中册,商务印书馆,1935,第664页。

作为判别"君子""小人"之标准，故此标准可简之为"所以"（"善行"）。

"所由"之"由"，朱子解为"从"，即"意之所从来"。《语类》即是此意。何晏解为："'观其所由'者，由，经也；言观其所经从也。"皇侃解为："由者，经历也。又次观彼人从来所经历处之故事也。"邢昺解为："由，经也；言观其所经从。"三家说前后相因，可谓无异。"彼人从来所经历处之故事"，即指人过去（以前）所作为之事。以"所由"指过去（以前）所作为之事，朱子在《或问》中指出"尤有所不通也"，《语类》却曰"亦通"。此条语录为周明作壬子以后所闻。壬子年（1192），朱子年六十三。故《语类》说比朱子所说的"五十岁前文字"之《或问》晚，当以《语类》为信。与朱子解相较，虽"由"字之解，朱子有首肯处，但整句之义已颇为不同。大概而言，三家所说止于外部之行事，朱子说则言及内里之意。《语类》明确指出，"'意之所从来'是就他心术上看"，即已说到人心处。"意"字，朱子常释为"心之所发"，可见朱子对"所由"之解释已至内里、至心、至心之所发之意。"意"指"心之所发"，即心之所发见处、所萌动处，可以说是意念，《语类》中朱子称作"意思"。"意之所从来者有未善焉，则亦不得为君子矣"，表明意念有善恶，善的意念（善念）为"君子"，反之为"小人"。此是以"意之所从来"（所由）来判别"君子""小人"。换言之，此是以"所由"作为判别"君子""小人"之标准，其关键在善念，故此标准可简之为"所由"（善念）。"所由"（善念）或"意之所从来"或"意念"，大抵相当于今天的"动机"。辜鸿铭在《西播〈论语〉回译》一书中，将"所由"之"由"字译为"Motive"。行为之动机善与不善，"君子""小人"由此而别。

"所安"，朱子解为"所乐"，《语类》云"所安是所乐"。何晏对此句未作解释。皇侃解"安"为"意气归向之也""趣向安定"。邢昺疏曰："'察其所安'者，言察其所安处也。"可见，三家将"所安"解为所安处、归向、安定处，与朱子说截然不同。然《语类》又云："所安，《集注》下得'乐'字不稳。安，大率是他平日存主习熟处。"表明"所安"之义颇为丰富，"所乐"非能当其全部。盖"所安"除指"所乐"外，亦有"所安处"之义。其实，解"所安"为"所安处"毕竟过于宽泛。朱子解"所安"为"所乐"，即"中心乐为善"。乐为之、为之而快乐，岂能无有所安处、无有归向、无有安定处？因此，朱子解"所安"为"所乐"，不仅涵摄前说，且远为优长。此是以"所安"作为判别"君子""小人"之标准，其关键在"所乐"，故此标准可简之为"所安"（所乐）。

上文就"所以""所由""所安"三标准分别言之，就《论语》原文及朱子注文来看，似有支离之弊，实乃一体相连。用朱子之语来说，就是"文理接续，血脉贯通，深浅始终，至为精密"。[①]现将三标准贯通而论之于下。

三标准，即"所以"（善行），"所由"（善念），"所安"（所乐）。由朱子"观比视为详矣""察则又加详矣"可知，三标准为递进关系，由浅及深、由表及里。"所以"是兼言，"所由""所安"为专言。朱子进一步明言此三者"一节深一节"。皇侃《义疏》所谓的"当先视""又次观"之语，已表明三标准为递进关系。朱子则将此递进、浅深、表里之关系发明至显白无疑。下引《语类》之论述。《语类》引文亦与《论语》此章相互发明。

> "视其所以"一章，"所以"是大纲目。看这一个人是为善底人，是为恶底人。若是为善底人，又须观其意之所从来。若是本意以为己事所当为，无所为而为之乃为己。若以为可以求知于人而为之，则是其所从来处已不善了。若是所从来处既善，又须察其中心乐与不乐。若是中心乐为善，自无厌倦之意，而有日进之益。若是中心所乐不在是，便或作或辍，未免于伪。以是察人，是节节看到心术隐微处，最是难事。亦必在己者能知言穷理，使心通乎道，而能精别是非，然后察人，如圣人也。〔南升〕[②]

人之所为至显至著，"为善者为君子，为恶者为小人"，通过其善的行为（善行）以定其为"君子"。这是初阶层次之判别标准，也是常用之标准。如《论语·为政》曰："子贡问君子。子曰：'先行其言而后从之。'"表明夫子亦是根据所为所行来判别"君子""小人"的。人之行为往往以意念为先导，故善行是否本于善念、是否由善念实践而来，更为根本。倘有善行而非本于善念，即朱子所说的"事虽为善，而意之所从来者有未善焉"，"则亦不得为君子矣"。善念亦可说是善的动机，有表面的、显著的善的行为（善行），而动机不善，则善行本身已非善，而有此善行之人不得称为"君子"。由"所以"至"所由"，则是由"善行"至"善念"、由"善的行为"至"善的动机"。"意"为"心之所发"，依此，则由"所以"至"所

---

① ［宋］朱熹：《四书章句集注·大学章句》，中华书局，2012，第4页。

② 郑南升所录在癸丑年；癸丑，朱子年六十四。参见［宋］黎靖德编：《朱子语类》第二册，中华书局，1986，第571—572页。

由"，亦是由"行"至"意"、由"身"至"心"。

言说至"心"、至"意"、至"动机"，通常以为已言说到极处，但朱子并未止于此。朱子由"所以""所由"进一步至"所安"（所乐）。在朱子看来，有"善的行为"（"善行""所以"），并且"善的行为"本于"善的动机"（"善念""所由"），还不足以判别"君子""小人"，还须有"所乐"（"所安"）。"所乐"既是乐于为善，更是以"善的行为""善的动机"为乐，即以行善为乐，以善念为乐（以心所发之意念为善念而感到快乐）。唯有如此，才能"久而不变"，即保证行善的连续性和持久性。否则，"所由虽善，而心之所乐者不在于是，则亦伪耳。岂能久而不变哉"？即虽有"善的行为"（"善行"）与"善的动机"（"善念"）而无"所乐"（"所安"），则"善行"与"善念""亦伪耳"，且不能"久而不变"。此"善行"乃虚伪不实之"行"，此"善念"亦虚伪不实之"念"，所被称为"君子"者难免为虚假不实之"君子"（"伪君子"或"小人"）。随时间之推移，其虚伪之"善行"与"善念"终将现出虚伪之原形。执此标准以衡之，"人焉廋哉？人焉廋哉"？乃是"重言以深明之"，以深明虚假不实之"行"、之"念"、之"人"无所遁其虚假之形迹也。

可见，由"所以"（"善行"）→"所由"（"善念"）→"所安"（"所乐"，乐于为善，以有"善行""善念"为乐或以行善为乐，以善念为乐），此三标准确为由浅至深、由表及里，即由初阶表面显著之层次至高阶内里隐微之层次。如此次序，乃就通常用此三标准之先后次第而言，就重要性而论，则此次序须倒转："所安"（"所乐"）→"所由"（"善念"）→"所以"（"善行"）。"所安"（所乐）这一标准最为重要、最是关键，也最难做到，故《语类》曰："察人之所安，尤难。"但亦能做到，故《语类》又曰："故必如圣人之知言、穷理，方能之。"[1] 即要做工夫修养自己，方能办到。

此章引文最后所引程子之语，亦非闲语，不可忽也。朱子曰："某《语孟集注》，添一字不得，减一字不得，公仔细看。"又曰："《论语集注》如秤上称来无异，不高些，不低些。"[2]《论语或问》中言及此章时，朱子在比较程子说与程门弟子说后评价道："惟程子得之。"朱子认为，在判别"君子"这一活动中，"判别者"与"被判别者"二者之中，"判别者"尤为重要（"己"为"判别者"）。"判别者"自身要

---

① 此条为辅广甲寅以后所闻；甲寅，朱子年六十五。参见[宋]黎靖德编：《朱子语类》第二册，中华书局，1986，第574页。

② [宋]黎靖德编：《朱子语类》第二册，中华书局，1986，第437页。

做工夫，要具有很高之修养，要明了判别"君子"之三标准为何。"能知言穷理"句，明确要求"判别者"能穷得此三标准之理，能深明三标准之大旨。具此能力之后，方"能以此察人"，即以所得之三标准之理来判别"君子""小人"。圣人亦是如此。若将"视其所以"章与其前章（"吾与回"章）合而观之，则大抵可说，"如圣人也"句不仅仅为泛言，"圣人"乃具体指孔夫子。"吾与回"章之文曰：

> 子曰："吾与回言终日，不违如愚。退而省其私，亦足以发。回也不愚。"①

孔夫子之察颜回，正可谓圣人察人、判别"君子"之鲜活例证。可见，《论语》之编纂者将二章纂于一处，有其深意也。前章（"吾与回"章）是具体之言，是例证；后章（"视其所以"章）是总括而言，是通则。程子、朱子亦如此理解。

至此可知，朱子以"所以"（"善行"）、"所由"（"善念"）、"所安"（"所乐"，乐于为善，以有"善行""善念"为乐或以行善为乐，以善念为乐）三标准来判别"君子""小人"，其中，"所乐"这一标准尤为关键。除此三标准外，"判别者"也极为重要。"判别者"之修养至少要达到深明此三标准之大旨之程度，方能执此而判别之。而其最理想之程度，则为《语类》所谓的"使心通乎道"如圣人，如孔夫子。盖就实际而论，已为"君子"，方可识"君子"（君子识君子）。

二、三标准之例证

《语类》曰：

> 李仲实问："'视其所以'者，善者为君子，恶者为小人。知其小人，不必论也。所由、所安，亦以观察君子之为善者否？"曰："譬如淘米，其糠与沙，其始也固淘去之矣。再三淘之，恐有未尽去之沙秕耳。"〔人杰〕②

---

① ［宋］朱熹：《四书章句集注》，中华书局，2012，第56页。
② 此条为万人杰庚子以后所闻；庚子，朱子年五十一。参见［宋］黎靖德编：《朱子语类》第二册，中华书局，1986，第572页。

此以淘米为喻，以明"所以"（善行）、"所由"（善念）、"所安"（所乐）三标准之递进、浅深、表里之关系。淘米须往复数次，方可淘去糠沙。判别"君子"亦须如此，由"所以"至"所由"再至"所安"。是"君子"终究为"君子"，用朱子的话来说，就是"铁定是好人"；如淘米，留下者终究是米，"君子"好比是"米"。是"小人"终究为"小人"，用朱子的话来说，就是"铁定是不好人"；若淘米，淘去者终究是糠沙，"小人"好比是"糠沙"。

淘米之过程，亦如切磋琢磨之过程，追求精益求精。朱子注《大学章句》之"切磋琢磨"句曰：

> 切以刀锯，琢以椎凿，皆裁物使成形质也。磋以鑢锡，磨以沙石，皆治物使其滑泽也。治骨角者，既切而复磋之。治玉石者，既琢而复磨之。皆言其治之有绪，而益致其精也。①

治玉石、治骨角之过程与淘米之过程相似，合而观之，则《语类》语义更为明了。与治玉石、治骨角相比，淘米更为常见。朱子以日用常行为喻，不仅能让当时之听者会于心，亦足使后世之读者会于心。"君子"若"精米"，"小人"若"糠秕"；"君子"如"良玉"，"小人"如"沙石"。

与上引《语类》同卷中，又有以读书、品行、历史故事为例来解《论语》此章者。

> 其一：所以，是所为；所由，是如此做；所安，是所乐。譬如读书是所为，岂不是好事。然其去如此做，又然多般：有为己而读书者，有为名而读者，有为利而读者，须观其所由从如何。其为己而读者，固善矣。然或有出于勉强者，故又观其所乐。〔端蒙〕
>
> 其二：问："'观其所由'谓'意之所从来'，何也？"曰："只是看他意思来处如何。如读书，固是好，然他意思来处亦有是为利者。'视其所以'，以，用也，为也。为义为君子，为利为小人，方是且粗看。如有一般人，只安常守分，不惕求利，然有时意思亦是求利。'察其所安'，又看

---

① [宋]朱熹：《四书章句集注》，中华书局，2012，第6页。

他心所安稳处。一节深一节。"〔淳〕集注

其三：且如今从学，也有诚心来底，也有为利来底。又如今人读书，也有诚心去读底，也有为利读底。其初也却好，渐渐自见得他心下不恁地，这须著知。且如要从师，须看得那人果是如何。又如委托人事，若是小小事要付托人，尚可以随其所长，交付与他。若是要成一件大事，如何不见得这人了，方付与！如所谓"可以托六尺之孤，可以寄百里之命，临大节而不可夺"，若不真见这人是恁地，如何这事托得他。〔贺孙〕

其四："所以，只是个大概。所由，便看他所从之道，如为义，为利。又也看他所由处有是有非。至所安处，便是心之所以安，方定得。……"又问："观其所由。"曰："'视其所以'者，只是观人之凡目。所由者，便看他如何地做。且如作士人，作商贾，此是'所以'。至如读书为利时，又也不好。如孝与忠，若还孝而至于陷父于不义，忠而至于阿谀顺旨，其所以忠与孝则同，而所由之道则别。"问曰："如小人为利便是不好了。又更'观其所由'做甚？"曰："为利固是为利，毕竟便有一节话。若还看得只是这人了，更不须看。"〔榦〕集义

其五：问："'观其所由'，《集注》两说如何？"曰："'意之所从来'，如读书是好，须看所读何书。'行其所为'，或勉强有所为，后说不如前说。盖'行其所为'只是就上面细看过，不如'意之所从来'是就他心术上看。'所安'，《集注》下得'乐'字不稳。安，大率是他平日存主习熟处。他本心爱如此，虽所由偶然不如此，终是勉强，必竟所乐不在此，次第依旧又从熟处去。如平日爱踞傲，勉强教他恭敬，一时之间亦能恭敬。次第依旧自踞傲了，心方安。〔明作〕

其六：问："'观其所由'，《集注》言'意之所从来'如何？"曰："如齐桓伐楚，固义也。然其'意所从来'，乃因怒蔡姬而伐蔡，蔡溃，遂伐楚。此则'所为'虽是，而'所由'未是也。"〔铢〕[1]

上引六条《语类》，分别以读书为学、品行行为、历史事件等为例，来阐述

---

[1] 程端蒙、陈淳、叶贺孙、黄榦、董铢所录，分别在己亥以后、庚戌、己未、辛亥以后、不详、丙辰以后；朱子之年龄分别为五十、六十一、七十、六十二、不详、六十七。参见 [宋] 黎靖德编：《朱子语类》第二册，中华书局，1986，第572—575页。

"所以""所由""所安"三标准。或者说是执三标准来衡定所举事例中之人与事，以定其是否为"君子"、以别其是非。第六条"齐桓伐楚"，先肯定为"义"。此肯定实是就"所为"而言，就行为行事而言，却有善，即有"善行"，故以为"义"。但若进一步"观其所由"，则见其"意之所从来"有不善，即非"善念"，动机不善，故而终以为"未是"。第四条"如孝与忠"，行孝尽忠固是善行，但有人之孝"至于陷父于不义"，忠"至于阿谀顺旨"，则此忠孝已非善行。对于此之人、此之忠孝，非"视其所以"乃能辨别，当"观其所由"，即由其动机之善恶方可辨别。就三标准而论，第四条和第六条仅证之"所以""所由"。第二条所举之"一般人安常守分"例，第五条所举之"平日爱踞傲"例，皆进一步证之"所安"。第三条所举之"托人办大小事""托孤寄命"例，乃是深明判别一人究竟为何种人之重要性。第一条以读书为例，盖读书为日用常行之事，举之可切中时人甚或后人之心结，不仅使人易晓，更使人警醒自励。

第一条以读书为例，朱子先是指出读书是"所以"（善行），接着表明仅据"所以"（善行），还不足以说读书是好事、读书之人是好学之人，还须看其"所由"，即看其读书之动机是否纯善。"为名而读者，为利而读者"，皆动机不纯善，故此之行与人皆非。"为己而读者"固是好事，因其既有"善行"，又有纯善之动机，朱子亦赞为"固善矣"！但朱子并未就此而止，又进一步提出还须以"所安"（所乐）衡量之。即使动机纯善，但"所乐"不在此，即并不乐于读书，并未因读书而快乐，则出于善之动机之读书终是不能长久坚持，终是未能变化其气质，而复归于原样。此也是第五条两用"次第依旧"之语的用意，而到底"又从熟处去"。

不仅《语类》中如此，《文集》中亦如此。《白鹿洞书院揭示》曰：

> 熹窃观古昔圣贤所以教人为学之意，莫非使之讲明义理，以修其身，然后推以及人，非徒欲其务记览、为词章，以钓声名、取利禄而已也。今人之为学者，既反是矣。[①]

朱子五十岁作《白鹿洞书院揭示》一文时，在南康军任上，乃初任之年。两年后，陆象山因请朱子为其兄复斋写埋铭，而访朱子于南康。访中，象山因朱子请而

---

① 朱杰人等主编：《朱子全书·晦庵先生朱文公文集》，上海古籍出版社、安徽教育出版社，2002，第3587页。

升白鹿洞书院讲座,讲《论语》"君子喻于义"章。后象山因朱子请写有《白鹿洞书院论语讲义》,朱子为此文作《跋》。故而,《揭示》《讲义》《跋》三篇文字关系密切,兹摘录有关内容于下。《讲义》有言:

> 子曰:"君子喻于义,小人喻于利。"此章以义利判君子小人,辞旨晓白,然读之者苟不切己观省,亦恐未能有益也。某平日读此,不无所感:窃谓学者于此,当辨其志。人之所喻由其所习,所习由其所志。志乎义,则所习者必在于义,所习在义,斯喻于义矣。志乎利,则所习者必在于利,所习在利,斯喻于利矣。故学者之志不可不辨也。科举取士久矣,名儒巨公皆由此出。今为士者固不能免此。然场屋之得失,顾其技与有司好恶如何耳,非所以为君子小人之辨也。而今世以此相尚,使汩没于此而不能自拔,则终日从事者,虽曰圣贤之书,而要其志之所乡,则有与圣贤背而驰者矣。推而上之,则又惟官资崇卑、禄廪厚薄是计,岂能悉心力于国事民隐,以无负于任使之者哉?从事其间,更历之多,讲习之熟,安得不有所喻?顾恐不在于义耳。诚能深思是身,不可使之为小人之归,其于利欲之习,怛焉为之痛心疾首,专志乎义而日勉焉,博学审问,谨思明辨而笃行之。由是而进于场屋,其文必皆道其平日之学、胸中之蕴,而不诡于圣人。由是而仕,必皆共其职,勤其事,心乎国,心乎民,而不为身计。其得不谓之君子乎?秘书先生起废以新斯堂,其意笃矣。凡至斯堂者,必不殊志。愿与诸君勉之,以毋负其志。[①]

《跋》有言:

> 熹率寮友诸生,与俱至于白鹿书院,请得一言以警学者。子静既不鄙而惠许之。至其所以发明敷畅,则又恳到明白,而皆有以切中学者隐微深痼之病,盖听者莫不悚然动心焉。熹犹惧其久而或忘之也,复请子静笔之于简,受而藏之。凡我同志,于此反身而深察之,则庶乎其可不迷于入德

---

① [宋]陆九渊:《陆九渊集》,中华书局,1980,第275—276页。

之方矣。①

又，朱子《玉山讲义》载：

> 盖闻古之学者为己，今之学者为人，古圣贤教人为学，非是使人缀缉言语、造作文辞，但为科名爵禄之计，须是格物致知，诚意正心，修身而推之，以至于齐家治国，可以平治天下，方是正当学问。②

此段文字之大旨，大致与《语类》第一条相合。读书非为科场之考试，非为官爵，非为名利。若为此，即是意念不善，动机不纯，而固善之读书之行为亦不善矣。象山"辨志"之说，就朱子对象山《讲义》之推崇而论，朱子深以为然。此"志"字，常解为"动机"，其实不然。"所以"（善行）、"所由"（善念）、"所安"（所乐）三标准中，"动机"相应于"所由"，"志"字则相应于"所安"（所乐）。"志"字，朱子解为"心之所之"，即心所归趣处、所安处，而"所乐"即乐于为善，以有"善行""善念"为乐或以行善为乐，以善念为乐（以心所发之意念为善念而感到快乐），此正是"心之所之"所体现处。象山认为，《论语》此章"以义利判君子小人""志乎义，则所习者必在于义，所习在义，斯喻于义矣。志乎利，则所习者必在于利，所习在利，斯喻于利矣"。象山以"志"评定当时的学子，正是以"所安"（所乐）这一最为重要之标准来衡之。因此，朱子说："至其所以发明敷畅，则又恳到明白，而皆有以切中学者隐微深痼之病，盖听者莫不悚然动心焉。"

前文已述，在以此三标准判别"君子"的过程中，"判别者"亦十分重要。"判别者"须做工夫，其修养至少要达到深明此三标准之大旨之程度，方能执此而判别之。下引《语类》一条即是例证：

> 问："'察其所安'云：今人亦有做得不是底事，心却不安，又是如何？"曰："此是良心终是微，私欲终是盛，微底须被他盛底胜将去。微底但有端倪，无力争得出，正如《孟子》说'非无萌蘖之生'一段意。当

---

① 朱杰人等主编：《朱子全书·晦庵先生朱文公文集》，上海古籍出版社、安徽教育出版社，2002，第3852—3853页。

② 朱杰人等主编：《朱子全书·晦庵先生朱文公文集》，上海古籍出版社、安徽教育出版社，2002，第3588页。

良心与私欲交战时，须是在我大段着力与他战，不可输与他。只是杀贼一般，一次杀不退，只管杀，杀数次时，须被杀退了。私欲一次胜他不得，但教真个知得他不好了，立定脚跟，只管硬地自行从好路去，待得熟时，私欲自住不得。因举濂溪说'果而确，无难焉'，须是果敢胜得私欲，方确然守得这道理不迁变。"问："有何道理可助这个果？"曰："别无道理助得，只是自着力战退他。"〔明作〕①

三、结语

朱子论"君子"多因经文而发，此文之讨论乃就朱子之时已为经之《论语》而论，具体而言，即就《为政》"视其所以"章而疏解讨论之。但又非泛言"君子"，而是限于如何判别"君子"。或者说，是讨论朱子判别"君子"之标准。此标准有三："所以"（"善行"）、"所由"（"善念"）、"所安"（"所乐"，乐于为善，以有"善行""善念"为乐或以行善为乐、以善念为乐）。由"所以"（"善行"）→"所由"（"善念"）→"所安"为递进关系，由浅至深，由表及里，即由初阶表面显著之层次至高阶内里隐微之层次。就此三标准之重要性而论，则此次序须倒转："所安"（"所乐"）→"所由"（"善念"）→"所以"（"善行"）。其中，"所安"（所乐）这一标准最为重要、最为关键，也最难做到。除三标准外，"判别者"也极为重要。"判别者"之修养至少要达到深明此三标准之大旨之程度，方能执此而判别之。而其最理想之程度，则为《语类》所谓的"使心通乎道"如圣人。就实际而论，己为"君子"，方可识"君子"（君子识君子）。朱子之论，既有理论之详说，又有平实易晓之例证。

---

① [宋] 黎靖德编：《朱子语类》第二册，中华书局，1986，第 573—573 页。

义利公私之间

——张栻对君子人格的理学诠释

周接兵[*]

摘　要：义利之辨是儒家的中心问题之一。以张栻为代表的宋儒，将义利之辨提升到判别君子小人、王道霸道的"第一义"的高度，并被赋予本体论、心性论、工夫论的诠释。此外，张栻通过天理人欲之辨，引入"公私之辨"这一命题，使得义利之辨既具备了体现形而上天道的价值根源，又具备了指导士大夫洒扫应对乃至修齐治平的现实功用；既成为士大夫修为君子人格的现实标准，又成为士大夫在政治上治国平天下、在文化上对抗佛道的理论武器。

关键词：张栻；义利；公私；君子人格

义利之辨是儒家的中心问题之一。自孔子提出"君子喻于义，小人喻于利"，孟子提出"何必曰利"，董仲舒提出"正其谊不谋其利，明其道不计其功"以来，"义"与"利"就成为判别伦理道德领域的君子与小人、政治治理领域的王道与霸道的重要标准之一。及宋代诸儒兴起，义利之辨被提升到判别君子、小人、王道、霸道的"第一义"的高度，并被赋予本体论、心性论、工夫论的诠释，又通过天理、人欲之辨，引入"公私之辨"这一命题，使得义利之辨既具备了体现形而上天道的价值根源，又具备了指导士大夫洒扫应对乃至修齐治平的现实功用；既成为士大夫修为君子人格的现实标准，又成为政治上治国平天下、文化上对抗佛道的理论武器。宋儒既继承了孔孟以来的道统，又以丰富的内涵、缜密科学的体系将义利之

---

　　* 周接兵，上饶师范学院朱子学研究所讲师，江西省 2011 朱子文化协同创新中心专职研究员。研究方向为宋明理学、朱子学、湘学。

辨发扬光大。

宋儒中强调义利之辨的典型代表人物有朱熹（义利王霸之辨）、陆九渊（《白鹿洞书院论语讲义》）等，但诠释得最为深刻的，要数南宋时与朱熹齐名的湖湘学派代表人物张栻。张栻（1133—1180），字敬夫，号南轩，学者称南轩先生，南宋初期理学家、教育家。平生在政治上崇尚忠君爱国，宣扬民族大义；教育上涵泳于公私义利之间，主张首明义利。他曾主管岳麓书院教学，"开学者于公私义利之间，闻者风动"，①从学者达数千人，初步奠定了湖湘学派规模，成为一代儒宗。在为学方法上，他强调义利之辨是学者潜心孔孟之学的入道之门，也是学者为学的第一要义。他曾说："必使之先有以察乎义利之间，而后明理居敬，以造其极。"②又将义利、公私之辨与君子人格联系起来，成为区分君子、小人的首要标准。他说："君子小人趣向之异，故所怀不同，大抵公私之分而已。"③那么，为何公私、义利成为判别君子与小人的首要标准呢？张栻对义利、公私作了怎样的诠释呢？本文拟从本体论、心性论、工夫论、伦理政治思想等角度加以探讨。

一、太极天理，扩然大公——君子人格的天道根源

张栻继承周敦颐的太极图说思想、二程的天理说及其师胡宏的性本论思想，将"太极"视为最高本体，成为其"公""义"思想的终极依据。

从太极的本源性来看，张栻提出太极阴阳是生化之根本，是万事万物的根源所在，因而太极阴阳都存备于人与物之中。"太极动而二气形，二气形而万物化，生人与物俱本乎此者也"。④人和万物都"本乎"太极，太极便具备了万物"公"有的性质，而这个公有的太极作为形而上之"道"是不可须臾离开的，离开了就不是道，就不是太极。尽管人由于有私欲的遮蔽，抛弃了"公有"的太极，有时候不能"与道为一"，但道与太极"实未尝离也"。⑤张栻关于道不可离这一本体论的论证为人们通过克己复礼、居敬穷理的工夫克去人欲之私、复归天理之公开辟了道路。

---

① 朱杰人等主编：《朱子全书·晦庵先生朱文公文集·观文殿学士刘公行状》，上海古籍出版社、安徽教育出版社，2002，第4955页。

② [清] 黄宗羲、[清] 全祖望：《宋元学案》卷五十，浙江古籍出版社，1992，第985页。

③ [宋] 张栻：《张栻集·论语解·里仁》，中华书局，2015，第128页。

④ [宋] 张栻：《张栻集·南轩先生文集·存斋记》，中华书局，2015，第931页。

⑤ [宋] 张栻：《张栻集·南轩先生文集·答吴晦叔》，中华书局，2015，第1056页。

从太极的普遍性，即太极与万物的关系来看，张栻提出太极"冲漠无朕，而无不遍赅"，①普遍存在于万事万物之中，万物都不能脱离太极而独立存在。同时，太极在人身上也是普遍的，一方面，人本身就是太极化育的产物，人人具有一太极；另一方面，在人的心灵活动过程中，太极本体"贯乎已发与未发而无间者也"。②心的认知、意志、情感无论是寂然不动的未发状态，还是感而遂通的已发状态，都有作为本体的太极贯穿其中。不宁唯是，太极的普遍性还体现在太极与万物是"理一分殊"的关系，太极包具万理万物，万物关涉太极。在张栻看来，"理一分殊"之"理"，不仅是事物之理，而且是体现"大公"的人伦之理，这种人伦之理以"礼"的形式表现出来。他说：

> 所谓礼者，天之理也，以其有序而不可过，故谓之礼。凡非天理，皆己私也。己私克则天理存，仁其在是矣。③

"礼"作为体现天理的天地万物之"序"，实际上就是"理一分殊"在人间伦理政治秩序上的反映，所以君子既要明了理一，又要明了分殊，理一是"仁"的体现，分殊是"义"的体现。他说：

> 不知理一，则私意将胜，而其流弊将至于不相管摄而害夫仁。故《西铭》因分之立，而明其理之本一，所以止私胜之流，仁之方也。虽推其理之一，而其分森然者，自不可乱，义盖所以存也。大抵儒者之道，为仁之至，义之尽者，仁立则义存，义精确而后仁之体为无蔽矣。人惟拘于形气之，私胜而迷其所自生。故《西铭》之作，推明理之本一，公天下而无物之不体；然所谓分殊者，盖森然具陈而不可乱。此仁义之道也，所以立人极也。④

如果不明了理一，将失去"管摄"，私欲将会膨胀，最终"害仁"；如果不明了分殊，就会因无法驾驭纷繁芜杂的现实世界而导致认识混乱，从而无法做到义之

---

① ［宋］周敦颐：《元公周先生濂溪集·太极解义》，北京图书馆古籍珍本丛刊，2000，第70页。
② ［宋］周敦颐：《元公周先生濂溪集·太极解义》，北京图书馆古籍珍本丛刊，2000，第70页。
③ ［清］黄宗羲、［清］全祖望：《宋元学案》卷五十，浙江古籍出版社，1992，第961页。
④ ［宋］张栻：《张栻集·南轩先生文集·答朱元晦》，中华书局，2015，第1095页。

宜。相反，如果明了理一，就可以做到仁民爱物，"公天下而无物不体"；如果明了分殊，就可以做到万物"森然具陈而不乱"。张栻把太极的理一分殊性质与仁、义、公、私联系起来，由认识形而上的太极最终落实到了"立人极"，既使人间伦理政治秩序获得了太极天道之保障，也使公私、义利获得了深厚的天道根源。

张栻从太极的性质的角度提出，太极是"无为之为""莫之为而为，莫之至而至"。[①]换言之，太极是无为而无不为的，太极的"无为"性体现为它在化育万物和人的过程中，就像孔子说的"天何言哉，四时行焉，万物生焉"那样，并无一定的目的性，却又能自然而然地生化万物，这是一个无为而无不为的过程。而人却因为有心的主观能动性和目的性，往往是"有所为"的。因此，张栻将人的"有所为"定位为"人欲之私"。他说：

> 凡有所为而然者，皆人欲之私而非天理之所存。此义利之分也。……意之所向一涉于有所为，虽有浅深之不同，而徇己自私则一而已。[②]

对于君子而言，既然太极是无为而无不为的，那么，就要效法太极，摈弃体现"人欲之私"的带有目的性和功利性的"有所为"，"学"太极的"无所为"。

可见，正是太极的根源性、普遍性、无为性决定了太极的"公""义"性，而人之所以能够体认太极，并效法太极做到公、义，则是由人"心体"的"广大"性决定的。他说：

> 太极之动，发见周流，备乎己也，然则心体不既广大矣乎，道义完具，事事物物无不该，无不遍者也。而人顾乃局于血气之内而自小之，虽曰自小之，而其广大之体，本自若是，以贵乎能扩也。扩之之道，其惟穷理而居敬乎！ 吾所谓扩者，天理之素，而彼所谓扩者，人欲之为也，学者又不可以不辨。[③]

---

① 此观点见于朱熹给陆九渊的信中。朱熹在与陆九渊讨论太极时说："无极而太极，犹曰'莫之为而为，莫之至而至'，又如曰'无为之为'，皆语势之当然，非别有一物业。（原注：向见钦夫有此说，尝疑其赘，今乃正使得著，方知钦夫之虑远也。）"参见《答陆子静》第十一书，载［宋］朱熹：《朱熹集》卷三十六，国家图书馆出版社，2006，第1577页。

② ［宋］张栻：《张栻集·南轩先生文集·孟子讲义序》，中华书局，2015，第971页。

③ ［宋］张栻：《张栻集·南轩先生文集·扩斋记》，中华书局，2015，第934—935页。

人之心体虽然十分广大，但并不能排除人由于"血气"的局限而无法做到心体广大，从而陷入"私""利"的境地。因此，对君子而言，要想排除血气私欲的影响，就要通过居敬穷理来"扩"充心体。"扩"分为两种，一种是扩充私欲的小人之扩，另一种是扩充天理的君子之扩。君子之扩，就是要扩充天理，使心体与太极天理合一，最终实现"扩然大公"。

张栻在本体论上不仅阐发了太极范畴，同时亦赋予道、理、仁、义、性、心等以宇宙论意义和本体论意蕴，并将它们应用于不同的场合，而张栻的"公""义"思想随之获得了更为广阔的意义世界，从而建构起极为缜密的太极本体论范导下的义利、公私之辨思想体系。

二、性正情偏，心主性情——君子人格的心性根基

人的心体之所以能做到排除私欲，与太极天理合一，最终实现"扩然大公"，是由心、性、情、物的性质及其相互关系所决定的。

在张栻那里，人之心、性均具有本体意蕴。人之心即天地之心，心体广大，周流遍赅。张栻从心物关系的角度提出，心是万物的主宰，万物只有相对于人心才有意义。他说：

> 人为天地之心，盖万事具万理，万理在万物，而其妙著于人心。一物不体则一理息，一理息则一事废。一理之息，万理之紊也；一事之废，万事之堕也。心也者，贯万事，统万理而为万物之主宰者也。[1]

心主宰万事万物，并不意味着像佛教所说的那样，万事万物都存在于心中，以心法起灭天地，忽视万物的客观存在性，而是指心具有认知、体认、贯通万事万物万理之"妙"的巨大功用和无限潜能。在这里，张栻不仅凸显了人作为道德主体的地位，更凸显了心的认识能力和主宰地位。其对于君子义利之辨的意义在于，它强调心对物能动的认知作用，反对心被动地为万物所引诱。做到格物致知、心体扩充，就是天理之公；如果被物引诱而殉于物欲，无疑是人欲之私。因此，君子应当

---

[1] ［宋］张栻：《张栻集·南轩先生文集·敬斋记》，中华书局，2015，第938页。

格物穷理以扩心尽心，最终做到心普万物而无私心，情顺万物而无私情。

"性"也是张栻理学思想的核心概念。张栻继承胡宏"性立天下之大本""万物皆性所有"的性本论思想，把性提升到本体的高度。性不仅具有本体性，而且具有普遍性，它是太极天道在流行化育万物的过程中赋予万物的内则和本质属性。张栻站在本体论的高度，继承和阐发了孟子的性善论思想。他认为，万物之性是在"太极动而二气形，二气形而万物化生"的过程中各正性命形成的，它禀的是太极纯粹至善的本然之性。因此，人和万物的本性也是至善的，这就是纯粹至善的天命之性。那么，人世间的不善和人的私欲是从哪里来的呢？张栻将其归之于气：

> 然人之有不善，何也？盖有是身，则形得以拘之，气得以汩之，欲得以诱之，而情始乱。情乱而失其性之正，是以为不善也，而岂性之罪哉？①

所谓的"形气"，就是气禀之性，即后天在气化流行、发用的过程中所形成的性。由于禀气有多少、清浊、偏正的不同，故人性有很大的差异，甚至有善恶之别。禀气清正者为善，偏浊者为恶。再加上后天习气的影响以及物欲的引诱，使得人的认知、情感、意志"失其性之正"，这些都是导致不善的原因。以"好德"与"好色"为例，张栻在解释孔子"好德如好色"时指出：

> 好德，因人之秉彝，而目之于色，亦出于性也。然此则溺其流而不止，彼则汩其情而不察，是何欤？则以夫物其性故耳。故君子性其性，而众人物其性。性其性者，天则之所存也；物其性者，人欲之所乱也。若好德如好色，则天则存而人欲遏，性情得其正矣。②

"好德"根源于人的本性，"好色"也可以说是人的本性，本身无所谓好坏善恶。但如果溺其流而不止，汩其情而不察，则是恶。君子和小人的区别就在于：君子能"性其性"，保持本然之性而不失，抵御住物欲的引诱，时刻保存"天则"；小人则"物其性"，使性"溺于""汩于"物欲之引诱而失去了天则，迷失了自己。

---

① [宋]张栻：《张栻集·孟子说·告子上》，中华书局，2015，第539页。
② [宋]张栻：《张栻集·论语解·子罕篇》，中华书局，2015，第185页。

因此，君子应当保持本性，存天理而灭人欲，使性情得其正。

就人的心灵活动过程而言，思虑未发为性，思虑已发为情。而人的心体，对外而言，能认知、主宰万物；对内而言，能主性情。心主性情，"人心虚明知觉，万理森然，其好恶是非本何适而非正"①"若心为之主，则能思矣"。由此可见，心为主宰，控制着思虑未发、已发两个阶段，如果人心能做到虚灵明觉，则自然洞见天理，使万理森然不乱，而性情也能得其正。这就是说，心能对人的思虑活动进行控制与调节，使之时刻保持未发时的"中"与已发时的"和"，时时保持"中和"的状态。因此，君子修身的核心一方面在于变化气质，去气禀之偏浊，回复到至善纯粹的天命之性；另一方面在于克去物欲之私，获得中和的"性情之正"。在张栻看来，性情之正是性情的本然状态，性之本善，其所发之情自然中节，而人由于受到物欲的引诱，往往好恶无节，先失去了这种本然联系。因此，君子应当"深体于性情之际"，通过察识涵养工夫反之于"性情之正"。②

在人的心性活动中，如何才能把义与利、天理与人欲区别开来呢？张栻提出，以人的意向是"无所为而然者"还是"有所为而然者"作为判断的标准。他说：

> 盖圣学无所为而然也，无所为而然者，命之所以不已，性之所以不偏，而教之所以无穷也。凡有所为而然者，皆人欲之私而非天理之所存，此义利之分也。自未尝省察者言之，终日之间，鲜不为利矣，非特名位货殖而后为利也。斯须之顷，意之所向一涉于有所为，虽有浅深之不同，而徇己自私则一而已。③

在这里，张栻以"意之所向"是"有所为"还是"无所为"作为划分义与利的界限。所谓"有所为"，是指人们在行动之前，即已先存自私功利之心，因而在此自私功利之心的指导下所进行的一切行动，其都是为了满足一己之私利。张栻认为，这就是利，亦即人欲。所谓"无所为"，是指本其本然之性，不偏不倚，称理而行，无丝毫功利之心掺杂其间，由此而来的所有行动皆是义，皆是天理。由此可

---

① ［宋］张栻：《张栻集·孟子说·尽心上》，中华书局，2015，第 605 页。

② 张栻认为性本善，"夫物之感人无穷，而人之好恶无节，则流为不善矣。至此则岂其性之理哉，一己之私而已"。参见［宋］张栻：《张栻集·南轩先生文集·答吴晦叔》，中华书局，2015，第 1060 页。

③ ［宋］张栻：《张栻集·南轩先生文集·孟子讲义序》，中华书局，2015，第 971—972 页。

见，张栻的义利、公私之辨，就是要求君子通过内心反省，摒弃一切功利之心，本其本然之心，如理而行。

张栻的这一思想与陆九渊在《白鹿洞书院论语讲义》中所说的通过辨志来区别义利的观点有异曲同工之妙，这是他对义利之辨的重要理论贡献之一。对此，朱熹高度评价道："公尝有言曰：'学莫先于义利之辨。而义也者，本心之所当为而不能自已，非有所为而为之者也。一有所为而为之，则皆人欲之私，而非天理之所存矣。'呜呼，至哉言也！其亦可谓广前圣之所未发，而同于性善养气之功者与！"①

三、察识涵养，克己复礼——君子人格的工夫进路

通过上述分析，我们可以看到，君子义利、公私之辨在张栻那里有着深厚的天道根源和心性根基。那么，君子如何才能做到公而忘私、舍利取义呢？这就涉及君子的工夫修为问题。

第一，变化气质，循性为善。张栻认为，人的本然之性是纯粹至善的，不善来源于气禀之性，而"气禀之性可以化而复其初"。②因此，对于君子而言，要想去掉不善的私欲、习气等，必要变化气禀之性。在张栻看来，只要不断地修身养性，修业进德，就可以化气禀之偏浊，复天性之本然。其方法有二：一是"循性为善"。循者，顺也。"循性"即顺性之本然而不逆其性，就是要"无为其所不为，无欲其所不欲"③"顺其理而不违"。④二是"学可至善"。人由于气禀有清浊、偏正的不同，故而有上智、下愚之别。但是上智、下愚并非不可改变的，善于学习者，下愚也可以达上智；唯有不学者，下愚不可移。"气质虽美而有限，天理至微而难明"。如果恃其美质而不知学，则是自暴自弃，终难以化气质而明天理，成为圣贤君子。因此，君子"必贵于学，以复其初"。⑤

第二，察识涵养，居敬穷理。在张栻那里，居敬是修养的工夫，持养省察又是居敬的工夫。持养即收拾已放之心保持而涵养之，使无散失，且得到敬之自然及理

---

① 朱杰人等主编：《朱子全书·晦庵先生朱文公文集·右文殿修撰张公神道碑》，上海古籍出版社、安徽教育出版社，2002，第4140页。

② [宋]张栻：《张栻集·孟子说·告子上》，中华书局，2015，第539页。

③ [宋]张栻：《张栻集·孟子说·尽心上》，中华书局，2015，第596页。

④ [宋]张栻：《张栻集·孟子说·离娄下》，中华书局，2015，第489页。

⑤ [宋]张栻：《张栻集·孟子说·尽心下》，中华书局，2015，第639页。

之纯全。省察是时时反省自身，看存养的工夫到了什么程度，有何错误，是辅助持养的。因此，张栻在写给朱子的信中说："大要持养是本，省察所以成其持养之功者也。"省察就是要在生活日用中识别天理人欲，在居敬中遏止其欲而顺保其理。他说：

> 先君子谓私智以为奇，非敬也。非敬则是心不存，而万事乖析矣，可不畏欤！害敬者，莫甚于人欲。自容貌颜色辞气之间而察之，天理人欲丝毫之分耳。遏止其欲而顺保其理，则敬在其中，引而达之，扩而充之，则将有常而日新，日新而无穷矣。[①]

修养的目的在于去人欲而复天理，即克己复礼之意。要想达到此目的，先须对"理""欲"二字认识清楚，即先要辨明义利之别。要想认清"理""欲"，必使心在焉。因为吾人一睁眼便与社会接触，便有许多人事的纷扰，如何能使此心常在？则有赖于居敬的工夫。平日能够讲求居敬的工夫，无事时如此涵养，有事时切切省察，"念虑之间，必察其为义乎？为利乎"？[②]若使此心常在而不亡，到得天理纯全，私欲不萌，则所流露的思虑自然顺乎天理，合乎人情，不致为私欲所蒙蔽与摇撼了。居敬的功用犹不止此。能够居敬，则心有主宰，自无思虑纷扰之患；能够居敬，则气度适中，收敛而不失于拘迫，从容而不失于悠缓；能够居敬，则穷理益精，德性日新，廓然大公，天理之蕴亦可得而穷，太极之妙亦可得而识。

需要指出的是，循道和灭欲都需要修身自律，但自律并不意味着遗世独立。有人提出，只需遵从自己的良知就已经足够，因为良心感到羞耻的事就是"私欲"，心里不觉得压抑负担的事就是"礼"。张栻认为，这一观点太过主观："苟工夫未到，而但认己意为则，且将以私为非私，而谓非礼为礼，不亦误乎？"[③]因此，在居敬持养的同时，必须做格物穷理的修养工夫。只有加强对"理"的认识，方能避免这种纯主观的臆断和偏见，以及由此引发的私欲。此外，"格物"也不是如佛教那样的主观直觉的工夫修养。张栻在抨击佛教纯粹内向的"格物"工夫时指出：

---

① ［宋］张栻：《张栻集·南轩先生文集·敬简堂记》，中华书局，2015，第947页。
② ［宋］张栻：《张栻集·南轩先生文集·送刘圭父序》，中华书局，2015，第992页。
③ ［清］黄宗羲、［清］全祖望：《宋元学案》卷五十，浙江古籍出版社，1992，第1613页。

理不遗乎物，至极其理，所以致其知也。今乃云"物格则纯乎我"，是欲格去乎物，而己独立，此非异端之见而何！且物果可格乎？如其说，是反镜而索照也。①

如果"格物"完全依赖于"格物"之人的自我观照，就会造成物我的隔离，形成不正常的作用关系。就如用镜子的背面照自己一样，这绝不是君子所追求的格物穷理工夫。

第三，克己复礼，去私存公。在张栻看来，无论是心学的主观臆断，还是佛学的自我观照，都是"有己"的体现。他说：

> 人惟有己则有私，故物我两隔，而昧夫本然之理。己欲立而立人，己欲达而达人，所以化私欲而存公理也。②
>
> 人而不仁，病于有己。……克其私于事事物物之间，存乎公理，而无物我之间也。物各付物，止于其分，而无不得也。③

不能为仁就是小人，能为仁就是君子。小人有己有我，有我就是有私，所以物我两隔，昧夫本然之理；君子无我无私，且能在寻常日用中察识涵养，"克其私"，存公理，能做到己欲立而立人，己欲达而达人。因此，"为仁莫难于克己"，克己就能做到"私欲浸消，天理益明"。④

如何克己呢？一是要以"复礼"为标准和目标，"克尽己私，一由于礼，斯为仁矣"。在张栻看来，礼是"天则之不可逾者也"，是太极天道流行的体现。《礼经》所说的"经礼三百""曲礼三千"，都是体现天道秩序的礼，因此，君子克己就是复礼，守礼就是克己。二是克己要用"大壮之力"。张栻指出："克己当用大壮之力……力贵于壮，而工夫贵于密。"⑤ 所谓的"大壮之力"，用今天的话讲就是洪荒之力；所谓"工夫贵于密"，就是要在日常生活中，时时刻刻防止私己自便之念头产生，念虑之间，必察其为义乎？为利乎？要"随事以自克，觉其为非礼则克

---

① [宋]张栻：《张栻集·论语解·公冶长》，中华书局，2015，第154—155页。
② [宋]张栻：《张栻集·论语解·雍也》，中华书局，2015，第154—155页。
③ [宋]张栻：《张栻集·论语解·公冶长》，中华书局，2015，第141—142页。
④ [宋]张栻：《张栻集·南轩先生文集·洙泗言仁序》，中华书局，2015，第971页。
⑤ [宋]张栻：《张栻集·南轩先生文集·答乔德瞻》，中华书局，2015，第1182页。

之"；①要"穷理戒我之心萌，临事防己之意加"。②随着时间的推移，我们对公私、义利的认识会越来越深刻，最终成为一个心不违仁、私欲不萌、廓然大公、天理长存的圣贤君子。

四、私径永绝，正途大通——君子人格的伦理政治功用

张栻强调公私、义利之辨，不仅仅是为了给士大夫树立君子人格设定首要标准，也有着构建伦理政治理想的目的，即通过政治治理、教育教学、文化传播等手段，让天下之人都成为圣贤君子，最终达到"私径永绝，正途大通"③的境界。

要想实现"私径永绝，正途大通"，应从以下几个方面努力。

一是教育上要改变追求功名利禄的学风。张栻认为，学校教育不应该为利禄计，而应"相与讲明，以析义利之分"。④学校若是教育学生为科举应试而学习，等于在其为学之初就使其"先怀利心"。初心已失，再来教育学生舍利取义就难之又难了。试问："岂有就利上诱得就义之理？"⑤因此，学校教育首先要明义利之辨，要使学生"去利就义，以求夫为学之方"，⑥明了"善则天下之正途，而利则山径之邪曲也"⑦的道理。学校应让学生于洒扫应对进退之间明了义利、公私之别，要涵养学生的性情，使之"兴发于义理"。⑧总之，学校不是要造就功名利禄之辈，而是要造就能够"以传斯道而济斯民"以及能够"得时行道，事业满天下"的人才。⑨

二是要明了君子出仕之义。学而优则仕，是儒家士大夫得君行道的理想。张栻并不反对君子出仕做官，而是强调君子在未出仕之前，必须明了出仕的目的是什么。张栻指出：

① ［宋］张栻：《张栻集·论语解·颜渊篇》，中华书局，2015，第214页。
② ［宋］张栻：《张栻集·南轩先生文集·答湖守薛士龙寺正书》，中华书局，2015，第1051页。
③ ［宋］张栻：《张栻集·南轩先生文集·送刘圭父序》，中华书局，2015，第992页。
④ ［宋］张栻：《张栻集·南轩先生文集·邵州复旧学记》，中华书局，2015，第885页。
⑤ ［宋］张栻：《张栻集·南轩先生文集·寄吕伯恭》，中华书局，2015，第1138页。
⑥ ［宋］张栻：《张栻集·南轩先生文集·钦州学记》，中华书局，2015，第890页。
⑦ ［宋］张栻：《张栻集·南轩先生文集·雷州学记》，中华书局，2015，第894页。
⑧ ［宋］张栻：《张栻集·南轩先生文集·雷州学记》，中华书局，2015，第893页。
⑨ ［宋］张栻：《张栻集·南轩先生文集·潭州重修岳麓书院记》，中华书局，2015，第900页。

君子之仕，本以行道也，非欲贵求富也。①

小人乘时射利，不为国家生民计。②

君子之仕，以义之所存，而非为利禄也。③

君子心存乎天下之公理，小人则求以自便其私而已。……此君子小人之分也。④

可见，君子出仕是为了行道，是为了伸大义于天下，而不是为了利禄。当然，君了并非不要俸禄。在张栻看来，君子的欲望与小人不同：君子之欲，是"天命之流行"，是天理的恰到好处；小人之欲望，是"内交""要誉""恶气声"等私欲，是人欲横流。⑤

在君子的欲望中，有"待价而沽"一说，即君子在未出仕之前，养精蓄锐，等待时机。对此，张栻指出："待价者，徇乎天理，而求善价，则己心先动矣。"⑥"待价"本身是合理的，是合乎太极"无所为而然"的，但"待价"的动机若是为了"求善价"，那就意味着私心已动，无所为就变成有所为了。因此，"待价而沽"只要不涉及"有所为而然"，就是遵循"道"，就是守"道"不移。循"道"君子可富也可贫，应该"安于命"，不做有违于"道"的事。他说：

惟君子则审其在己，不为欲恶所迁，故枉道而可得富贵，己则守其义而不处；在己者正矣，不幸而得贫贱，己则安于命而不去。此其所以无入而不自得也。⑦

三是要杜绝佛教异端的影响。张栻认为，"今日大患是不悦儒学，争驰乎功利之末"，视孔孟儒家之道为"迂阔迟钝之说"。⑧其突出表现有两个：一是追求科举利禄之学；二是逃禅学佛，流入异端。张栻固守儒家重视人伦的传统，批判佛教出

---

① ［宋］张栻：《张栻集·南轩先生文集·跋宇文中允传》，中华书局，2015，第1289页。
② ［宋］张栻：《张栻集·南轩先生文集·跋张侍郎帖》，中华书局，2015，第1299页。
③ ［宋］张栻：《张栻集·孟子说·告子下》，中华书局，2015，第581页。
④ ［宋］张栻：《张栻集·论语解·里仁》，中华书局，2015，第130页。
⑤ ［宋］张栻：《张栻集·南轩先生文集·答直夫》，中华书局，2015，第1177页。
⑥ ［宋］张栻：《张栻集·论语解·子罕》，中华书局，2015，第184页。
⑦ ［清］黄宗羲、［清］全祖望：《宋元学案》卷五十，浙江古籍出版社，1992，第1624页。
⑧ ［宋］张栻：《张栻集·南轩先生文集·答朱元晦》，中华书局，2015，第1096页。

家自修是自私自利，"自灭天命，固为己私"。① 从本体论的角度来看，佛教认为世界是虚幻的存在，万物都是吾心所造。对此，张栻批判说，这是"昧夫太极本然之全体，而反为自利自私，天命不流通也"，因为"天命之全体流行无间，贯乎古今，通乎万物者也"。因此，这样的"心"不能普遍认识万事万物，只能是自私自利的人心，而不是道心。② 从有无私欲的角度来看，佛家虽然也讲无欲，而且戒律繁多，但在张栻看来，佛家的无欲是建立在舍弃最基本的人伦责任的基础之上的，是"批根拔本，泯弃彝伦，沦实理于虚空之地"，实是最大的自私自利性行为。而儒家所讲求的无欲，是指"无私欲"。"无私欲则可欲之善著，故静则虚，动则直，虚则天理之所存，直则其发见也。霄壤之别，不可不察也"。③ 可见，张栻批判佛教的依据就是义利、公私之辨，佛教破坏儒家伦理的理论基础和实践，使人无法正悟天道或心中的道德原理，故必须予以批判和摈弃。

四是要行仁政、行王道。张栻认为："君子伸公义而绝私情，行吾典章而已。"④ "伸公义而绝私情"反映在个人身上，就是要加强自身的心性修养；反映在政治上，就是要"行吾典章"，推行仁政。张栻继承了孟子的仁政思想，并从义利、王霸的高度对仁政进行了界定和诠释。他提出，仁政就是"无所为而为之"的王者之政；反之，则是伯（霸）政。"无所为者天理，义之公也，有所为者人欲，利之私也"。⑤ 王者之政的合理性与合法性就来源于至公之义的天理，"仁政乃公理所存，不施仁政，济其私，危殆之道也。此天理人欲之分也"。⑥ 如果违背天理，"汩于利害之中，而忘夫天地之正"，就会失去合理性与合法性，"虽与之天下，不能一朝居也"。⑦ 如何推行仁政呢？张栻认为，首先，要形成崇尚义理、反对功利的风气。"义理乃国家之元气"，⑧ 功利会损害国家之元气，导致"纲纪荡然，人心隳丧"。因此，"功愈就而害愈深，利愈大而祸愈速"。⑨ 其次，要发展经济，使民有恒产。民有恒产，就会有恒心，"有恒产恒心，礼义兴。反之，则利欲动，恒心亡"。⑩ 再次，

① ［宋］张栻：《张栻集·南轩先生文集·答胡季立》，中华书局，2015，第 1144 页。
② ［清］黄宗羲、［清］全祖望：《宋元学案》卷五十，浙江古籍出版社，1992，第 1619—1620 页。
③ ［宋］张栻：《张栻集·南轩先生文集·答罗孟弼》，中华书局，2015，第 1159 页。
④ ［宋］张栻：《张栻集·孟子说·告子下》，中华书局，2015，第 570 页。
⑤ ［宋］张栻：《张栻集·南轩先生文集·汉家杂伯》，中华书局，2015，第 1007 页。
⑥ ［宋］张栻：《张栻集·孟子说·梁惠王上》，中华书局，2015，第 327 页。
⑦ ［宋］张栻：《张栻集·南轩先生文集·衡州石鼓山诸葛忠武侯祠记》，中华书局，2015，第 908 页。
⑧ ［宋］张栻：《张栻集·南轩先生文集·跋许右丞许吏部奏议》，中华书局，2015，第 1282 页。
⑨ ［宋］张栻：《张栻集·孟子说·告子下》，中华书局，2015，第 576 页。
⑩ ［宋］张栻：《张栻集·孟子说·梁惠王上》，中华书局，2015，第 328 页。

要以百姓之心为心，与民同乐。因为民心就是"公心"①，所以推行仁政就要扩充公心，与民同乐。最后，处理与邻国的关系时，要秉承义理公心，不能以邻为壑。大禹治水，以四海为壑，水患平复。而白圭治水，以邻为壑，其行为是"不顺理而为害"的短视行为。②

需要指出的是，张栻虽然提出崇尚义理公心、反对功利主义的政治主张，但并不意味着他反对君子建功立业。张栻说，"明其义之所当然耳。义所当然，则亦无不利者"。③又说，"行仁义，非欲其利之，而仁义之行，固无不利者也"。④明义理，秉公正，行仁政，富百姓，实际上就是最大的、最正当的功利所在。明乎此，我们就会明了以张栻为代表的湖湘学派一面强调存理去欲、去利取义，另一方面又追求经世致用的真正意蕴所在。事实上，这正是湖湘学派的核心精神所在。

五、结语

我们可以看到，张栻对义利、公私之辨的理学诠释非常深刻。它上承天道，贯通心性，见诸日用工夫，最终扩充为伦理政治领域的王道仁政。在这一天地人上下贯通的过程中，始终伴随着张栻对君子人格和世道人心的关注与塑造。可见，张栻对义利、公私的理学诠释可谓体系博大，义理精深，用心良苦。朱子曾高度评价道：

> 独其见于论说，则义利之间，毫发之辨，盖有出于前哲之所欲言而未及究者，措诸事业，则凡宏纲大用，巨细显微，莫不洞然于胸次，而无一毫功利之习。是以论道于家，而四方学者争向往之。⑤

张栻对义利、公私的理学诠释包罗万象，发前人之未发，不仅启发了朱子学的形成与发展，也为湖湘学派的形成与发展做出了不可磨灭的思想贡献，更为我们今天树立正确的社会主义义利观，提供了可资借鉴的参照系。

① [宋]张栻：《张栻集·孟子说·梁惠王下》，中华书局，2015，第331页。
② [宋]张栻：《张栻集·孟子说·告子下》，中华书局，2015，第577页。
③ [宋]张栻：《张栻集·论语解·子罕》，中华书局，2015，第179页。
④ [宋]张栻：《张栻集·孟子说·梁惠王上》，中华书局，2015，第314页。
⑤ 朱杰人等主编：《朱子全书·晦庵先生朱文公文集·南轩文集序》，上海古籍出版社、安徽教育出版社，2002，第3360页。

充道以富，崇德以贵

——明儒陈白沙君子观探微

陈畅[*]

摘 要：被视为明代理学开端人物的陈献章，在理想人格之确立和培养上，为世人树立了高风亮节的榜样，并形成了独具特色的白沙君子观。而白沙君子观所依托的哲学思想结构，则是其"静中坐养出个端倪"之学。白沙从朱子的理性主义立场退回到《易传》"神秘不测"、不可理性把捉的思想传统。白沙的"静养端倪"说之思路开辟了一个新的思想世界，其"充道以富，崇德以贵"的君子人格就是根源于这一思想世界的。

关键词：陈献章；君子；静养；端倪

明初大儒陈献章（白沙，1428—1500），历来被尊奉为明代理学的开端人物，明代学术的分水岭。如阳明后学中坚人物王畿（龙溪，1498—1583）曾说过："我朝理学开端，还是白沙。"[①] 黄宗羲（梨洲，1610—1695）也说，"有明之学，至白沙始入精微"，"作圣之功，至先生而始明"。[②] 陈白沙不仅为后世留下了许多宝贵的哲学思想财富，还在理想人格之确立和培养上树立了高风亮节的榜样，形成了其独特的君子观。时人多赞誉陈白沙为"真儒""活孟子"。[③] 明清之际的钱谦益说："余观先生之为人，志节激昂，抱负奇伟，慨然有尧舜君民之志。"[④] 黄宗羲在《明

---

[*] 陈畅，同济大学人文学院哲学系副教授。主要从事中国哲学研究。

① [明]王畿：《王畿集·复颜冲宇》，凤凰出版社，2007，第260页。
② [清]黄宗羲：《黄宗羲全集·明儒学案》第七册，浙江古籍出版社，2012，第78、81页。
③ [清]黄宗羲：《黄宗羲全集·明儒学案》第七册，浙江古籍出版社，2012，第80页。[清]张廷玉等：《明史·列传·儒林二·陈献章传》。
④ [清]钱谦益：《列朝诗集小传》丙集"陈检讨宪章"条，上海古籍出版社，1959，第264页。

儒学案·白沙学案》中说："罗一峰曰：'白沙观天人之微，究圣贤之蕴，充道以富，崇德以贵，天下之物，可爱可求，漠然无动于其中。'信斯言也，故出其门者，多清苦自立，不以富贵为意，其高风之所激，远矣。"① 诚如"观天人之微，究圣贤之蕴"所示，白沙学派高远自立的君子之风，正是白沙"天人之际"哲学思想的体现。本文通过阐述白沙君子观所依托的哲学思想内在结构，分析白沙如何在生活世界中成就"充道以富，崇德以贵"的君子人格。

一、由朱子学而来的工夫困境

晚明理学家许孚远（敬庵，1535—1604）对白沙学术在明初兴起的思想史意义作出如下评述：

> 由国初而迄弘正间，人才朴实，风俗淳庞，文章典雅，彬彬称盛。当时学者稍滞旧闻，不达天德，拘固支离，容或有所不免。故江门、姚江之学相继而兴，江门以静养为务，姚江以致良知为宗。其要使人反求而得诸本心，而后达于人伦事物之际。补偏救弊，其旨归与宋儒未远也。②

许孚远所谓的"当时学者稍滞旧闻"，是指明初朱子学一统天下，但是读书人往往因袭陈说；朱子学被当作富贵功名之敲门砖，丧失了造就君子人格的功能。不仅如此，朱子学的精神气质及其工夫实践在有明一代也逐渐展现其困境。例如，明代心学两位代表人物——陈白沙和王阳明早年依循朱子的教导做工夫实践，均有"吾心与物理难以凑泊"的困惑。这里以朱子的"天理人欲"说为例进行说明。朱子曾引用程明道之言以论儒家之恕道：

> 天地之化，生生不穷，特以气机阖辟，有通有塞。故当其通也，天地变化草木蕃，则有似于恕；当其塞也，天地闭而贤人隐，则有似于不恕耳。③

---

① ［清］黄宗羲：《黄宗羲全集·明儒学案》第七册，浙江古籍出版社，2012，第78页。
② ［明］许孚远：《答周海门司封谛解》，载氏著：《敬和堂集》卷五，明万历刻本。
③ ［宋］朱熹：《四书或问·中庸或问》，上海古籍出版社、安徽教育出版社，2001，第72页。

这段话是以感应之道和恕道来说明儒家道德实践的思想原型。所谓的"气机之通塞"，就是指感应之道。二程云："天地之间，感应而已，尚复何事？"[①]朱子亦称："凡在天地间，无非感应之理，造化与人事皆是。"[②]明儒湛甘泉亦云：

> 夫天下之大，感应而已矣。感应之道，自然而已矣。自然者，无心者也，不显者也。天地之常，普万物而无心，故不言而四时行焉，百物生焉，而物之应者勃然矣。[③]

理学家把人物之间的所有关系皆领会为感应关系，这是我们在研究理学视域中的思想与政教时必须注意的思想基础。事实上，这也是中国古典儒道思想的特点。曾亦基于对传统思想中感应机制的疏理，对儒家礼制作了精彩的阐述。[④]所谓的"感应"，就是人物之间的沟通。但感应并非只是连接人与物的工具、手段，而是一个囊括人与物的结构。它在逻辑上优先于这一结构中的构成因素，因此，不是人与物把持着感应，而是感应支撑着人与物。换言之，感应是万物最基本的存在方式，是人物之间一切关系的前提和基础。这一义蕴的根源，正如《咸卦·象传》所言："天地感而万物化生。"感应首先是对万物化生秩序的本然描述：天地之间为生生之气所流行贯通，万物本真地处于互相敞开的境域，处于一种动态、生机的关系之中。以相互交感、感通为特质的"生生之仁"，即为其义理概括。用明儒罗近溪的话来说，就是"盈天地间只是一个大生，则浑然亦只是一个仁"。[⑤]唐君毅先生曾把感通比喻为自由原则，以区别于因果观念及机械惰性行为模式下的必然原则。鉴于他的这一观点颇有助于我们理解理学视域中的感应之道，故摘录于下：

> 一物之由创造的生起以表现自由，又非在其与他物感通时不显。且物必愈与他物感通，而后愈有更大之创造的生起。……个体之德量，由其与

---

① [宋]程颢、[宋]程颐：《二程集·二程粹言·天地篇》，中华书局，1981，第1226页。
② [宋]黎靖德编：《朱子语类》卷七十二，中华书局，1994，第1813页。
③ [明]湛若水：《格物通》卷七，文渊阁四库全书本。
④ 曾亦：《论丧服制度与中国古代之婚姻、家庭及政治观念》，载复旦大学思想史研究中心编：《思想史研究（第三辑）》，上海人民出版社，2007。
⑤ [清]黄宗羲：《黄宗羲全集·明儒学案》第八册，浙江古籍出版社，2012，第36页。

他物感通，新有所创造的生起而显；亦由时时能自觉的求多所感通，求善于感通，并脱离其过去之习惯之机械支配，及外界之物之力之机械支配，而日趋宏大。①

　　因果机制和机械惰性的行为方式形构出一个巨大的存在链条，所有的事物都是这一链条中的某一环节，事物环环相扣，互相依赖，互相构成；其所遵循的是必然性原则，毫无自由可言。究其根源，在于这种行为方式树立起胶固、狭隘的自我，自我隔限于万物感通的本然状态，远离生生不穷的创造性本身。重建和回返万物交感、生机一体的本真联系，自能日臻于广大精微的圣人境界。而对理学家而言，这种回返的途径最终应以"自然无为"的方式呈现，此即"天地无心而成化，圣人有心而无为"。②这一义理模式展现出理学的核心关怀：人必须契入更为广大的天地自然秩序中确认和证成自身。

　　在朱子看来，"恕道"是"随事应接，略假人为"③的"求仁工夫"④，是道德实践的过程。因此，理学道德实践的思想原型是：在天地之化的背景下辨感应，破除事物彼此不相与、不相知、不相通的存在状态，重建事物之间的本真联系，实现万物在时间、空间上的恰到好处的配置。理学的道德实践落实，即为"求仁工夫"。朱子说："仁者，生之理，而动之机也。"⑤仁是生生之理，是主导事物变化的造化力量本身。而问题在于，求仁如何下工夫？换言之，如何在变化不定的日常体验中调节身心，以彻底保存这种根本性的造化力量？工夫的入手处和重心要放在哪个层次？这是理学系统中最为核心的工夫论问题。理学史上有一股主张"以（知）觉论仁"的思潮，其代表人物是北宋程门弟子谢上蔡。上蔡认为，"心有所觉谓之仁"⑥"仁是四肢不仁之仁，不仁是不识痛痒，仁是识痛痒"。⑦上蔡所说的"觉"，是对"心"应事接物时活泼泼之状态的描述，知觉活泼时为仁，麻木时为不仁，其

　　① 唐君毅：《中国文化之精神价值》，广西师范大学出版社，2005，第67页。
　　② [宋]程颢、[宋]程颐：《二程集·河南程氏经说》，中华书局，1981，第1029页。
　　③ [宋]黎靖德编：《朱子语类》卷二十七，中华书局，1994，第691页。
　　④ [宋]黎靖德编：《朱子语类》卷二十九，中华书局，1994，第757—758页。
　　⑤ [宋]黎靖德编：《朱子语类》卷九十五，中华书局，1994，第2418页。
　　⑥ 朱杰人等主编：《朱子全书·论语精义》，上海古籍出版社、安徽教育出版社，2002，第419页。
　　⑦ [宋]谢良佐：《上蔡语录》卷中，载朱杰人等主编：《朱子全书外编》第三册，华东师范大学出版社，2010，第20页。

重心是要在不可抑制的生机自然勃发状态中直接把握仁（天理）的真面目。他说：

> 所谓天理者，自然底道理，无毫发杜撰。今人乍见孺子将入于井，皆有怵惕恻隐之心。方乍见时，其心怵惕，所谓天理也。要誉于乡党朋友，内交于孺子父母兄弟，恶其声而然，即人欲耳。①

上蔡的天理、人欲之辨，侧重于是否能超越理智穿凿。他时刻警惕理智对生机的规制和扼杀。朱子坚决反对以上蔡为代表的"以（知）觉论仁"思潮，并针对性地提出"生之理"说。在朱子看来，生机如果不按其自然条理运行，将如电光石火般稍纵即逝。这样一来，自然生机与人欲便会很容易混淆。若没有道德理性的辨识和贞定，就会有"认欲为理"的危险。这种"以觉论仁"与"以理论仁"的差异，就是朱子天理、人欲论述的重要原则，②并且在"几"的论述中得到落实。朱子云："几者，动之微，善恶之所由分也。盖动于人心之微，则天理固当发见，而人欲亦已萌乎其间矣。"又云："动静体用之间，介然有顷之际，则实理发见之端，而众事吉凶之兆也。"③朱子认为，"几"是天理流行、实理发见的重要枢纽，"天理固当发见，而人欲亦已萌乎其间"是其基本状态。这一意义上的"几"，善恶杂糅，必须由"理"作出贞定。因此，朱子说："当其未感，五性具备，岂有不善？及其应事，才有照顾不到处，这便是恶。"④所谓的"照顾不到处"，是指未能由"理"加以贞定的心念，此即恶的根源。朱子所说的"理"是事物的"所以然之故"和"所当然之则"，⑤是能够由理性加以把握的客观法则。这一立场把《易传》中"神妙莫测"的"研几"理性化了，并将"求仁工夫"具体化、程序化为"即物穷理"，并贯彻所穷得的理于"心"的每一个细节。这既是朱子对理学工夫论的贡献，也是后世理学家生命困惑的根源所在。白沙和王阳明早年依循朱子的教导做工夫实践而产生的困惑，即源于这一理性化程序。

---

① [宋]谢良佐：《上蔡语录》卷上，载朱杰人等主编：《朱子全书外编》第三册，华东师范大学出版社，2010，第4页。

② 关于宋明理学乃至中国思想史上"以觉论心"和"以理论心"之差异和对立，可参见冯达文：《理性与觉性：佛学与儒学论丛》，巴蜀书社，2009。

③ [宋]周敦颐：《周敦颐集·通书》，中华书局，2009，第15—16页。

④ [宋]黎靖德编：《朱子语类》卷九十四，中华书局，1994，第2395页。

⑤ [宋]朱熹：《四书或问·大学或问》，上海古籍出版社、安徽教育出版社，2001，第8页。

二、以"静养端倪"解决工夫困境

根据朱子"心统性情"的心性结构论，心分为性与情两个层次：性是纯粹的核心，是形而上的绝对至善；情则是形而下者，是有善恶之分的气质因素。显然，这两个层次的划分正是基于生机与人欲之辨。朱子主张根据生理对"情"的种种活动进行检查，以使人的意念与行动符合"生之理"的要求。尽管朱子所说的生之理是从即物穷理的具体情境中"格"出，但毕竟与生生活泼、流动不居的实际情境有一间之隔；而"心统性情"的结构更有扩大这种间隔、导致"生之理"僵滞的可能性。其根源就在于，在领会感应的节奏这一点上，"理"比"情"慢了几拍：客观性理必须经由理性的反省方能掌握，而"情"则是感应场域中的直接、当下产物，具有随感随应之灵活性。当现实情境急剧变化时，实践者把握到的"理"与现实发生乖离，流而为僵化拘执的观念，亦在所难免。由于朱子严格区分性理和情（气），固执坚持客观性理对于心之存有状态的操持监控，故难以杜绝这一流弊。此即"心理难以凑泊"工夫困境之根源。

陈白沙思想就建立在解决"心理难以凑泊"工夫困境的基础上。他说：

> 所谓未得，谓吾此心与此理未有凑泊吻合处也。于是舍彼之繁，求吾之约，惟在静坐，久之，然后见吾此心之体隐然呈露，常若有物。日用间种种应酬，随吾所欲，如马之御衔勒也。体认物理，稽诸圣训，各有头绪来历，如水之有源委也。①

朱子学所说的"生之理"在确定生机之条理的同时，也把生机限定在一定范围内。白沙要解决工夫困境，必须要打破理对生机、对生命的限定。白沙的解困之法在于"静坐"，静坐的效果是"久之，然后见吾此心之体隐然呈露，常若有物"。鉴于白沙的困境源于朱子学工夫论，此语亦必须在与朱子学的对比下作出解读。对于"静中之物"，朱子在论"未发之中"时有一解说："盖当至静之时，但有能知觉者，而未有所知觉也。故以为静中有物则可，而便以才思即是已发为比则未可……且夫未发已发，日用之间，固有自然之机，不假人力。方其未发，本自寂然，固无

---

① [明]陈献章：《陈献章集》上册，中华书局，1987，第145页。

所事于执；及其当发，则又当即事即物，随感而应，亦安得块然不动，而执此未发之中耶？"① 静坐之时，此心尚未应事接物，没有所知所觉之事，但能知能觉之心未尝停息。朱子对此状态有一个很好的说明："今人乍见孺子将入于井，因发动而见其恻隐之心；未有孺子将入井之时，此心未动只静而已。"② 未尝发动的"恻隐之心"，就是朱子所说的"静中之物"，亦即不假人力、贯通乎未发已发日用之间的自然生机。与前述"以理论仁"的思路相应，朱子有著名的"静时涵养、动时省察"工夫论：因"静中之物"不假人力，无法做工夫，只能是涵养；当此心发动，应事接物时，就要即物穷理，并着实下研几省察之功，以使自然生机之发动不会偏差走作。在了解朱子学的相关背景之后，白沙之语就很容易理解了。显然，白沙的解困之法在于回归于贯通乎未发已发之间的"自然生机"，回归于未经"理性"穿凿的自然之心。白沙又把这一解决方法提炼为著名的"为学须从静中坐养出个端倪来"之说。白沙所说的"端倪"，是他通过回归上蔡"以觉论仁"理路来反抗朱子学的一个明证。白沙自述道："上蔡云：'要见真心。所谓端绪，真心是也。'"③ 在上蔡看来，见孺子将入井时呈现的恻隐之心就是真心，它自然而发，非思而得，非勉而中。④ 端倪、端绪、真心三者，都是对"自然生机"的表述。"机"，《说文》释为"主发谓之机"。自然生机就是主导事物变化的造化力量，是未被人类理性歪曲的最本源、最真实的存在；它在人类生活中随处发见，并不局限于某一时、某一处。"见真心""养出端倪"，意味着一个全新局面的来临。上蔡认为，识仁、见真心之后，自然能做到"事有感而随之以喜怒哀乐，应之以酬酢尽变"。⑤ 白沙亦持同一观点。在二人看来，真心不容区分为性情之二重构造；毋宁说，真心是即情即性的根源（自然本然）存在；养出真心后，直接根据本心自发地涌现出的理，就能在日用间迅速准确地行事。

　　白沙在以"静养"的方式打破朱子学"理则"观对于生命的限定之后，亦强调自然本身的"理则"。这两种"理则"有着本质的不同，前者有人为造作之嫌，后者则是一切自然生命的本源。这是白沙防范"认欲为理"陷阱的法门。白沙说：

---

① ［宋］朱熹：《四书或问·中庸或问》，上海古籍出版社、安徽教育出版社，2001，第58—59页。
② ［宋］黎靖德编：《朱子语类》卷七十一，中华书局，1994，第1795页。
③ ［明］陈献章：《陈献章集·与林缉熙书（五）》，中华书局，1987，第970页。
④ ［宋］谢良佐：《上蔡语录》卷中，载朱杰人等主编：《朱子全书外编》第三册，华东师范大学出版社，2010，第20页。
⑤ 朱杰人等主编：《朱子全书·论语精义》，上海古籍出版社、安徽教育出版社，2002，第419页。

宇宙内更有何事？天自信天，地自信地，吾自信吾；自动自静，自阖
自辟，自舒自卷；甲不问乙供，乙不待甲赐；牛自为牛，马自为马；感于
此，应于彼，发乎迩，见乎远。故得之者，天地与顺，日月与明，鬼神与
福，万民与诚，百世与名，而无一物奸于其间。……人争一个觉，才觉便
我大而物小，物尽而我无尽。①

"自信"就是"自申"的意思，天、地、万物均自然伸展（自动、自静、自阖、
自辟、自舒、自卷、自为），以自然本然的样态存在。"人争一个觉"，是指人在自
然面前要放下一切理智造作，无所执着，复返于生生不息之大化流行。"我大而物
小，物尽而我无尽"，则是实践者破除了心物之间彼此对待、彼此限定的拘执状况，
进入心物浑融、操之在我的自由境界之表述。"觉"之后，就能进入自然的感应机
制。这一自然机制使得主体之"心"不会流于私意：此心之觉在每一个心物相即的
实践场域都能自我限定，体现自然之理的分殊处。白沙把达致这一目标的工夫总结
为"主静""致虚立本"。他说：

道无动静也，无将迎，无内外，苟欲静即非静矣。善学者，主于静以
观动之所本，察于用以观体之所存。动静周流，体用一致，默而识之，而
吾日用所出，固浩浩其无穷也。故曰：藏而后发，明其几矣。形而斯存，
道在我矣。②

夫道至无而动，至近而神……知者能知至无于至近，则无动而非
神……夫动，已形者也，形斯实矣。其未形者，虚而已。虚其本也，致虚
之所以立本也。③

白沙的上述观点都源于周敦颐。周敦颐认为，"无欲故静"④"无欲则静虚动直。

---

① [明]陈献章：《陈献章集·与林时矩》，中华书局，1987，第242—243页。
② 《改创白沙家祠碑记》文字，参见[明]陈献章：《陈献章集》附录四，中华书局，1987，
第949页。
③ [明]陈献章：《陈献章集·复张东白内翰》，中华书局，1987，第131页。
④ [宋]周敦颐：《周敦颐集·太极图说》，中华书局，2009，第6页。

静虚则明，明则通。动直则公，公则溥"[1]"静无而动有，至正而明达也"[2]。究周、陈之意，道本身是没有动静之分的，如果一味执着于日常之中的静，反而会失去道之"静"。所谓道之动静，动指其非固定不变的事物，而是变化无穷的；静指其虽然变化无穷，但又有律则而不乱。"已形""实"是对动的描述；"虚"是对静的描述。因此，就动静、虚实而言，静和虚更为根本。致虚立本、主静之学的主旨就是要把握自然律则，不让后天的物欲扰乱、遮蔽了这一律则。白沙所说的"藏而后发"，是指"以藏敛而发动直之机"，亦是主静之意。"明其几"，则是指领会主静之学不滞于有、不沉于空的主旨，敏锐把握生生不息的自然之机（几）。由此观之，白沙主静之学又可视为主动之学：以自然生生不息、化化无穷、进动不息为本，而非局限于静养一隅。[3]因此，白沙所说的"静中坐养"和"主静"，两个"静"并非在同一层面："主静"之学随日用常行而发用，并不局限于静坐；"静中坐养"只是白沙借以窥知"心"与宇宙大化"本来面目"的权法而已。

三、结语

综上所述，白沙君子观所依托的哲学思想结构，是其"静中坐养出个端倪"之学。白沙从朱子的理性主义立场退回到《易传》"神秘不测"、不可理性把捉的思想传统。白沙这种"心得而存之，口不得而言之"[4]的风格，曾令梁启超直呼："'端倪'二字太玄妙，我们知道他下手功夫在用静就得了。"[5]事实上，在理解从朱子到白沙之学的思想变迁之后，玄妙的"端倪"就不难理解了。陈荣捷先生解"端倪"云："端者，始也，以时间言。倪者，畔也，以空间言。端倪实指整个宇宙。即谓静中可以养出生生活泼的宇宙之意。"[6]从字面意义来看，陈荣捷先生对于"端倪"二字的解说有发挥太过之嫌；但从义理上来看，他以"生生活泼的宇宙"来解释"端倪"，可谓有据。从字义与义理两方面释"端倪"皆的当者，则属阳明高弟王龙溪。王龙溪说："端即善端之端，倪即天倪之倪，人人所自有，然非静养则不可见。宇

---

① [宋]周敦颐：《周敦颐集·通书》，中华书局，2009，第29—30页。
② [宋]周敦颐：《周敦颐集·通书》，中华书局，2009，第14页。
③ 简又文：《白沙子研究》，（香港）简氏猛进书屋，1970，第184—191页。
④ [明]陈献章：《陈献章集·论前辈言铢视轩冕尘视金玉》，中华书局，1987，第56页。
⑤ 梁启超：《儒家哲学》，天津古籍出版社，2004，第157页。
⑥ 陈荣捷：《王阳明与禅·白沙之动的哲学与创作》，台湾学生书局，1984，第71页。

泰定而天光发，此端倪即所谓把柄，方可循守，不然，未免茫荡无归。"① 王龙溪精确指出了白沙学说的两重内涵：一是"静养端倪"的方法论本质；二是端倪是人契入天地大化流行的入手处和枢纽（几、生机）。综上，白沙"静养端倪"的思路开辟了一个新的思想世界，此即黄宗羲所说的"有明之学至白沙始入精微……至阳明而后大"；② 而白沙"充道以富，崇德以贵"的君子人格就是根源于这一思想世界的。

① ［明］王畿：《王畿集·南游会纪》，凤凰出版社，2007，第 152 页。
② ［清］黄宗羲：《黄宗羲全集》第七册，浙江古籍出版社，2012，第 78 页。

君子与"中道"

徐克谦[*]

摘 要： 坚守"中道"是儒家君子的品格，但"中道"或"中庸之道"的含义并不仅限于不偏不倚、无过无不及。"中道"之"中"还具有"诚于中"的天道人心价值论维度，以及发而中节、事行得中的实践论维度。"中道"意味着君子内有一份对于天道人心的高明理想的执着，外有一种面对现实，把理想落到实处的锲而不舍的实践精神。这正是君子不同于小人和"乡愿"之所在。唯有如此，坚持"中道"并不容易，既要有特立独行的品格，又要有实事求是、做出正确判断和选择的智慧和能力。

关键词： 儒家君子；中道；价值论；实践论

——

《中庸》引孔子之言曰："君子中庸，小人反中庸。"《论语》载："子曰：中庸之为德也，其至矣乎，民鲜久矣。"在孔子看来，"中庸"是一种难能可贵的品德，在普通民众中十分少见。换句话说，能坚持中庸之道的人，是人群中的少数派，"君子"应努力达到"中庸"的境界。据《孟子·尽心下》记载："孔子'不得中道而与之，必也狂狷乎！狂者进取，狷者有所不为也'。孔子岂不欲中道哉？不可必得，故思其次也。"可见，"中庸"或"中道"既是儒家君子的至高境界，也是君子和小人的重要区别之一。

---

* 徐克谦，南京师范大学文学院教授、博士生导师，兼任江苏中华文化学院特聘教授。主要从事中国古代文学和中国传统思想文化方面的教学和研究。

对于"中庸"或"中道",人们通常只是从不偏不倚、无过无不及、执两用中的角度来理解。以《论语》《孟子》为代表的早期儒家经典均表明,不偏不倚、无过无不及、执两用中的确是儒家中庸之道的应有之义。但是,如果儒家的"中道"仅限于不偏不倚、无过无不及、执两用中,那就跟"乡愿(乡原)"没什么区别了。然而,孔子明确说过"乡原德之贼也"(《论语·阳货》),而"中庸"是至高的道德境界。在先秦儒家话语体系中,二者一个是天一个是地。

关于孔子对"乡愿"的极度憎恶,《孟子·尽心下》详细阐述道:

> 阉然媚于世也者,是乡原也。……曰:非之无举也,刺之无刺也;同乎流俗,合乎污世;居之似忠信,行之似廉洁;众皆悦之,自以为是,而不可与入尧舜之道,故曰德之贼也。孔子曰:'恶似而非者:恶莠,恐其乱苗也;恶佞,恐其乱义也;恶利口,恐其乱信也;恶郑声,恐其乱乐也;恶紫,恐其乱朱也;恶乡原,恐其乱德也。'君子反经而已矣。经正,则庶民兴;庶民兴,斯无邪慝矣。

由引文可知,"乡原"的本质就是"阉然媚于世""同乎流俗,合乎污世"。然而,在一些狂狷之士、避世之士(如《论语》中的长沮、桀溺等)看来,孔子栖栖惶惶,到处奔走,寻求"如有用我者",甚至连公山弗扰、佛肸等叛臣召他,他都"欲往",这不正是"同乎流俗,合乎污世"的"乡原"行径吗?但在孔子看来,"乡愿"跟"中庸"虽然行为表现相似,却是有着本质区别的。

那么,儒家的"中道"与"乡愿"有哪些区别?"中道"除了具有不偏不倚、无过无不及、执两用中等意义外,还有什么其他内涵?本文试图围绕这些问题展开论述,阐明坚守"中道"的儒家君子绝非"乡愿",而儒家的"中道"除了具有不偏不倚、无过无不及、执两用中的方法论形式意义外,还具有"诚于中"的天道人心价值论维度,以及发而中节、事行得中的实践论维度。

二

人们之所以常从不偏不倚、无过无不及、执两用中的意义上来理解儒家的"中道",在很大程度上是因为忽视了"中"的多重语义,仅从"中间"这一语义来理解

"中"与"中道"。实际上，"中"还有心中、内在之义，用作动词时，表示切中、中的之义。下面，将重点论述作为中心、内在之"中"所代表的价值论含义，以及作为发而中节、事行得中之"中"所代表的实践论含义在儒家"中道"哲学中的重要意义。

"中"表内心、内在之义的例子，在先秦两汉文献中十分常见，《中庸》更是直接把"喜怒哀乐之未发"称为"中"。换句话说，"中"就是指人心中最本然的情感欲望。"未发"状态的"喜怒哀乐"之"中"，既可理解为人的赤子之心，是每个人最真实的自我；也可理解为"不忘初心"的"初心"，也就是孟子所说的"本心""本性"。郭店竹简《性自命出》中的"喜怒哀悲之气，性也""好恶，性也"，则把"未发"的"喜怒哀乐"之"中"理解为人的本性。

从语源学的角度来看，"言不由衷"的"衷"，"忠心耿耿"的"忠"，都是指内心，都有个"中"在里面。可见，"忠"的本义是指忠于自己，忠于内心，不自欺，即真诚地对待自己本心之"中"。《大学》认为，"诚于中"才能"形于外"，故"修身""齐家""治国""平天下"之前，首先要"正心""诚意"。只有先忠于自己，不违背自己的本心本性，才不会欺人。

"忠"首先是指忠于自己、内心真诚，这一含义在"忠恕"一词中体现得淋漓尽致。《论语·里仁》引曾子之言曰，"夫子之道，忠恕而已矣"。《中庸》说"忠恕违道不远"。朱熹的《论语集注》将"忠恕"解为："尽己之谓忠，推己之谓恕。""尽己"就是孟子所说的"尽其心"，即真诚地对待自己的本心本性。《中庸》对"忠恕"的解释是："施诸己而不愿，亦勿施于人。""施诸己而不愿"，就是"忠恕"之道的前提和基础。只有在忠于自己内心的前提下，推己及人的"恕"才是道德的。如果连自己最真实的本心都不敢面对，却用连自己都不相信的道德教条去"施于人"，那就是伪君子了。《中庸》说，"喜怒哀乐之未发，谓之中"，又说"中也者，天下之大本也"，明确指出中庸之道有个"大本"，这个"大本"就在我们内在的、未发的本心本性。

这个作为"天下之大本"的"中"，不仅可指"喜怒哀乐之未发"的本心本性，还可指"天道"的源头。《中庸》开篇第一句话就是："天命之谓性，率性之谓道，修道之谓教。"郭店竹简《性自命出》说，"性自命出，命自天降""教，所以生德于中者也"。可见，儒家的中庸之道源于"天"，顺乎"性"，而儒家的教化就是顺着作为天命之性的"中"来培养道德。《左传·成公十三年》载刘康公之言曰："吾闻之，民受天地之中以生，所谓命也。"这个"中"，就是人受之于天地的"命"。

孟子也说："尽其心者，知其性也。知其性，则知天矣。存其心，养其性，所以事天也。"只有真诚地面对自己的本心本性，才能知性知天，故存养本心本性，也就是侍奉天，完成天命。由此可见，"中庸""中道"之"中"，是有一以贯之的天道人性作为其"大本"的。这个"大本"是儒家"中道"的价值根基与出发点。君子唯有持守"中道"，才能真正做到"素位而行，居易俟命""无入而不自得"。也就是说，我们应以这个"大本"为基础和前提，去运用执两用中、不偏不倚、无过无不及的具体方法。

三

"中道"之"中"常被忽视的另一个语义，就是用作动词的"中"（zhòng）。这一语义在《中庸》中曾出现过。《中庸》在"喜怒哀乐之未发，谓之中"之后接着说"发而皆中节，谓之和"。"发而中节"，是以射箭要射中靶心为喻，说明做事要有的放矢，注重效果。"君子中庸"，是说君子除了要具备天道人心的内在信念外，还要有面对现实、实事求是的实践精神。如果说"喜怒哀乐未发"的"中"是内在于人心的"内道"，那么，"发而皆中节"的"中"则是在客观现实中落实的"外道"。只有"合内外之道"，才是完整的"中庸之道"。这一强调客观实践的维度，充分突显了儒家"中道"的实践性。

"中庸"之"庸"字的深刻含义，至今尚无定论。《庄子》说："庸也者，用也。"朱熹《中庸章句》说："庸，平常也。"又引程子云："不易之谓庸。"我认为，这几种解释是相通的，把它们综合起来，就是作为哲学概念的"中庸"的正解。从"平常日用""寻常日用"的语义来看，"中庸"就是说"中"的理想、信念、原则，最终要落实于人类社会生活、个人言行的实践中。有些受传统西方哲学影响较深的人认为，儒家谈论的似乎都是些具体实用的伦理道德、社会政治问题等，是一种常识思维，而哲学是高精尖的学问，因此，儒家学说不能算作哲学。儒家认为，"道不远人""君子之言也，不下带而道存焉"。（《孟子·尽心下》）因此，以《论语》《孟子》为代表的早期儒家经典，都是以教人如何立身处世为旨归的，讲的都是具有普遍性、恒久性的道理。但这并不意味着儒家学说中就没有高明的、超越的维度。前文的天道人心、未发之"中"等，均具有高明的、超越的维度。《中庸》说："君子之道费而隐。夫妇之愚，可以与知焉，及其至也，虽圣人亦有所不知焉；夫妇之不肖，可以能行焉，及其至也，虽圣人亦有所不能焉。……君子之道，造端乎夫妇；及其至也，察乎天地。"可见，君子之道既有其高深玄妙，甚至连圣人都未必能理解透彻的一面，又呈现为极其平常、极其普通的一面，连匹夫匹妇都能懂，都能行。《中庸》所谓的"极高明而道中庸""庸德之行，庸言之谨"，表明儒家极为重视实践，认为无论多么高明远大的道理，最终都要落实到"平常日用"当中。

"发而皆中节"的"中"，是指要立足现实，切合实际。这一语义，可用"中用"来概括。"中用"就是具有实践意义，能解决实际问题。可见，"中用"也是儒家"中道"的一个重要义蕴。从一定意义上说，儒家的"中庸之道"也可说是"中用之道"。许多学者由此提出，儒家哲学与杜威的实用主义、马克思的实践哲学，是有着共同话语的。

作为"大本"和内在价值之源的天道人心之"中"，和切合实际、发而中节的实践之"中"之间，是有一定的矛盾和张力的。理想往往是单纯的、明晰的，现实却永远是复杂的、含混的，故高明的理想未必都切合严峻的现实。面对充满矛盾且时刻变化的客观现实，君子必须以"时中""经权"来灵活调整内在之"中"与外在之"中"。这就是《中庸》所谓的"君子之中庸也，君子而时中"。所谓的"时中"，就是要根据时势的变化，不断调整自身，以求时时处中。所谓的"经权"，就是要在坚持"大本"的前提下，权衡得失，趋利避害。可见，"时中"和"经权"是儒家"中道"哲学的实践品格、务实态度的具体表现。但无论是"时中"还是"经权"，都是有原则的、有底线的。孔子欲应公山弗扰、佛肸之召，并非无原则地求仕，而是为了应召而应召。孔子曰："夫召我者而岂徒哉？如有用我者，吾其为东周乎？"（《论语·阳货》）由此可知，孔子欲应公山弗扰、佛肸之召，只是为了实现政治理想的权宜之计；而他最终没有应召，表明即便是权宜之计，孔子也是有原则的、有底线的。这就是孔子所说的："无适也，无莫也，义之与比。"（《论语·里仁》）

四

君子的"中庸"与"乡愿"的本质区别，就在于君子内有对于高明理想的执着，外有把理想落实于实践的锲而不舍。在此前提下，执两用中、协调矛盾、平衡极端、因时制宜，都是可以采用的方法和手段。

儒家的"中道"从一开始就包含执着、坚守的内涵。从尧舜禹汤的"允执厥中""执中",到周文王的"求中""得中""假中""归中",再到孔子的"择善而固执",都包含"执"(坚持、坚守)的内涵。由此可知,"中道"并非没有立场,没有准则,"中道"本身就是立场和准则。《论语·子罕》说:"子绝四:毋意,毋必,毋固,毋我。"可见,孔子是坚决反对主观主义和固执己见的。孟子也主张"执中行权",以"执中"为根本原则,以"行权"为行动策略,以求时时处中。

"君子中庸",表明君子是有立场的、有执着的。"小人反中庸",则表明小人因为没有立场和执着,所以"无忌惮"。《论语·子路》载:"子贡问曰:'乡人皆好之,何如?'子曰:'未可也。''乡人皆恶之,何如?'子曰:'未可也。不如乡人之善者好之,其不善者恶之。'"可见,坚持"中道"的君子不会无原则地迎合乡人,故无法使"乡人皆好之"。唯有无原则的"乡愿",才可使"乡人皆好之"。因此,"君子中庸"就意味着君子"择善而从""择善固执",只能使"乡人之善者好之"。

什么是"善"呢?《孟子·尽心下》说:"可欲之谓善。"《中庸》曰:"天命之谓性。"郭店竹简《性自命出》曰:"性自命出,命自天降。"由此可知,最大的"善"就是天命人性。《易经·兑卦》的"顺乎天而应乎人",表明不违背天理,不违背普遍人性,就是最大的"善"。《中庸》说:"诚者,天之道也;诚之者,人之道也。诚者,不勉而中,不思而得,从容中道,圣人也。诚之者,择善而固执之者也。博学之,审问之,慎思之,明辨之,笃行之。"即唯有圣人能够做到"不勉而中""从容中道",一般人只能通过博学、审问、慎思、明辨、笃行的功夫做到"择善而固执"。因此,"求中"就是"择善","执中"就是"择善而固执","中道"就是在充分掌握已有信息的基础上,进行判断和选择的智慧。

既然选择了善、认准了"中道"就要坚持,但坚持"中道"并不容易。例如,《中庸》说:"君子和而不流,强哉矫!中立而不倚,强哉矫!国有道,不变塞焉,强哉矫!国无道,至死不变,强哉矫!"孟子说:"大匠不为拙工改废绳墨,羿不为拙射变其彀率。君子引而不发,跃如也。中道而立,能者从之。"(《孟子·尽心上》)荀子说:"天下有中,敢直其身;先王有道,敢行其意;上不循于乱世之君,下不俗于乱世之民;仁之所在无贫穷,仁之所亡无富贵;天下知之,则欲与天下同苦乐之;天下不知之,则傀然独立天地之间而不畏。"(《荀子·性恶》)由此可见,坚守"中道"的君子既不阿谀奉承,也不哗众取宠;既不唯上,也不唯下,而是"择善而固执",以天道、良心为本,以利泽天下、惠及民生为用。

儒家的"伪君子"概念及其反思

罗高强[*]

摘　要： 对儒家而言，圣贤和君子就是他们人生追求的两大理想人格。随着君子人格的实践与推广，人们发现了一种与君子人格相似而又不同的人格现象——"伪君子"。"伪君子"有三个标签："不真诚""有名无实""行事太清太俭"。儒家在对待"伪君子"问题上，表现出两种思维方式——价值观上的全面否定与现实功效上的部分肯定（有条件限制的肯定）。儒家德治思想主张，通过改善个人德性来改变社会，并将德性作为建立社会秩序的唯一根据。如此一来，就不可避免地制造出不少的"伪君子"。从一定程度上来说，孵化"伪君子"的"蛋"，正是儒家原本用于"孕育""君子"的"卵"。

关键词： 儒家；君子；伪君子；德治

圣贤和君子是儒家追求的两大理想人格，鉴于圣贤人格陈议过高，儒者们甚少将其宣称为自己的人生追求，常常以君子人格律己以及品评他人。"君子"一词并非由儒家原创，在《周易》《诗经》《尚书》等典籍中经常出现。这些典籍中的"君子"多指称拥有行政治理权力的政治人物，而与之相对的"小人"指的是没有身份地位的平民。如"君子劳心，小人劳力，先王之制也"。[①]春秋晚期，"君子"一词逐渐从政治领域扩展到道德领域，孔子赋予"君子"概念以道德性内涵，使其由身份地位层面的概念，转变为儒家的一种理想人格。随着君子人格的实践与推广，出现了"伪君子"。对于儒家的德化教育而言，"伪君子"的出现着实是一个"灾难"，

---

*　罗高强，西南政法大学马克思主义学院哲学系博士。主要从事中国哲学、宋明儒学研究。
①　李宗侗：《春秋左传今注今译》，新世界出版社，2012，第704页。

日常实践中对君子人格的困惑。本文试图厘清"伪君子"概念的由来，以及后果产生的必然性及其反思。

一、概念的产生及其认识

"伪君子"一词始见于南宋理学家吕祖谦（号"东莱先生"）的《左氏博议》（又称《东莱博议》）一书。其曰："以伪君子对真小人，持一日之诚而欲破百年之诈，安得而不败哉？"① 其后，梁成大（字谦之）提出"真德秀乃真小人，魏了翁乃伪君子"② 之论。"伪君子"之说虽然始于南宋儒者，但并不意味着先秦不存在类似于"伪君子"的人格。如被孔子称为"德之贼"的"乡愿"、《中庸》中"见君子而后厌然"的"小人"，就具备"伪君子"的部分人格特征。即使儒家观念史上存在与"伪君子"极为相似的概念，也并不意味着"伪君子"是一个后起的替代性概念。无论是"德之贼"的"乡愿"，还是"见君子而后厌然"的"小人"，都是从异于君子的角度被提出的。就外部表现而言，他们与"伪君子"有所不同，"伪君子"从表面看就是一个"君子"，而"德之贼"的"乡愿"和"见君子而厌然"的"小人"从表面看只是不像"小人"，或者说"有一些"而不是"完全"像"君子"。

吕祖谦的"伪君子"概念，来自《东莱博议》中关于君子与小人谁更擅长用兵的讨论。吕氏认为，君子比小人更擅长用兵，"兵者，君子之所长，小人之所短"。③ 难者反驳道，用兵之道，贵在使诈，"小诈则小胜，大诈则大胜"，而君子以诚名世，小人以诈名世，故而小人用兵胜于君子，由此提出"儒家之小人，兵家之君子"与"兵家之君子，儒家之小人"④ 之说。吕祖谦通过分析用兵过程中的一些技术性手段，对难者的观点进行了驳斥。吕氏提出，只要严格遵循治军以"诚"的原则，不但敌方诡计——"诱敌""捣乱""反间"绝不可能成功，己方的战术失策——"守备懈怠""轻敌"也不会出现。如其所谓"君子之用兵，无所不用其诚，世未有诚而轻者，敌虽欲诱之，乌得而诱之"。⑤ 因此，无论敌人使用何种阴谋诡

---

① [宋] 吕祖谦：《左氏博议》，台湾商务印书馆，1983，第 308 页。
② [明] 陈邦瞻：《宋史纪事本末》，中华书局，1997，第 1060 页。
③ [宋] 吕祖谦：《左氏博议》，台湾商务印书馆，1983，第 307 页。
④ [宋] 吕祖谦：《左氏博议》，台湾商务印书馆，1983，第 307 页。
⑤ [宋] 吕祖谦：《左氏博议》，台湾商务印书馆，1983，第 307 页。

计，君子只要"待之一（诚）而已"①，便可"以佚制劳，以静制动"。② 但现实情况却是，"君子"常常败于小人之手。吕祖谦认为，那些败于小人之手的"君子"并非真正的君子，而是一些"未得其道，托君子之名者"，③ 即所谓的"伪君子"。与真小人对战时，"伪君子"只是"持一日之诚而欲破百年之诈"，岂有不败之理？换言之，吕氏口中的"伪君子"，是不能"尽君子之道"，不能完全做到"诚"的人。不过，吕祖谦在这里只是提出"伪君子"在"持诚"方面存在的不足，时间上的短暂（"持一日之诚"）和程度上的不完整。后世儒者在"伪君子"缺乏真诚的道路上走得更加坚决和彻底，认为"伪君子"根本就没有真诚之心。如清龚炜《巢林笔谈》卷四曰："伪君子讲节义，都不是真性情。"

以"无诚"论"伪君子"的观点，容易与其他儒者以"伪"论小人、以"不伪或真情"论君子的观点发生混淆。如明叶子奇说："离乎情者，必著乎伪；离乎伪者，必著乎情。情伪相荡，而君子小人之道较然见矣。离，去也；著，归也，情伪不可以两立。去情必归于伪；去伪必归于情。情、伪，君子小人之所以分也。"（《太玄本旨》卷七）明王夫之说："《中庸》诚字，对虚字，不对伪字。天道固无伪，不伪，君子之诚，身亦不但不伪而已。"（《四书笺解》卷二）再如清汪琬说："小人之行谦也以伪，君子之行谦也以诚。"（《尧峰文钞》卷三）由此可知，在后世儒者的言论中，"伪"（情感或行为动机的不真诚和不真实）同样可作为小人的人格标签。因此，仅以"不真诚和不真实"作为"伪君子"的识别标志，就会将一些儒者口中的"小人"也误认为"伪君子"。

那么，"伪君子"为何会表现出"不真诚和不真实"的特征呢？清张培仁曰："乡愿好名，鄙夫好利。好名，伪君子；好利，真小人。伪君子不易知，真小人亦不易绝。"（《静娱亭笔记》卷二）张氏认为，"伪君子"追逐美名盛誉，而"真小人"追求实利实惠。"伪君子"在美名的包装下不容易被认出，而"真小人"在利益的刺激和引诱下难以根除。在这里，利益与名誉泾渭分明，得名则不可获利，获利则不能得名。这种观点无疑是从儒家"义利"分置的传统衍化而来的。有儒者提出，"义利"分置的观点并不符合古义，由此提出名利（实）相符的观点。程颐认为："今之所谓善，乃古之所谓利。"明沈长卿进一步发挥道："今之所谓利，庸非

① ［宋］吕祖谦：《左氏博议》，台湾商务印书馆，1983，第307页。
② ［宋］吕祖谦：《左氏博议》，台湾商务印书馆，1983，第308页。
③ ［宋］吕祖谦：《左氏博议》，台湾商务印书馆，1983，第308页。

古之所谓善乎？善利原一串事，不得分拆，而为善、为利各有两途，不得合并。"（《沈氏弋说》卷五）由是可知，张培仁所谓的"名利"与程颐和沈长卿所谓的"善利"有所不同。换言之，张氏之"利"并非"古之所谓利（＝善）"，而是"今之所谓利"；其"名"亦非"善"的（好的）事物。因此，张氏口中的"伪君子"所追求的"美名美誉"，就不是好的、善的"名誉"，至少不符合程、沈所谓的"古之善"，因为"古之善"是与利统一的。程、沈所谓的"利"，并非坏的事物，而是与"古之善"统一的，至少是为"善"的事物服务的。清张云璈："有其名而无其实，此直伪君子耳。"（《简松草堂诗文集·杂说三》）由此可知，张培仁口中的"伪君子"所好之"名"，就是"无实之名"。何谓"有名无实"？张云璈以兰花为喻进行说明，兰因有王者之香而被誉为花中君子，无香之兰只是徒有其表，"自炫以媚人"，故是"伪君子"。

以"有名无实"界定"伪君子"，与前文以"无诚"论"伪君子"存在两个方面的不同。首先，"无诚"是主观选择的结果，而"有名无实"既可以是主观选择的结果，也可以是客观的效果。如由怯弱造成的儒雅风度，很难被视为君子之风。这类"伪君子"的生成就不能指责他们不真诚或不真实。其次，在同为主观选择的方面，"无诚"指向于内在的自律要求，而"有名无实"则偏重于外向的他律实现。一个人没有真诚地表现出自我内在的道德要求，便可被视为"无诚"之"伪君子"。倘若一个人以外在的慈善标准实施慈善行为，而完全没有慈善的初衷，那么，这个人就是"有名无实"的"伪君子"。

除了"不真诚""有名无实"外，儒家还提出了第三种识别"伪君子"的标签。明徐允禄说："大凡士大夫行己必清者，伪君子也。不然，则亦偏君子也。其必浊者，真小人也。若果仁人君子，其行己自然在清浊之间，何也？必浊之恶不待言矣。其必清者亦能少恩，亦能害物，故君子清而不倚于清，所以全其仁也。"（《思勉斋集·卓茂》）徐氏认为，"伪君子"的行为表现出极致的清雅高洁，真小人的行为表现出污浊不堪，而君子的行为就在清浊之间。如清朱一新曰："太俭者，伪君子。"（《无邪堂答问》卷四）。在朱一新看来，"伪君子"往往对人对己约束太过，以至于薄情寡恩。这种标签存在的问题是：清和浊如何界定？由谁来判定？这些问题如果得不到澄清，就会在实践中削弱这种"伪君子"标签的识别功能。

至此，我们得到了识别"伪君子"的三个标签——"不真诚""有名无实"和"行事太清太俭"。就标识效果来看，"有名无实"的标识效果明显高于"不真诚"和"行事太清太俭"。

二、后果和态度

儒者们围绕"伪君子"造成的后果，形成了两种近乎对立的观点：一是"伪君子"对社会的危害远大于真小人；二是"伪君子"的危害不如真小人。但有意思的是，儒者们虽然都赞成"伪君子"有害于社会的运行和人格的养成，但对待"伪君子"的态度却不是整齐划一地排斥，有人从功能的有效性上接纳了"伪君子"的存在。

认为"伪君子"对社会的危害远大于真小人的儒者有很多。如明杨慎说："在人臣，则真小人不足以乱其国。其乱国者，必伪君子也。盖真小人其名不美，其肆恶有限；伪君子则既窃美名，而其流无穷矣。"（《升庵集》卷五十一）明伍袁萃说："真小人易知，其害小；伪君子难知，其害大。"（《林居漫录·畸集》卷三）明张自烈认为："真小人害固浅，伪君子害固深。"（《正字通》卷六）清曹肃荀说："古今学术之患，不在真小人，而在伪君子。真小人不惜声名，不顾廉耻，所求者富贵利达，人皆知之。若伪君子则欺世盗名，文过饰非，方且借孔孟之言为藏身之固间，袭取其近似者以博廉让之名。"（《国朝文汇》卷一）在上述学者看来，"伪君子"对社会的危害之所以远大于真小人，是因为真小人名声不善，人们容易采取提防的态度和躲避的策略来降低其危害性，而"伪君子"有"廉让"的良好名声，人们容易被他们的外表迷惑，从而让他们有可乘之机。用通俗的话来讲，就是"明枪易躲，暗箭难防"。道德判断先行是中国人的一种典型思维方式，即与某人接触之前，人们会事先判断对方的道德水平或者人格属性，再基于判断的结果设定自身的利益对于他人的开放程度。可以说，道德判断先行是造就"伪君子"的先决条件。

认为"伪君子"的危害不如真小人的儒者也不在少数。如明张凤翼认为，东汉的张湛虽是"伪君子"，不过尚能敬畏人言，不敢肆无忌惮，略优于真小人。据《后汉书》记载："（张湛）矜严好礼，动止有则，居处幽室，必自修整，虽遇妻子，若严君焉。及在乡党，详言正色，三辅以为仪表。人或谓湛伪诈，湛闻而笑曰：'我诚诈也。人皆诈恶，我独诈善，不亦可乎？'"[1]张凤翼由此提出："大都伪君子即欲为非，尚畏清议；真小人为非，则肆无忌惮。"（《谭辂》卷中）明陈瑚认为："谚语道：'近朱者赤，近墨者黑。'把圣贤书籍时常讲解，毕竟还有些顾忌。今人骂道学

---

① ［南朝宋］范晔：《后汉书》，中华书局，1965，第918页。

是假道学，假道学便是伪君子。伪君子毕竟胜似真小人。"（《确庵文稿》卷二十六）在张凤翼和陈瑚看来，"伪君子"的危害之所以不如真小人，是因为"伪君子"有所顾忌，而真小人肆无忌惮。那么，"伪君子"在顾忌什么呢？如前所述，"伪君子"的标签中有一种是"有名无实"，"名"是指美名美誉。"伪君子"若是明目张胆地为非作歹，他们积攒的美名美誉就会遭到损坏。由此可见，"伪君子"顾忌的便是他们积攒的美名美誉。进一步深究可知，"伪君子"真正追求的是附着在名誉上的实利。如有孝廉之名，便可被举为孝廉。究其原因在于，中国古代社会奉行的是"视人以德，用人亦以德"的政策。

围绕"伪君子"造成的后果，儒家们虽然形成了两种近乎对立的观点，但是他们都赞同"伪君子"有害于社会的运行和人格的养成。按常理而言，有害的事物是不会得到任何意义上的肯定的，但有些儒者认为，"伪君子"可为治理社会风气提供正面的效用。如清熊赐履提出："与中人以上言，则曰'宁为真士夫，毋为假道学'；与中人以下言，则曰'宁为伪君子，毋为真小人'。"（《下学堂札记》卷三）在熊赐履看来，邵宝等人所倡导的人格追求只能针对"中人以上"者，或者说只能针对精英阶层。除了精英阶层外，还有大量的普通人。普通人虽然可以追求真士夫、真君子的人格，但实现的机会极为渺茫，于是为他们设置了一个更为现实的目标："宁为伪君子，毋为真小人。"熊氏认为，"伪君子"在社会治理和人格追求方面是具有正面效果的。

熊赐履的观点代表了一种新的思维方式。在儒家的价值序列中，"伪君子"处于负面的和被否定的地位，故不可能得到儒者们的认同。或者说，"伪君子"是作为一种标识性的现象，来衬托和映射儒家的价值追求的。因此，"伪君子"概念只不过是儒家为了澄清和传达他们理想的人格，在现实生活中"寻找"的一种反面的标识物和反衬物。倘若仅从否定"伪君子"的角度来理解如何在现实生活中实现儒家的君子人格，存在诸多困难。最为明显的困难是，如何处理个体生命的人格追求、社会化的人格追求与社会性的人格追求之间的关系。个体生命的人格追求只是因为"我"想成为这样的人，所以才去追求的，是就人格本身对于"我"的诱惑而言的。社会化的人格追求是指个体的人格追求必须被社会承认甚至追捧，故"我"的人格追求只是"我"社会化的一个环节。社会性的人格追求是指社会为个体建构了一种或某些人格追求，人格追求对"我"而言只不过是实现"我"对依附在这种或这些人格上的社会因素——权力和利益等的欲望的手段。三者都是由个体生命所表现出来的，个体生命存在着两个向度：一、对其自身而言的内在现象，如内心独白和个人的精神追求等；二、支撑和延续其存在的外部因缘，如工作、消费和社会名誉等。个体生命的人格追求属于"内在现象"，而后两者属于"外部因素"。与个体生命存在着两个向度相应，人格追求也存在着两种方向：一是由个体生命的纯粹爱好构成，表现出生命内在化的向度；二是从社会本位的视域看待个体追求，体现出生命外在化的向度。因此，三种人格追求都属于个体生命的展现，在外在表现上也可以一致，但这并不妨碍它们可以被拆分开。一旦有人故意将它们拆分开，并片面地使用某些方面、实现某些目的，它们之间就容易被混淆、被利用，从而出现儒家"伪君子"的困境——用"社会化的人格追求"或"社会性的人格追求"替代"个体生命的人格追求"，或者用"个体生命的人格追求"包裹"社会化的人格追求"或"社会性的人格追求"。现在再回头审视儒家对待"伪君子"的态度，就可以发现熊赐履的处理方式透露出一种社会本位的视角，但并不彻底。如他依然为精英设定了君子（内在与外在相统一）的人格追求。其社会本位的视角仅反映在同情地理解普通人（"中人以下"）的个体生命的局限性，对他们的人格追求在价值选择上做出社会功能性的表达。简言之，熊赐履看到个体生命在社会化过程中存在着差异（如偏好与需求的多样化），以及在人格追求上存在着断裂（如纯粹爱好与社会意识形态的束缚），并且察觉到由这种差异和断裂带来的多样化的价值选择，从而为某些人做出价值观上的让步——"宁为伪君子"。

三、"伪君子"产生的必然性及其反思

为什么儒家在对待"伪君子"问题上表现出两种思维方式——价值观上的全面否定与现实功效上的部分肯定（有条件限制的肯定）呢？其实，价值观上的否定源自儒家对完美人格的幻想，而功效上的部分肯定则隐晦地表达出儒者在理想破碎与重建理想之间的矛盾心理。因此，问题的关键是，完美的人格理想为什么会破碎？这就要从儒家建立起了怎样的人格理想说起。

关于儒家的人格理想，学界多从正面论述，这里则通过完美人格的"反面标识物"或者说"反衬物"——"伪君子"，反推出儒家理想的人格追求。对儒家而言，"伪君子"是有害的。明杨慎说："其乱国者，必伪君子也。"清袁枚曾这样评价王安石："王安石昏愦之性，不过思自立功名；而不知其流毒之远，祸宋室甚大，罪

浮于丁谓、王钦若万倍。"(《随园随笔》卷二十七)可见，在儒家心中，"伪君子"的最大危害是"祸国殃民"。至于如何危害，儒家便语焉不详了。儒家的典型思维逻辑是道德判断先行，即先在价值上认定某人在后果上危害了国家和人民，再反推出这个人是"伪君子"或"小人"。这一逻辑之所以无法证明"伪君子"在祸国殃民上的必然性，是因为"君子"也可能败国。

除了"祸国殃民"这项不甚有理的"罪名"外，"伪君子"还有一项较为抽象的"罪名"——"害道之尤者也"（清杨锡绂《四知堂文集》卷二十七）。"害道"或许才是儒家憎恶"伪君子"的症结所在。如前所述，"伪君子"有三个标签——"不真诚""有名无实""行事太清太俭"。"不真诚"是指不能完全反映和彻底执行心中的道德意识（如良知良心等）。"有名无实"是指披挂着道德贤名、身领着权位，却没有完成这些名位所包含的责任。"行事太清太俭"是指"伪君子"的行为在价值观感上突破了儒家对"君子"人格的价值设定。由于"太清""太俭"是一种价值感觉的形容词，主观性突出，很难把握其中所包含的客观内容，故这个标签的操作性很低，存在着极大的随意。由此观之，"伪君子"的三种标签在客观意义上造成的唯一损害，就是损害了由道德或权力分配名利的准确性。易言之，就是损害了儒家心中由道德价值所建构的社会秩序。有人会反问："伪君子"的"不真诚"怎么会伤害社会秩序呢？在他看来，一个人不真诚只是反映了这个人的"个体生命的人格追求"与"社会化的人格追求"或"社会性的人格追求"不一致。简言之，他发现社会为自己设计的人格和社会希望自己成就的人格，可以与他自己希望成为的人格和能够成为的人格区分开来，故并不需要"个体生命的人格"与"社会化的人格"和"社会性的人格""三位一体"，而只要表现出"社会化的人格"和"社会性的人格"，就可以获得"社会化的人格"和"社会性的人格"所参与分配的社会生活的资源——名位、权力和尊荣等。反过来说，如果社会生活的资源定然（在儒家看来）要通过"三位一体"的人格来分配，那么，由此所建构的社会分配秩序必然会遭到"不真诚"（"社会化的人格"和"社会性的人格"不匹配于"个体生命的人格"）的破坏。究其原因，在于分配的依据只能是外部的行动，与"个体生命的人格"相比，"社会化的人格"和"社会性的人格"更依赖于行动，甚至可以说只依赖于行动。由是观之，"伪君子"所害之"道"，便是由儒家价值观所建构的价值秩序，以及由这种层级化的价值秩序来配置的社会秩序。这一说法可以得到儒家的正面佐证。如在回答"什么是天道"时，儒家通常会提供两个层面的解释：一种是外在的秩序化，如"天叙有典，天秩有礼""《易》称'天尊地卑'，《书》称'天秩天叙'"；另一种是内在的规律性，如"万物皆备于我""吾心便是宇宙"。儒家宣称，这两个层面是一致的，即"内在的规律性"可以通达"外在的秩序"。这就是儒家所谓的"内圣外王"。这近似于我们所说的"儒家价值观所建构的价值秩序，以及由这种层级化的价值秩序来配置的社会秩序"。

两种说法之所以是"近似"，是因为我们的说法是从"伪君子"所损害的"儒家之道"推导而来的，"内圣外王"是儒家从"君子"应该守护的天道的角度提出的。由此产生了三个问题：一、"伪君子"所破坏的"儒家之道"是儒家真正的道吗？二、如果不是，儒家真正的道在生活中是如何呈现的呢？三、在这个过程中，"君子"和"伪君子"分别扮演了什么样的角色呢？

首先，"伪君子"所破坏的只是"儒家价值观所建构的价值秩序，以及由这种层级化的价值秩序来配置的社会秩序"。易言之，"伪君子"得到了一些本该由"君子"得到的东西，造成了某种"分配不公"，破坏了"德性—德行原则下的分配秩序"（"天秩天序"）。这从一个侧面表明，"德性—德行原则下的分配秩序"在现实世界的操作中存在着漏洞。其实，"伪君子"所破坏的只是"分配秩序"，而非"德性原则"。换言之，如果"德性—德行原则下的分配秩序"使"真君子"获得了本该得到的东西，那么，"真君子"有什么理由去限制"伪君子"争取那些自己所得之后的"剩余产物"呢？如果没有理由，那么，"伪君子"所破坏的东西就不是真正意义上的"儒家之道"。

其次，既然"伪君子"并没有破坏真正意义上的"儒家之道"，那么，"儒家之道"在现实生活中是如何呈现的呢？儒家设计的方案是先通过"尽其诚"做到"有名有实""不清不浊"，再去获取外在的社会生活资源的配置。换言之，就是通过充分且完全地表现"内在的规律性"，达到"外在的秩序化"。这套设计方案的逻辑是唯有真诚且极致的德性，才配得上某些社会资源（如利益、名位、权力等）的配置。反过来说，要"想"（按照儒家的"心性理论"，甚至连"想"都不能"想"）得到某些社会资源（如利益、名位、权力等）的配置，其德性表现必须是真诚且极致的。那么，什么人才能做到"德性表现的真诚且极致"呢？儒家的答案自然是圣贤和君子等。由此可见，圣贤人格和君子人格中最重要的形态就是个体生命的人格，即"我只是为了成为这样的人而去做这样的人"，类似于康德所谓的"为义务而义务"，或者孟子所说的"由仁义行"。可问题是，拥有这样的人格的人也是"社会的"人，他们"为义务而义务"或"由仁义行"的行为也是社会性的行为，必然参与了社会化的过程。正如儒家理论中，这种"明明德"下的"至善"的行为，必然要牵动"亲民"或"新民"的社会效用。如果没有社会效用，这类行为只能被归为儒家所谓的"自了汉"行为了。由是可知，儒家的"由仁义行"最终是指向社会的，甚至是政治的。既然必须要指向社会和政治，那么，必然需要社会政治资源（如利益、名位、权力等）的参与和配置。一个人在绝对意义上无社会的"名位"，其"由仁义行"就不可能指向社会，只能囚禁于绝对意义上的精神世界。而这是有违于儒家宗旨的。既然在客观上需要获得社会政治资源，那么，儒家的"德性支配下的分配原则"（如"有德者居之"）在逻辑上就需要解决"谁是有德者"和"谁能知道谁是有德者"的问题。

在现实世界中，"天道"不会化身为那个"能知道谁是有德者"的"谁"。换言之，"能知道谁是有德者"的只能是现实中的人或者客观化的"人"（如考评系统和舆论等）。对于儒家而言，"能知道谁是有德者"的人只能是那个"有德者"。如"知道天理人欲交相战的人"只能是"已经在理欲交战的人"，"知道慎独的人"只能是"慎独者自己"。如此一来，儒家的德性评估系统似乎面临着"运动员变成裁判"的风险。在外部世界"分配秩序"的刺激下，这种风险就会因无法受到遏制而变成现实的危险。儒家提供的解决方案，就是让"运动员"一直"游戏"下去，使其变不成"裁判"。简言之，君子要"尽性"就要一直"尽"下去，永无止境；要"致良知"就要一直"致"下去，不可停歇等。即便如此，也不可能掩盖这套方案的逻辑前提，是君子永远不可能"知道"自己的德性是否真诚、是否极致。唯有如此，君子的"由仁义行"才可能一直"由"下去和"行"下去。虽然这套方案在理想状态下解决了"德性的运动员"变成"德性的裁判"的问题，但也导致"运动员"只能在自己设定的"德性游戏"中一直玩下去，最终变成事实上的"自了汉"。显然，这并不是儒家的"天道"所要求的。因为儒家的"天道"需要这些"运动员"去开创"德性下的社会秩序"。如果儒家自命"替天行道"，那么，君子只能摇身变为"德性—德行原则下的分配秩序"的"运动员"兼"裁判"。易言之，君子实现"天道"的唯一方式，就是充当"天道的代言人"，即"德性—德行原则下的分配秩序"下的"裁判员"。

第三，君子若是自谦，不敢充当"天道的代言人"，那么，儒家心中念念不忘的"天下秩序"就要换另一种方式来实现"知道谁是有德者"了。除了儒家的"君子"外，还有其他现实中的人（如统治者或在位者等）和客观化的"人"（如考评系统和舆论等）。其实，无论是考评系统还是管理者，评判"谁是有德者"的依据只能是人际交往中的行为。有人宣称，自己能够看透别人的"心"。这种宣称之所以是没有意义的，是因为他们"依靠什么方式来认识他人的心"这一问题就可以将这种宣称逼向穷途末路。按照康德或者精神分析学派的观点，自己都不可能真正认识自己的"心"，何况他者呢？[①] 既然他者只能认知到行为现象，不可能完全认识"有德者"的"心"，那么，就很难判断"待估的有德者"的心是否真诚。既然不能将"待估的有德者"认定为"有德者"，而儒家的"德性—德行原则下的分配秩序"（"天下秩序"）又需要建立，为了完成这一"任务"，只能由考评系统和管理者通过行为表现出的德性来对"待估的有德者"进行判断和认定。这一方案会误将有名无实的、不真诚的"有德者"（在外在表现形式上有德性内容的人）评估为"有德者"，并对这样的人进行社会政治资源的分配，从而造就出儒家所谓的"伪君子"。可见，"伪君子"是儒家理想在建构现实社会过程中的"必然产物"。由此我们可以判断，儒家通过反对"伪君子"来改善社会和造就"天下秩序"的方案，是行不通的。

这一结论并不是为了在价值上肯定"伪君子"，而是提示我们应如何反思"伪君子"的批判以及如何看待孕育了"伪君子"的德治思想。德治思想主张通过改善个人德性来改变社会，这一主张如果限定在个人生活的向度内，自然没有什么大的问题，但是如果将其作为建立社会秩序的唯一根据，就会不可避免地制造出许多的"伪君子"。因此，无论是倡导"君子"还是提倡德治，都需要弄明白这些"药方"的"性状""适用症状""用法用量""禁忌"等问题。否则，就有可能变成"药不对症"。如"伪君子"的病痛或许并不是"君子"所能治愈的，因为孵化"伪君子"的"蛋"就是儒家原本用于"孕育""君子"的"卵"。易言之，儒家原以为播下的是"君子"的种子，不料收获的却是"伪君子"。

---

① 邓晓芒先生曾根据康德的"人自身"不可知与"根本恶"的理论，推导出儒家的社会理想和人格理想都是"乡愿式"的，存在着"结构性的伪善"。参见邓晓芒：《从康德道德哲学看儒家的乡愿》，《西南政法大学学报》2005 年第 1 期。

孔子"温良"引论

胡发贵[*]

摘　要: "温良"一词不仅反映出孔子的风貌神韵,也尤能体现夫子内圣圆融之境。"温良"之蕴有四:友善爱人、低调内敛、坦荡真诚、"求达不求闻"。"温良"既展现了华夏文明的人文化成,充分体现了中华民族的"忠恕"和厚德精神。"温良"堪为"文化中国"的历史—人文符号。

关键词: 孔子;温良;忠恕

在《论语》中,"温良"不是一个词,而是"温"与"良"两个分说之名,如"夫子温、良、恭、俭、让"。按古人所释,"敦柔润泽谓之温,行不犯物谓之良"。[①]本文以为,合而观之,"温良"一词甚能反映孔子的风貌神韵,也尤能体现夫子内圣圆融之境。

一、夫子温良

"夫子温良",是文献中的历史记忆。《学而》中有这样一段话:"子禽问于子贡曰:'夫子至于是邦也,必闻其政。求之与?抑与之与?'子贡曰:'夫子温、良、恭、俭、让以得之。夫子之求之也,其诸异乎人之求之与!'"文意是说,孔子之所以到一国则了解该国的政况民情,并非是想方设法打探来的,而是"人君"主

---

　　*　胡发贵,南京信息工程大学文学院教授,江苏省社会科学院研究员。主要从事中国哲学与伦理学研究。
　　①　本文所引《论语》,均出自[三国魏]何晏注,[宋]邢昺疏:《论语注疏》,中华书局,1983。下文出现时,仅标注篇名。

动告知的，因为夫子有此"五德"。何以德性美、德行著则知天下事？其内在逻辑或许基于"德不孤，必有邻"，意即好人受欢迎、被认同，近似主雅客来勤，从而人脉深广，自足不出户而晓知天下事。当然，孔子之"温良"，并非弟子子贡的独见。弟子子夏也有类似的印象："君子有三变：望之俨然，即之也温，听其言也厉。"（《子张》）文中虽未明言所论"君子"是谁，但结合"子温而厉，威而不猛，恭而安"（《述而》）来分析，想必也包括对孔子的回味。"子温而厉"云云一段话，历来注家未明说哪位所言，从其内容所指向，也可能是出自孔门人士之口，否则难有此等亲切之感。再如《论语·乡党》"孔子于乡党，恂恂如也，似不能言者"中的"恂恂"，《论语注疏》引王肃之解为"温恭之貌"。看来，孔子之"温良"当是时人的广泛共识。

孔子不仅给人的观感如此，他自己也很关切"温良"。孔子曰："君子有九思：视思明，听思聪，色思温，貌思恭，言思忠，事思敬，疑思问，忿思难，见得思义。"（《季氏》）除"色思温"外，"貌思恭，言思忠，事思敬"均主张一种"敦柔润泽"的德性和德行。孔子又曰："学而时习之，不亦说乎？有朋自远方来，不亦乐乎？人不知而不愠，不亦君子乎？"（《学而》）所谓的"不愠"，本义是不怒，这里指喻即便遭冷落时，也淡定自持，温馨待人。此外，孔子还明言摈弃"色厉"。孔子曰："色厉而内荏，譬诸小人，其犹穿窬之盗也与？"（《阳货》）《论语注疏》释曰："厉，矜庄也。荏，柔佞也。言外自矜厉，而内柔佞。"本文以为，杨伯峻先生以"严厉"释"厉"，以"怯弱"释"荏"，[①]似更为确切，意喻外表强横，内里实虚弱不堪。孔子在这里，既指责表里不一，也鄙夷"色厉"为"小人"，显然是厌恶暴戾刻薄，心许君子之"文质彬彬"。

要之，弟子称"夫子温良"，洵然果然，可谓传神道出了孔子的神韵。

二、"温良"之蕴

孔子既未给"温""良"下一断语，更未对"温良"有所诠说，不过从《论语》等传世文献来看，大致或可勾勒出其间的基本意涵。

一是友善爱人。

众所周知，孔子倡仁学，其核心是"爱人"，所以马厩失火，他问人不问马；

---

① 杨伯峻：《论语译注》，中华书局，1980，第 186 页。

而且孔子的"爱人"还具有"四海之内皆兄弟"的博爱之情，对人的处境常怀有悲悯的同情和包容。子张论交友之道曰："君子尊贤而容众，嘉善而矜不能。我之大贤与，于人何所不容。"（《子张》）曾子曰："上失其道，民散久矣。如得其情，则哀矜而勿喜。"（《子张》）无不映现了孔子的这一仁爱情怀。

由爱人而生的温情，自然会凝结出对他人的友善，孔子反复主张的"成人之美"就是友善爱人的重要义涵之一。孔子曰："君子成人之美，不成人之恶。小人反是。"（《颜渊》）朱熹释"成"曰："诱掖奖劝以成其事也。"[①]其要旨为乐见他人的成功，且愿为他人的成就做出贡献。其间既有一种宽厚的胸怀，又有一种他人优先以及先人后己的道德考虑。"成人之恶"正好相反，是极端的利己，是损人的倾轧，是落井下石的陷害，是无视他人的自我中心，故是一种道德上的刻薄。因此，孔子不仅强调"不成人之恶"，而且"恶称人之恶者"（《阳货》）。"成人之美"与"恶称人之恶"，从正反两个方面展示出一种包容的仁爱以及他人优先的伦理取向。

友善爱人的另一个重要义涵是责己严待人宽。用孔子的话来说就是："躬自厚而薄责于人，则远怨矣。"（《卫灵公》）所谓的"厚"，强调的是自觉的责任担当，事事求责于己，而非诿过于人，亦即"反求诸己"，即孔子所谓的"攻其恶，无攻人之恶"。（《颜渊》）从中不难看出，"躬自厚"的实质是主动与自觉地严以律己。所谓的"薄"，即要求宽以待人，"无求备于一人"（《微子》），对他人富有同情心与包容心，"不念旧恶"（《公冶长》），并时时处处考虑他人的处境与感受，亦即"不以其所能者病人，不以人之所不能者愧人"（《礼记·表记》）。

由此可见，无论是"躬自厚"还是"成人之美"，都展现出一种"仁者爱人"的和蔼，"与人为善"的厚道。

二是低调内敛。

孔子甚为反感骄横狂妄。孔子曰："如有周公之才之美，使骄且吝，其余不足观也。"（《泰伯》）众所周知，周公为一代名相，不仅辅佐周成王渡过"兄弟阋墙"的危机，而且建章立制，极大丰富和发展了周代的礼乐文明，因此，孔子很崇敬他，甚至因一段时间做梦没有梦到周公而深感失落。孔子曰："甚矣，吾衰也。久矣，吾不复梦见周公。"（《述而》）但在孔子看来，如果为人"骄且吝"，即使具备周公那样的"才美"，也是不值一提的。孔子对于自大虚狂的排斥，由此可见一斑。

孔子竭力主张平实低调。其一是力主自抑的克己。"颜渊问仁。子曰：'克己复

---

① 参见[宋]朱熹：《四书章句集注·颜渊》，中华书局，2012。

礼为仁。一曰克己复礼，天下归仁焉。为仁由己，而由人乎哉！'颜渊曰：'请问其目。'子曰：'非礼勿视，非礼勿听，非礼勿言，非礼勿动。'"（《颜渊》）由文意可知，孔子"克己"的范围甚为广泛，涉及生活的方方面面。结合孔子的其他论述来看，自我约制需要贯穿人的一生。孔子曰："君子有三戒：少之时，血气未定，戒之在色。及其壮也，血气方刚，戒之在斗。及其老也，血气既衰，戒之在得。"（《季氏》）所谓的"克己"、所谓的"三戒"，都是一种自觉的自我控制，意在"窒欲""养性"，意在"中庸"（达致安身立命的最佳状态），最终达到"从心所欲不逾矩"的圆融之境。

其二是赞许"不伐善"的谦虚。孔子曰："孟之反不伐，奔而殿，将入门，策其马，曰：'非敢后也，马不进也。'"（《雍也》）所谓的"伐"，意指自夸，故"孟之反不伐"，显然是赞扬他不居功自傲，能够谦逊自持。对于弟子的谦虚言行，孔子也都予以肯定和褒扬。有一次，孔子建议漆雕开出仕。漆雕开对曰："吾斯之未能信。"（《公冶长》）《论语注疏》释"吾斯之未能信"为"不欲仕进"。孔子见漆雕开"不汲汲于荣禄，知其志道深，故喜悦也"。其实，孔子既主张"学而优则仕"，也不反对"取之有道"的财富，而旧注过于道德化的解读，不仅误解原意，还遮蔽了孔子对于谦逊的嘉许。笔者认为，所谓的"吾斯之未能信"，应指漆雕开认为自己的学问修养尚嫌不足，故对于出仕没有信心。这里透露的是漆雕开不自足、不自满的谦谦心态，对于嘉许"不自伐"的孔子来说，闻之自然很高兴。与此类似，一次，孔子让弟子们各言其志。子路曰："愿车马衣轻裘，与朋友共，敝之而无憾。"颜渊曰："愿无伐善，无施劳。"（《公冶长》）子路的志向显然有博爱之趣，其基调也是高雅的；颜渊的"无伐善"充分显示了一种虚怀若谷的境界。虽然孔子未对二人的志向作出评价，但从夫子深爱颜子不难推测，他的"无伐善"品格是获得孔子好感的一个重要因素。

其三是称道不争。孔子曰："君子矜而不争，群而不党。"（《卫灵公》）"矜"的字面含义是端庄持重，这里大概有两层内涵：一是克己守礼，勇于放弃自己的利益和机会，先人后己；二是摈弃好勇斗狠，贪婪嗜利，损人利己。因此，所谓的"矜而不争"，就是指放下身段，礼让他人。如果实在免不了争，应行孔子所谓的"君子之争"。孔子曰："君子无所争。必也射乎！揖让而升，下而饮。其争也君子。"（《八佾》）"揖让而升，下而饮"是古时的射礼，其拥有一整套礼仪规范。据《仪礼·大射》载："耦进，上射在左并行，当阶北面揖，及阶揖，升堂揖，皆当其物，北面揖，及物揖。射毕，北面揖，揖如升射。"可见，孔子所谓的"揖让而升"，实体现了一种"谦卑自牧，无所竞争"的君子之风，故孔子称其为"君子之争"。

其四是宣扬礼让。史载，周太王长子泰伯为让王位，与其弟南奔荆蛮。孔子对于泰伯之让极为叹赏，称其为天底下无以复加的美德。孔子曰："泰伯，其可谓至德也已矣。三以天下让，民无得而称焉。"（《泰伯》）"至德"二字，生动体现了孔子对"让"的价值肯定和人格表扬。孔子甚至提出，让也是治国理政的要津之一。孔子曰："能以礼让为国乎？何有？不能以礼让为国，如礼何？"（《里仁》）即若以礼让治国，则不难实现政通人和；如忽视礼让，则连礼仪都很难施行。据《论语》记载，一日，孔子与众弟子聚谈时，问及他们的政治理想。"子路率尔而对曰：'千乘之国，摄乎大国之间，加之以师旅，因之以饥馑，由也为之，比及三年，可使有勇，且知方也。'夫子哂之"（《先进》）。事后，曾皙问孔子为何哂笑子路？孔子回答说："为国以礼，其言不让，是故哂之。"（《先进》）

可见，克己、不伐善、不争与让在价值取向上是一致的，都有屈己伸人的价值取向，都意味着主动放弃，甚至让渡自己的权利，在精神本质上都是一种谦下的低调哲学。诚如《老子·第二章》所言："万物作焉而不为始，生而不有，为而不恃，功成而弗居。"这一哲学与骄横、暴戾是截然对立的，显现出一种敦厚与温和。

三是坦荡真诚。

孔子的"温良"，并非无立场的混沌，而是拒绝城府与圆滑，浸润着一种磊落的晶莹。孔子对坦荡的推崇，即是明证。孔子曰："君子坦荡荡，小人长戚戚。"（《述而》）此外，孔子对虚伪造作持鄙视的态度。孔子曰："巧言、令色、足恭，左丘明耻之，丘亦耻之。匿怨而友其人，左丘明耻之，丘亦耻之。"（《公冶长》）所谓"巧言"，就是故作善言美语；所谓"令色"，就是故作和颜悦色；所谓"足恭"，就是善作谦逊之姿态；所谓"匿怨"，就是掩藏内心的怨恨而表面装作亲切。一言以蔽之，"巧言""令色""足恭""匿怨"的共同本质是作假、作秀和蓄意欺骗。"丘亦耻之"一语，直截了当地道出了对这类伪善的蔑视与唾弃。

从《论语·公冶长》的记载来看，孔子对坦荡似有一种绝对化的追求趋向。鲁国有个叫微生高的人，向来以正直著称于世。一次，有人找微生高借醋，他自己家里没有，却没有直说，而是向邻居家借醋给了别人。孔子指出了其间的异常之处，即微生高没有如实回答借醋者，而是采取了一种曲线迂回的做法，显得用意委曲。这种委曲，非为磊落诚实，故微生高实非正直之人。孔子曰："孰谓微生高直？或

乞醯焉，乞诸其邻而与之。"（《公冶长》）

或许正是基于对"直人"的推崇，孔子反复强调君子应不护短，不掩过。孔子曰："君子于其所不知，盖阙如也。"（《子路》）所谓"阙如"，就是反对强以不知为知，就是反对虚骄和虚伪。孔子曾告诫子路："由，诲女知之乎？知之为知之，不知为不知，是知也。"（《为政》）孔子不仅这样教导弟子，还坦承自己也有"不知"之处。孔子曰："夏礼，吾能言之，杞不足征也。殷礼，吾能言之。宋不足征也，文献不足故也，足则吾能征之矣。"（《八佾》）坦荡不仅体现在不护短，还表现在不掩过。据《述而》记载："陈司败问：'昭公知礼乎？'孔子曰：'知礼。'孔子退。揖巫马期而进之，曰：'吾闻君子不党，君子亦党乎？君取于吴，为同姓，谓之吴孟子。君而知礼，孰不知礼？'巫马期以告，子曰：'丘也幸，苟有过，人必知之。'"据《春秋左传·哀公十二年》记载，鲁昭公曾娶吴国女子，吴国与鲁国均为姬姓，按同姓不婚的礼则，鲁昭公此举是不当的。陈司败问孔子鲁昭公是否知礼时，孔子却以"知礼"作答。陈司败便批评孔子囿于朋党之见，为尊者讳。孔子弟子巫马期将陈司败的话转告孔子后，孔子诚心接受了这一批评。可见，孔子并不掩饰自己的过失。孔子曾说过："加我数年，五十以学《易》，可以无大过矣。"（《述而》）孔子的言下之意是，自己曾犯过不少过错。受孔子的影响，孔门弟子也认为坦荡是君子的风范，小人才会文过饰非。如子夏曰："小人之过也必文。"（《子张》）子贡曰："君子之过也，如日月之食焉。过也，人皆见之；更也，人皆仰之。"（《子张》）

可以说，真诚质朴、光明磊落，既是孔子"温良"的底色，也是其间"温良"之精髓。

四是"求达不求闻"。

孔子的"温良"，还蕴含着一种追求本质而淡漠表象的"务本"之意，即所谓的士"求达不求闻"。据《颜渊》记载："子张问：'士何如斯可谓之达矣？'孔子曰：'何哉，尔所谓达者？'子张对曰：'在邦必闻，在家必闻。'孔子曰：'是闻也，非达也。夫达者，质直而好义，察言而观色，虑以下人，在邦必达，在家必达。夫闻也者，色取仁而行违，居之不疑，在邦必闻，在家必闻。'"闻"指名声、令誉，"达"则涵摄道德的成熟和品格的完善之意。朱熹释"达"曰："德孚于人而行无不得之谓。"① 显然,"达"是向内的,追求的是自我的成长与"成人"。朱熹进一步解释道,"达"是"内主忠信,而所行合宜,审于接物而卑以自牧,皆自修于内,不求人知之事"。② 与"达"相反,"闻"是向外的,务求人知,博取名声。朱熹深刻揭示了"闻"的本质:"善其颜色以取于仁,而行实皆背之,又自以为是而无所忌惮。此不务实而专务求名者,故虚誉虽隆而实德则病矣。"③

"达"求仁求义,"质直好义",而"闻"则耽于虚誉浮名,故孔子舍"闻"而取"达"。孔子反复强调,君子不应汲汲于求知于他人,不要在意名声的有无和大小。如孔子曰:"君子上达,小人下达。"(《宪问》)又曰:"不患人之不己知,患其不能也。"(《宪问》)又曰:"君子病无能焉,不病人之不己知也。"(《卫灵公》)孔子甚至提出:"人不知而不愠,不亦君子乎?"(《学而》)在孔子看来,求"达"的君子,是内在自足的,无须外求干誉;求"达"的君子是内向务实的,故无意于虚名。孔子曰:"不怨天,不尤人,下学而上达,知我者其天乎!"(《宪问》)"知我者其天乎"的感叹,不仅表达了孔子不做"乡愿"的独立人格,而且也突显了他所崇尚的德立于内的务实人生态度。

如果说"求闻"是向外的扩张,那么,"求达"则是向内的"务本"。如果说"求闻"意在获取社会的认同和奖赏,是"功"的证成,是外在量的展现,那么,"求达"则更重"闻道"求义,关切的是修身养性、立身成仁,追求的是"内圣"的内在超越。如果说"求闻"是喧嚣的、竞取的、张扬的,那么,"求达"则是宁静的、自省的、淡泊的,不骄不躁,不怨不忮,敦柔润泽,行不犯物,是为"温良"。

三、"难以言表"的言表

近代学者辜鸿铭先生颇为关注"温良"的问题,也有特别的理解。他认为,典型中国人的典型特质就是"温良"。④ 辜鸿铭先生一方面承认"温良"的意义和特性"难以言表",不易确解;另一方面强调"温良绝不意味着懦弱或是软弱的服从"。辜鸿铭先生曾颇为感怀地说:"中国人的温良,不是精神颓废的,被阉割的驯

① 参见 [宋] 朱熹:《四书章句集注·颜渊》,中华书局,2012。
② 参见 [宋] 朱熹:《四书章句集注·颜渊》,中华书局,2012。
③ 参见 [宋] 朱熹:《四书章句集注·颜渊》,中华书局,2012。
④ 辜鸿铭:《中国人的精神》,海南出版社,1996,第30页。

良。这种温良意味着没有冷酷、过激、粗野和暴力……在真正的中国式的人之中，你能发现一种温和平静、庄重老成的神态。"①

本文以为，辜鸿鸣先生这段话不仅中肯，而且颇为深刻。"温良"的意义虽不易确解，仍强为之说，以期引玉。

首先，"温良"展现了华夏文明的人文化成。文明不仅表现为技术的发明和物质财富的丰沛，也表现为人类自身的精神生长和进步。文明人与野蛮人的一大区别就是，前者学会了自我克制。按照黑格尔的说法，前文明（人类的野蛮状态）是单纯的、直接的、动物性的存在，人类受本能的驱使，难以控制自身的行为，加之社会没有有效的规范予以控制与约束，所以野蛮状态"不外乎是无法的和凶暴的状态，没有驯服的天然冲动的状态，不人道的行为和情感的状态"。② 在这种状态下，人与人之间必然弱肉强食。正如柳宗元《贞符》所论："惟人之初，总总而生，林林而群。……交焉而争，睽焉而斗。"显然，在野蛮状态下，不仅没有宽容与妥协，而且"交焉而争，睽焉而斗"，充斥着本能宣泄的狂暴和凶残。而在文明状态下，理性的能力控制了自然的本能冲动，"没有驯服的天然冲动状态"已大为缓解，取而代之的是"我对于我的活动的目的加以反省"③ 的理性沉思。中国古代哲人认为，人之所以为万物之灵，即在于人不仅有气有生，而且有知有义。人凭此知与义，既能驾驭自己的行为，更能"吾日三省吾身"，以"大体"能思之"心"来制约、引导感官之类的"小体"，避免彼此间的凶猛争斗，能"群"能"分"，从而构成和谐的人群和社会。此即《孟子·滕文公上》所描述的："人之有道也，饱食、暖衣、逸居而无教，则近于禽兽。圣人有忧之，使契为司徒，教以人伦，父子有亲，君臣有义，夫妇有别，长幼有序，朋友有信。"如果说本能的野蛮人是放纵和奔逸的，是无遮无拦的，那么，文明显然从主观和客观两方面对人的本能进行了有意的限制，并迫使它在规定的范围内活动。就此而言，文明的到来催生了"克己"的制约。此即《春秋左传·昭公二十五年》所说的"自曲折以赴礼，谓之成人"。正是这种"克己"与"赴礼"，使人越来越远离动物性，越来越"成人"，逐渐消除"第一性"的凶暴，而彰显"第二性"的彬彬有礼。因此，"温良"在历史哲学的层面上折射出华夏文明的进步和成熟。

---

① 辜鸿鸣：《中国人的精神》，海南出版社，1996，第30页。
② ［德］黑格尔：《历史哲学》，杨造时译，商务印书馆，2007，第79页。
③ ［德］黑格尔：《历史哲学》，杨造时译，商务印书馆，2007，第79页。

其次,"温良"充分体现了中华民族的"忠恕"精神。"温良"所蕴含的谦下礼让,从交往的角度来观察,本质上是对自我中心的超越,力主以一种平等心尊重和体谅对方,凡事多替他人着想,要从"他者"的立场来反思自己的欲求是否合理与妥当。此正是孔子所强调的"忠恕之道"。所谓"忠",即"己欲立而立人,己欲达而达人";所谓"恕",即"己所不欲,勿施于人"(《卫灵公》)。显然,不论是"忠"还是"恕",其所倡导的都是在人际交往中突破唯我独尊意识,以实现利人利己的双赢,而其着力点则是强调对他人的存在、感受和利益的关切,而不是目中无人,更不是恣意妄为。从这个角度来看,忠恕之道其实包含了一种对他人的礼敬之心,也就是《颜渊》中的"与人恭而有礼";一种对他人的"忠敬之心",也就是《子路》中的"居处恭,执事敬,与人忠。虽之夷狄,不可弃也";一种对他人的"反求诸己"的律己之心,也就是《孟子·离娄上》中的"爱人不亲反其仁,治人不治反其智,礼人不答反其敬。行有不得者,皆反求诸己"。很显然,不论是忠敬之心、礼敬之心,还是"自反"之心,既体现出一种审慎戒惧的持己态度,更显示出一种对"他者"的敬重以及自觉的谦逊,而绝不是自以为是的飞扬跋扈。总之,"温良"在涵润"忠恕之道"的同时,也凸显了其间成人成己的赤子情怀。

最后,"温良"体现了中华文化的厚德精神。孔子所崇尚的"温良",浸润着宽厚、包容和礼让,洋溢着敦厚品格;它赞赏忠厚老实,拒绝钻营,推崇质朴、坚韧和宽容,其核心是弃刻薄而取厚道。《周易·坤·象传》的"地势坤,君子以厚德载物",《老子·第三十八章》的"大丈夫处其厚,不居其薄,处其实,不居其华"等,都旨在宣扬忠厚之德,祈愿纯朴之性。流风所及,中国传统社会十分强调厚道做人,忠良行事。古代家训中,有许多论述"温良"的名言。如"居心不可刻薄,当处处以仁,存心纯是一团蔼然和气";[①] 又如"子孙……宁宽厚,勿刻薄"。[②] 这类反复叮咛既显示出古人对厚德的重视,又体现出"温良"精神已化为百姓的日用之德。

辜鸿铭先生曾说过,"温良"能展现中国文明的"深沉、博大和纯朴"。我们以为确实如此,"温良"堪为"文化中国"的历史—人文符号。

---

① [清] 于成龙:《于清端公治家规范》,载包乐波选注:《中国历代名人家训精粹》,安徽文艺出版社,1991,第332页。

② 蒋伊:《蒋氏家训》,载包乐波选注:《中国历代名人家训精粹》,安徽文艺出版社,1991,第345页。

君子文化的当代诠释

儒家传统君子人格的现代价值及其困境与出路

孙钦香 *

摘　要： 君子无疑是儒家传统理想人格之一。本文通过借鉴马克斯·舍勒关于人格的界定及其人格本身诸维度的分析，深入阐述君子人格所蕴含的精神情感行为、价值（道德价值、真理价值和审美价值）、共同体样式及其敬畏维度，进而紧扣君子人格的内涵分析，拓展和深化其在现代社会所具有的积极意义。此外，还细致辨析了现代社会中君子人格的某些共同体样式所面临的困境及其可能的出路。

关键词： 君子人格；人格现象学；现代价值；困境；出路

众所周知，在传统儒家千年的发展过程中，"君子"成为读书人乃至普通中国人一心向往和努力践行的理想人格之一。可以说，在传统中国，君子不仅是儒家追求和向往的为人目标，也是普通中国人对做人的期许和愿景。但是今日，人们不但羞于谈君子，甚至有"宁做真小人，不做伪君子"之言。如此的乾坤颠倒为何会发生以及是如何发生的，需要学界进行检视，并对其相关理论问题进行学理性探讨。本文通过回归《论语》文本中关于君子的论述，并借鉴马克思·舍勒人格现象学的相关学说，试图揭示儒家传统君子人格的多元意涵，阐述其现代价值，并指出其在今日所面临的困境及其可能的出路。

一、儒家传统君子人格的丰富意涵

虽然后世以"圣人"称许孔子，但孔子本人从未以"圣人"自诩过。有意思的

---

* 孙钦香，江苏省社会科学院哲学与文化研究所副研究员。主要从事宋明理学、政治哲学研究。

是，《孟子》中多次出现了以圣人许孔子的文本，而《公孙丑上》中的一段论述正好反映了这一变化是如何发生的。其文曰：

> 昔者子贡问于孔子曰："夫子圣矣乎？"孔子曰："圣则吾不能，我学不厌而教不倦也。"子贡曰："学不厌，智也，教不倦，仁也。仁且智，夫子既圣矣。"……圣人之于民，亦类也。出于其类。拔乎其萃。自生民以来，未有盛于孔子也。

孔子所谓的"圣则吾不能，我学不厌而教不倦也"，出自《论语·述而》中的"若圣与仁，则吾岂敢？抑为之不厌，诲人不倦，则可谓云尔已矣"。由《公孙丑上》的论述可知，孔子并未自诩为圣人。子贡认为，能做到"学而不厌，诲人不倦"，就是"仁且智"，就是"圣人"。孟子在子贡的基础上，进一步提出自有人类以来，没有比孔子更出类拔萃的圣人了。宋明理学家将这一论说脉络发扬光大，提出"圣人可学而致"，使时人对圣人人格的向往达到一个空前的高度和兴奋点。

细观《论语》文本可知，"君子"无疑是《论语》中出现次数最多的道德人格概念。有学者统计，"君子"一词共出现一百零七处（仅有十二处指向政治地位，其余均指向道德人格），而"圣人"或"圣"只有六处。有学者提出，圣人是孔子最高层次的人格理想，也是一个非常遥远的目标，君子人格却是可行的与平易的，所谓"圣人，吾不得而见之矣，得见君子者，斯可矣"。（《论语·述而》）[1] 可是，平易可行的君子人格为何在后世常常与"伪君子"相伴而行呢？

固然如某些学者所言，汉武帝"独尊儒术"后，才德的修行与皇权专制政治的结合，导致其被政治污化和利用。[2] 但也与后世"君子"概念的窄化密切相关。陈卫平指出，"君子"概念的窄化开始于孟子将君子人格转向于偏重德性修养的"内圣"。孟子说："君子所以异于人者，以其存心也。"[3] 仁义等德目固然是君子人格的基本规定，但正如陈来所说，孔子的君子人格强调的是一个整体人格。更何况君子

---

[1] 陈卫平：《孔子君子论理论内涵的两重性》，《上海师范大学学报（哲学社会科学版）》2009 年第 4 期。

[2] 葛荃：《君子小人辨：传统政治人格与君主政治》，《天津社会科学》1991 年第 4 期。[美] 狄百瑞：《儒家的困境》，黄水婴译，北京大学出版社，2009。

[3] 杨国荣：《儒家视阈中的人格理想》，《道德与文明》2012 年第 5 期。

不仅是指道德人格，还广泛地包括真善美的多重面向。^① 因此，为整全地把握君子人格的多重意涵，有必要回归《论语》文本。

考察和阐述《论语》中的"君子"文本，却是不容易的。《论语》中用"仁、智、勇"三大德或者"仁、智、勇、艺"四德合一来阐释君子人格的丰富内涵。笔者也曾撰文讨论过这一主题。^② 这些论述虽然指出儒家传统君子人格本有的多重意涵，但仍缺乏理论上的深邃与严谨。换言之，这样一个统一性和整体性的理想人格内涵的规定是如何展现在君子人格之中的，并未得到深入的探讨。有鉴于此，笔者借鉴马克斯·舍勒人格现象学的相关理论，深入探讨君子人格丰富意蕴的统一结构及其内在逻辑。

近来，学界越来越多地认识到，现象学方法为研读和审视传统中国学问开拓了极为重要的理论机缘，在这方面开风气者为瑞士汉学家耿宁，其在沟通现象学的意识分析与儒家传统心学的关联方面，取得了很大的成就。笔者在此尝试运用现象学大家舍勒的著名的人格现象学的相关理论，分辨和探究儒家传统君子人格的多重结构，希冀对君子人格的统一性内容及其内在逻辑有所揭示和阐述。

正如上引陈来之言，君子人格并不是德性伦理学所能概括的，它不仅是指道德人格，还广泛地包括真善美的多重面向，孔子强调的是君子人格的整体作为人生追求的目的。而且安乐哲等学者也指出，君子还必须包含政治担当和关怀。^③ 问题是，君子何以会有如此丰富的内涵？如何阐述这个统一性的内涵？虽然忠信仁义等德目与德性伦理学有极大的可比性，但是正如某些学者所言，君子并不局限于德性伦理的范畴，现在的问题便是：君子人格是如何融合这许多的内容于一体的？马克斯·舍勒的人格现象学关于人格的界定和分析，为尽可能解答这一问题铺设了一条可行之路。

理解和阐述君子人格的多重意涵的统一和整全的关键，就在于借鉴舍勒对"人格"的定义及其四重维度的分析，展现和论述君子人格的内在逻辑架构及其义理内容。

---

① 陈来：《古代德行伦理与早期儒家伦理学的特点——兼论孔子与亚里士多德伦理学的异同》，《河北学刊》2002 年第 11 期。

② 孙钦香指出，孔子"君子"人格无疑首先具备仁义礼让这些道德内涵，其次还须具备好学与智慧的内容，再次还须具备美学意义上的趣味和品鉴能力。概言之，《论语》中"君子"的概念包含着有德、有智与有趣的意涵。因此，与后来陷于道德论域的君子概念相比，便有一显赫的区别与丰富。孙钦香：《"文质彬彬，然后君子"——孔子的君子意涵》，《学海》2015 年第 5 期。

③ 安乐哲、郝大惟：《切中伦常：〈中庸〉的新诠与新译》，中国社会科学出版社，2011，第 87 页。

何谓"人格"（person）？据《大百科全书·心理学卷》记载，"人格"即个性。在心理学中，人格是探讨个体与个体差异的领域。可见，人格是一个心理学的概念。但是现象学特别是舍勒的人格现象学，通过现象学还原方法，对"人格"概念给予了现象学的界定和说明。

正如张任之所指出的，在当代舍勒研究中，几乎不会有人怀疑，"人格"是舍勒思想最核心的概念之一。① 具体来说，舍勒通过现象学还原方法，将某一行为进行者连同他的实在属性排除后，剩下的就只是"行为的本质"，也就是存在着诸如判断、爱、恨、愿欲、内感知、外感知等诸多行为本质，而与所有行为本质相对应的便是"人格"。② 可见，在现象学的学术脉络中，人格既不是一种经验的实在性存在，也不是心理学上的功能，更不是一个法学（主要是民法）意义上的权利自我概念，而是对人之为人的行为本质进行的思考和规定。由此，在探讨诞生于传统儒家智慧中的君子人格时，应借鉴突破现代社会科学限制的现象学的人格理论，来阐述儒家君子的人格内涵及其现代意义。

按照舍勒对人格诸维度的分析和解释，③ 其人格首要的精神行为便是先天之情感。现象学的情感行为是指从人的生命感受和心理体验中完全独立出来的纯粹的直观和感受、纯粹的爱和恨、纯粹的欲求和意志。由于这些情感行为具有本己的不能被还原为心理生活的原初性和先天法则性，故被舍勒称为"纯粹的精神情感"。我们知道，《论语》一书开篇便以"不亦说乎""不亦乐乎"这类喜悦情感行为来表征君子人格，这类情感行为绝不是与身体肉欲或者声名相对应的喜悦之情，而是直接与纯粹的价值相关。具体而言，《学而》章的喜乐情感与学识的增进、友谊的获得等纯粹价值直接相关，是纯粹的精神情感行为。此外，"唯君子能好人，能恶人"（《里仁》）也表明，君子的好恶之情是超越一己之私意私欲的，其情感行为是高尚的和纯粹精神的。可见，《论语》中的君子人格是以丰富和深厚的精神情感行为内核的。

在舍勒的人格现象学中，人格的精神情感行为本身是一种意向性行为，而价值

① 张任之：《质料先天与人格生成——对舍勒现象学的质料价值伦理学的重构》，商务印书馆，2014，第 327、502 页。

② 张任之：《质料先天与人格生成——对舍勒现象学的质料价值伦理学的重构》，商务印书馆，2014，第 335、479 页。

③ 李革新：《走向精神与生命的融合——舍勒的人格现象学研究》，同济大学出版社，2011，第 38—39、47 页。

便是人格情感行为的意向性对象，即人格的意向性情感总是与价值相关。舍勒基于情感先天、价值先天以及它们之间的先天性关联，确定了价值样式的等级秩序，非道德的价值样式（感官价值、生命价值、精神价值、神圣价值）以及基于等级秩序之上的善与恶的道德价值。君子人格首先必然包含道德的善与恶之价值，这体现在"君子主忠信"（《学而》）、"君子务本"（《学而》）、"君子喻于义"（《里仁》）等说法中。如果没有仁义之德的规定，君子便不成其为君子。君子人格在舍勒所划分的精神价值层次中，也展现为美与丑的审美价值。所谓"文质彬彬，然后君子"（《雍也》），便是说君子既要有质的规定（仁义的道德价值），又要有文的内涵（礼貌仪式及艺术审美价值）。礼乐固然有教化之功能，但专就君子人格而言，正是仪容仪表之美与适宜，音乐舞蹈的品位之雅与脱俗，才彰显了君子人格的形体之美与品位之雅。通过"君子好学"（《学而》）、"君子博学于文"（《雍也》）等表述可知，君子人格必然包含对真理的纯粹认识价值。从现象学的角度来看，君子对真理的追求固然不是实证科学意义上的真理，而是哲学意义上的真理，是对人之存在意义的追问和寻求。

舍勒又指出，人格并不是孤立的存在，人格的内在本质中总是先天地包含了共同体存在，通过对不同类型情感的分析，舍勒将人类群体存在的先天共同体划分为群众、生命共同体（家庭、人民、部族等）、社会、总体人格（统治的总体人格即国家、文化的总体人格即民族、宗教的总体人格即教会）。按照舍勒对人格共同体类型的分析，人格并不是孤立的存在，传统儒家君子人格同样也并不局限于个人式的自我教化与修养，而是必然包含了共同体存在的维度。"君子修己以安人，修己以安百姓"（《宪问》）充分表明，君子人格必然地、内在逻辑地包含着"安人"与"安百姓"的共同体类型。也就是说，群众、人民、国家、民族等共同体类型是君子人格的必要规定和内容。"君子务本"（《学而》）充分表明，君子人格内涵必然包括家庭、宗族、乡党等生命共同体类型。

舍勒着重指出，如果人格概念缺乏神性维度，便不可能是完整的。在此基础上，他用现象学方法分析了信仰的必然性问题、绝对域及神圣的存在问题。尽管传统儒家君子人格并没有西方宗教学意义上的典型神学之维，但现象学对信仰问题的分析，对思考"君子有三畏"（《季氏》）命题仍具有启发意义。根据舍勒的分析，人的信仰与敬畏乃是人的一种天生的"形而上学倾向"。而"畏天命，畏大人，畏圣人之言"，一方面表明敬畏的情感行为是君子人格必须具备的，另一方面表明"天命""大人""圣人之言"就是儒家传统君子必须敬畏和信仰的意向性对象。就《论语》一书的总体架构来说，开篇是对君子人格的精神情感行为的表述，结尾便以"不知命，无以为君子"（《尧曰》）来论述君子人格的信仰、敬畏与超越性的维度。

固然舍勒的人格现象学具有鲜明的西学背景，从神学、教会的维度来分析儒家君子人格的内涵及其效用，其效果必定会不尽人意。但需要明确的是，舍勒对人格的界定、对人格四重维度的分析及其所采用的现象学方法，有助于我们摆脱心理学、法学等现代社会科学的影响，真切地理解和把握传统君子人格的丰富内涵和内在逻辑。从这个意义上来说，舍勒的现象学人格分析为我们阐述君子人格的丰富内涵和内在逻辑提供了一个较为切近和有效的比较视域。

综上所述，舍勒对人格的界定、对人格四重维度的分析及其所采用的现象学方法，为我们今天更好地理解和阐述儒家传统君子人格所包含的古老智慧及当代意义打开了一扇极有价值的窗户。在全球化时代，借鉴西学理论来研读和诠释中国传统学问，可以拓展我们的前理解和研究视域。正如王国维在 20 世纪初所言："中西二学盛则俱盛，衰则俱衰。风气既开，互相推助。且居今日之世，讲今日之学，未有西学不兴而中学能兴者，亦未有中学不兴而西学能兴者。"[1] 中西学问之间合宜地、有效地比较与沟通，是一种有价值的尝试。

二、儒家传统君子人格的现代价值

如上所述，儒家传统君子人格决不可从心理学意义上来阐述，通过舍勒人格现象学的相关理论，不仅可以真切地理解和把握君子人格的丰富内涵和内在结构，还可进一步阐述儒家传统君子人格在现代社会的价值和意义问题。

以往关于君子人格的现代价值研究，多集中在个体的道德修养方面，认为现代社会更需要内在精神的培养和自我人格的完善，[2] 但君子人格的统一性架构及其内在逻辑，规定了对君子人格的现代价值阐述不应局限在道德修养领域，还应发掘君子人格的精神情感行为、审美价值、真理价值、共同体形式及其敬畏与信仰维度在

---

[1] 王国维：《王国维遗书》第 4 册，上海古籍出版社，1983，第 8 页。

[2] 参见罗安宪：《孔子的君子论及其现代意义》，《探索与争鸣》2009 年第 3 期。李承贵：《孔子君子人格内涵及其现代价值》，《江西社会科学》1996 年第 3 期，等等。

现代社会中的价值与意义。

首先，在领受现代理性主义教化的现代人看来，人的情感要素总是低于理性的感性现象，故无法真切理解和体验儒家传统君子人格所包含的精神情感。在君子人格的诸多规定中，这些情感要素绝不是经验性的生命欲望形态的感性存在，而是本质的、先天的，是与道德价值、审美价值、真理价值相关联的。因此，现代人通过领会君子人格丰富价值样式的教诲，既可以超越现代社会对感情的矮化，唤醒对于高贵情感的体认和感知，又可以摆脱个人利益、观点、欲望等的束缚，追求智慧与真理、美与善等精神价值。

其次，由舍勒对情感行为的意向性结构的分析，可知君子人格所包含的道德价值是一种独立的客观事实，而标志君子之为君子的关键性道德价值要素——仁、义、礼、乐、孝悌等是确定的。舍勒的善恶道德价值来源于非道德价值样式之等级次序，君子人格的道德价值是天命所赋予的，由此可见，人类的道德价值，既不是康德意义上的纯粹理性的普遍立法产生的，也不是功利主义伦理学意义上的社会性的好坏判断产生的，更不是心理主义伦理学意义上的人的内在心理体验产生的，而是具有先天的确定的实在性。舍勒对审美价值、真理价值等精神价值样式的分析，揭示了君子人格并非限于道德价值一个样式，而是包含着丰富的精神价值样式。因此，领会君子人格丰富价值样式的教诲，有助于现代人消解价值与事实分离的哲学假定，破除价值虚无主义的影响，重新树立价值的先天性和实在性，从而更好地追求和把握高于感官价值乃至生命价值的各种精神价值类型。

再次，君子人格的内在本质是先天地包含了家庭、宗族、乡党、国家等共同体的先天类型，规定了儒家传统君子人格并非仅限于个体自我的道德修养，而是具有深广的家、国等共同体类型的内涵。现代知识人的养成多专注于专业化方面，忽略了人格的多维度、多层面的存在价值与意义指导。因此，通过领会君子人格丰富价值样式的教诲，现代知识人可以重新生发和养成对于家庭、宗族、乡党乃至国家、天下等的本真关切与积极经营。君子人格在家庭、宗族、乡党等舍勒所谓的"生命共同体"形式中具有的孝弟、谦让、随和、仁爱、公正等价值规定和要求，在现代社会仍发挥着重要的作用。因此，通过家庭、家族、乡党等共同体类型的重建和转化，现代人可以走出无家可归的精神异乡人的困境。

最后，通过现象学对信仰和敬畏的分析，现代人可以消解与生俱来的理性傲慢，重新体会和感知敬畏和信仰的力量及其意义。人作为一个有限的存在，领会和感知对神圣或者超越存在的敬畏和信仰，是成就自身高贵精神人格的必然内核。

可见，阐述儒家传统君子人格在现代社会的价值和意义问题时，不宜采用规范伦理学或者德性伦理学的理论与方法，而应借鉴舍勒人格伦理学的相关理论和方法。换句话说，舍勒的人格伦理学有助于我们获得对君子人格的丰富情感行为、价值形式、共同体形式乃至敬畏和信仰维度的正确认识，从而在日趋世俗化、大众化和虚无化的现代社会中，真切领会和践行儒家传统君子人格的教诲，重新体知精神性的喜悦等情感行为，重新把握和领会真实的丰富多元的价值世界，重新感知敬畏和神圣的力量与意义，培养出高贵的深厚的广远的精神人格，克服现代社会的平庸和虚无主义。

三、君子人格在当代的可能困境及其出路

尽管儒家传统君子人格在现代社会中仍具有重要的价值与意义，但需要明确的是，古典智慧并非总能为现代社会提供有益的教诲和指引。现代社会与传统社会的巨大差异，确实造成古典智慧在现代社会的某些"营养不良状况"。

儒家传统君子人格在当代社会的困境，集中在先天共同体类型这一部分。因为儒家传统君子人格缺乏现代政治的个人权利意识和公民意识，所以其在现代政治领域中面临的最大困境，便出现在国家这一共同体类型中。关于这一点，台湾学者林安梧先生曾提出从"君子儒"过渡到"公民儒"的观点。林安梧先生从公民意义下的自由以及人权角度，论述公民社会下的教养理应是公民式的，而非君子式的。[①]笔者虽然同意林先生对现代人权意识和公民意识的分析，但对君子教养可否全部被公民教养所取代提出异议。

首先，儒家传统君子人格确实存在一些与现代政治理念不合之处。正如林先生所说，儒家传统君子人格因缺乏个人权利意识和公民意识，导致其中的忠君理念压倒了对其他共同体类型的关切与筹划，不仅导致中国传统社会的帝王专制愈演愈烈，也导致君子人格越来越窄化、矮化甚至扭曲化。为改变这一局面，林先生提出"公民儒"的设想。毋庸置疑，这一设想是极富创见的。它启示我们，儒家传统君子人格吸纳公民意识的可能路径之一，便是将家国一体理念转进为或转化调适为现代政治理念下的家国分离理念。《论语·学而》曰："君子务本，本立而道生。孝

---

① 林安梧：《"君子儒"与"公民儒"——从"心性伦理"到"社会正义"的过渡》，未刊。

弟也者，其为人之本与！"点明家庭这一生命共同体是君子人格的共同体先天类型之一。通过对家庭这一生命共同体类型及其局限的现象学分析，我们可以考察以孝弟行为来界定君子人格的有效性问题。在成就君子人格的价值等级序列上，家庭这种原初的共同体类型与国家这一统治的总体人格何者为先，始终是传统君子人格的难题和困境之一。而在现代政治理念下，国家这一统治性的共同体类型必须在公共性领域运行，孝亲与忠君这两种传统君子人格在现代社会中是截然不同的领域和形式。可见，在国家这一统治性总体人格的共同体类型中，传统君子人格唯有做出转变、调适，才能破除家国一体的传统理念。

其次，传统君子人格中个体人权与公民意识的缺失，导致中国古代的市民社会或公民社会发展迟缓，宗族、乡党等熟人社会高度发达，这就导致植根于熟人社会的价值、理念，在由陌生人构成的当代社会遭遇了极大的不适。因此，传统君子人格如何在高度复杂和陌生的现代社会中重新寻找自己的定位和出路，是必须认真对待和深入思考的问题。身处高度复杂和陌生的现代社会，传统君子人格本身的意涵及其界定是否需要做一些加减法？现代法学意义上的人格所强调的是基于普遍平等人格的交互关联中的法权意义上的人格权和人格利益。这就意味着，传统儒家君子人格必须调适出一种私法意义上的"人格权"结构，以便成为私有财产和经济、法律活动的主体，并获得国家宪法以及民法的保护。

由此可见，儒家传统君子人格在国家这一统治性人格以及公民社会的建构方面，的确存在诸多不足，需要做些加减法，其某些结构意涵是需要吸纳现代新鲜理念的。需要明确的是，传统君子人格在国家、社会层面固然有必要做出某些调整，某些方面甚至需要被替换、删减，但在现代社会中，传统君子人格所含括的多重共同体类型是否只有被替代这一条出路？换句话说，传统君子人格的共同体类型在现代社会中否还有别的出路可寻？

正如前文所言，君子人格的共同体类型是多样的，除了国家、社会外，还有群众、家庭、宗族、乡党等类型，在国家和社会层面，传统君子人格由于缺乏人权意识和公民意识，固然需要做些加减法，但在家庭、宗族、乡党等生命共同体类型中，传统君子人格是否仍可发挥其积极价值呢？其基本的规定和价值可否通过某些转化得以保留呢？近年来，家风家训、乡贤文化研究的兴起和蓬勃发展，充分表明传统君子人格在这些共同体类型中仍然具有进一步研究和发扬的价值和意义。

在现代社会，儒家传统君子人格在家庭、乡党等生命共同体类型中，应通过哪些路径保有其效力呢？现代家庭模式以核心家庭为主，甚至出现了丁克家庭，在缺少兄弟姐妹、叔叔伯伯、阿姨婶婶等伦理关系的现代家庭中，传统君子人格的孝弟、友爱、齿德等意涵及其价值应如何保持？又应如何转化？要想解决这两个问题，需要对儒家传统君子人格进行批判性的分析和研究，分辨其可以持续持有的部分以及需要转化、替代的部分。一方面，与血缘、传统、地域、自然语言等联系在一起的家庭、乡党等生命共同体类型仍需要通过传统君子人格所包含的孝弟、恭敬、共同感等精神情感和价值来维系和凝聚；另一方面，在传统大家庭逐渐消解、核心小家庭逐渐形成，以及乡党社会逐渐远离、社区社会逐渐形成的现代社会，传统君子人格所包含的孝亲、敬长爱幼等价值，以及乡党社会所包含的序齿等规定，是需要进行一定程度的现代转化的。因此，在保有传统君子人格古典智慧的基础上，通过吸纳现代家庭、社区等治理理念来丰富和拓展传统君子人格的意涵和规定，无疑是传统君子人格进行现代转化和现代拓展的必由之路。

可见，就传统君子人格的共同体类型而言，在国家治理、现代公民社会层面，传统君子人格必须进行适当的调适和加减法，吸纳现代国家、公民社会等方面的理念，摒弃忠君、家国一体、熟人社会等方面的规定。在家庭、宗族、乡党等生命共同体类型中，则需要对传统君子人格进行深入分析和研究，分辨其可以持续持有的部分以及需要转化、替换的部分。在核心家庭、社区等共同体类型中，传统君子人格需要进行现代转化和现代拓展，这是传统君子人格走出现代性困境的第二种出路。

四、结语

君子人格是儒家传统理想人格之一，本文通过回归《论语》文本的方式，探讨了君子人格的丰富意涵，并借鉴舍勒人格伦理学的相关理论和方法，详细阐述了《论语》中君子人格所包含的精神情感行为、道德价值、审美价值、真理价值，及其群众、家庭、乡党、国家、社会等共同体先天类型。

传统君子人格在精神情感行为、道德价值、审美价值、真理价值、共同体类型及信仰、敬畏等维度，仍具有积极的意义和价值，有助于现代人成就高贵的立体的精神人格，改变现代人的平面化与庸俗化的命运信仰。传统君子人格在国家、社会层面陷入了巨大的危机，需要吸纳现代人权意识、公民意识以及"法人"人格观念，在政治事务和经济事务中确立起现代个体价值原则。在家庭、乡党等生命共同体类型中，传统君子人格需要吸纳现代家庭、社区等治理理念，不断丰富和拓展自身的意涵和规定。

正如传统儒家君子人格是丰富的和立体的，现代个体价值原则也是有明确的运用范围和界限的，不能无限制地将其运用到精神情感行为、道德价值、审美价值、真理价值以及家庭、宗族等生命共同体领域中。也就是说，传统君子人格在国家和社会等共同体类型中所做出的调整和转变，与其在其他层面和领域的坚守和教化，是并行不悖的。唯有如此，儒家传统君子人格才能一方面摆脱或扭转其现代性困境，另一方面继续保有其本身所具有的极高明的智慧，发挥其对现代文明的反思和批评作用。

试论儒家君子的财富观及其现代意义

杨明辉 *

摘　要：财富是每个人生活之必须，思量和追求财富是人生的恒常主题。对孔子而言，君子不仅是一个具有高尚道德修养的人，同时也是一个讲究生活理性的人。"君子爱财，取之有道"，就体现了君子人格中道德理想与生活理性的统一。在对待财富的问题上，孔子及后世儒家肯定财富的重要性和不可或缺性，肯定君子爱财的正当性，只是在后面加了一个重要的限定条件——"取之有道"，提倡"先义后利""见义思利"，反对"唯利是图""见利忘义"。追求财富的过程是否坚持道义原则，是否体现价值理性与工具理性的统一，成为君子和小人的分水岭。从财富观来说，君子虽然有爱财、取财的一面，但并不以获取财富为最高目的，而是既肯定财富却又超越财富。

关键词：君子；财富观；儒家

君子是中国古代知识分子立志追求的理想人格。虽然道德修养是孔子赋予君子的首要特质，但其并非君子人格的全部内涵。事实上，对孔子而言，君子不仅是一个具有高尚道德修养的人，同时也是一个讲究生活理性的人。"君子爱财，取之有道"，体现了君子人格中道德理想与生活理性的统一。以往学界对君子的研究偏重于道德理想与政治使命，对君子的理性精神着墨不多。有鉴于此，本文试图从道德理想与生活理性相统一的角度，阐述儒家君子的财富观及其现代意义。

---

* 杨明辉，江苏省社会科学院哲学与文化研究所助理研究员。

一、君子爱财的正当性

儒家君子的理想生活是既入世又出世的，是既能致力于道德实践又不离人伦日用的，这就是《礼记·中庸》所谓的"极高明而道中庸"。在孔子心目中，君子具有中庸的美德。孔子所说的"中庸"，是指无过无不及、恰到好处的理性状态。这是"中庸"的核心意义，后世儒家对此或有所演绎和发挥，但基本的调子不变。[①]孔子说："质胜文则野，文胜质则史。文质彬彬，然后君子。"（《论语·雍也》）即君子能在质与文之间达到平衡。类似的说法，在《论语》中还有很多。比如，"君子惠而不费，劳而不怨，欲而不贪，泰而不骄，威而不猛"（《论语·尧曰》），"温而厉，威而不猛，恭而安"（《论语·述而》），等等。

相对于大公无私、至善至美的圣人来说，儒家君子不仅具有追求道德理想的一面，也有考虑现实物质生活的一面，是道德理想与现实关切的统一。也就是说，君子作为比"德合于天地"的圣人低一个层次的人格追求，更接地气，更容易被大众所效仿。安乐哲、罗思文说："对于我们大部分人来说，'君子'就是我们所能想象的最高奋斗目标。"[②]孔子说："圣人，吾不得而见之矣；得见君子者，斯可矣。"（《论语·述而》）如果说完全按照道德理想行事的是圣人，完全追求个人利益最大化的是小人，那么，君子正好介于两者之间，将道德理想与生活理性结合起来，中道而行。历代大儒对君子的生活理性，也就是对物质财富或"利"的理性追求，都予以肯定和鼓励。

孔子说："富与贵，是人之所欲也。"（《论语·里仁》）直截了当地指出追求财富、趋利避害是人的本性。孔子又说："富而可求也，虽执鞭之士，吾亦为之。"（《论语·述而》）即对合乎"义"的富和利，应当努力去争取。孔子又说："邦有道，贫且贱焉，耻也。"（《论语·泰伯》）如果国家有道，天下太平，君子却一贫如洗，也是一种耻辱。孔子的弟子子贡为人正直，善于经商，做生意"亿则屡中"，是"君子爱财，取之有道"的典型，孔子称赞他"富而好礼"（《论语·公冶长》）、"赐也达"（《论语·雍也》）、"胡琏也"（《论语·公冶长》）。孔子最得意的弟子颜回，"一箪食，一瓢饮，在陋巷，人不堪其忧，回也不改其乐"，却在贫病交加中英

---

① 张德胜等：《论中庸理性：工具理性、价值理性和沟通理性之外》，《社会学研究》2001 年第 2 期。
② ［美］安乐哲、罗思文：《〈论语〉的哲学诠释》，中国社会科学出版社，2003，第 63 页。

年早逝，令孔子悲痛不已。这从侧面表明了财富作为人的基本需求的重要性和必要性。

孟子也说："富，人之所欲……贵，人之所欲"（《孟子·万章上》），"人亦孰不欲富贵"（《孟子·公孙丑下》）。在孟子看来，富裕和显贵是人们的共同追求，但追求富贵必须要符合道义。孟子成名后，每次周游列国，车马随从甚众，所到之处，诸侯贵戚盛情款待。他的弟子提出，这不符合君子不言利的精神。孟子解释道："非其道，则一箪食不可受于人；如其道，则舜受尧之天下，不以为泰。"（《孟子·滕文公下》）孟子的意思是，求利的关键是要看是否符合道义：有道，利再大也不为过；无道，利再小也不能受。[①]

荀子也表达了相同的看法。荀子说："义与利者，人之所两有也。虽尧、舜不能去民之欲利。"（《荀子·大略》）在荀子看来，追求利是人类与生俱来的本性，是正当的，圣人也不能去掉民众的求利之心。荀子又说："好荣恶辱，好利恶害，是君子小人之所同也。"（《荀子·荣辱》）他认为君子与小人在追逐利益、趋利避害方面，是完全一样的。因此，是否爱财，并不是区分君子和小人的标准。

董仲舒也认为，利与义一样，都是人们生活中不可缺少的重要组成部分。董仲舒《春秋繁露·身之养重于义》说："利以养其体，义以养其心；心不得义不能乐，体不得利不能安。义者，心之养也；利者，体之养也。"在董仲舒看来，"义"是用来养心的，"利"是用来养身的。对于君子来说，道德精神的愉悦和物质财富的满足同等重要。这是从功能的角度，肯定了义与利在人类生活中的客观实在性。[②] 司马迁不仅提出"天下熙熙，皆为利来；天下攘攘，皆为利往"《史记·货殖列传》，公开肯定人们逐"利"的客观性，还提出人越富就越有行善的条件，即"君子富，好行其德"（《史记·货殖列传》）。

宋明理学家固然通过天理人欲之辩为自己打上了偏重义理的标识，但在义利问题上，他们也不得不承认利的客观实在性和君子适度追求财富的合理性。例如，《河南程氏遗书》卷十七曰："人无利，直生不得，安得无利？"《二程集》也说："夫利和义者，善也。其害义者，不善也……君子未尝不欲利。"[③] 因此，他们主张"以义而致利，斯可矣"（《河南程氏外书》卷六）。主张"存天理、灭人欲"的朱

---

① 户华为：《仁者无敌：孟子的人生哲学》，《光明日报》2006 年 5 月 9 日。

② 王雅、刘东升：《从社会分层视角解析"君子喻于义，小人喻于利"》，《人文杂志》2012 年第 6 期。

③ [宋]程颢、[宋]程颐：《二程集》，中华书局，1981，第 349 页。

熹，在《论语集注》卷二中指出："利者，人情之所欲。"《朱子语类》曰："今之士大夫应举干禄，以为仰事俯育之计，亦不能免。"指出士君子也有养家糊口的现实需要。《朱子语类》又说："圣人岂不言利？……若说全不言利，又不成特地去利而就害。"①强调利是人生存和发展的基本前提，圣人、君子也可以讲利、求利。

清代大儒颜元指出："以义为利，圣贤平正道理也。……利者，义之和也。……义中之利，君子所贵也。后儒乃云'正其谊不谋其利'，过矣。……予尝矫其偏，改云'正其谊以谋其利，明其道而计其功'。"②在颜元看来，义与利是相互统一的，利是义的存在基础，义是利的价值导向，明道正义的目的在于谋利计功。

事实上，完全不讲个人利益的"君子国"是不可能实现的乌托邦。李汝珍在《镜花缘》中虚构了一个"君子国"，国人可谓仁义至极，争相以自己吃亏让人得利为乐事；在市场交易中，买方不是压价而是抬高价格购买，卖方不是抬价而是以低价卖出为荣，双方常常为此争得不可开交，最后需要旁人的协调才能勉强成交。这里包含着一个极为深刻重要的道理：以自利为目的的谈判具有双方同意的均衡点，而以他利为目的的谈判则不存在能使双方都同意的均衡点。从动态的变化来看，"君子国"最终必定转变为"小人国"。③

总之，在对待财富的问题上，孔子及后世儒家肯定财富的重要性和不可或缺性，肯定君子爱财的正当性，只是"君子爱财，取之有道"，要求"先义后利""见义思利"，而不能"唯利是图""见利忘义"。尤其需要注意的是，义与利发生冲突和矛盾时，儒家始终强调义的优先地位，坚决主张舍利取义。对于不义之财，君子宁愿受穷也视之如敝屣。孔子说："不义而富且贵，于我如浮云。"（《论语·述而》）孟子也说："鱼，我所欲也；熊掌，亦我所欲也。二者不可得兼，舍鱼而取熊掌者也。生，亦我所欲也，义，亦我所欲也。二者不可得兼，舍生而取义者也。"（《孟子·告子上》）孔孟之言反映了君子对待财富的理性态度，既不轻视财富又不唯利是图，当取则当仁不让，不当取则分文不取。

---

① 参见 [宋] 黎靖德编：《朱子语类》卷一一八，中华书局，1986。
② [清] 颜元：《颜元集》，中华书局，1987，第 163 页。
③ 茅于轼：《中国人的道德前景》，暨南大学出版社，2008，第 2 页。

二、君子取财的道义原则

君子和小人虽然都有爱财的一面，但二者追求财富的动机、手段、结果都是截然不同的。君子能够理性地追求自己的合理利益或生活理想，他们把个人生活的福祉与社会的福祉看作是不可分割的，在践行道义的过程中追求自己的生活理想。同时，他们在追求价值理性的过程中，具有判断能力和慎思能力，具有采取实现理性目的的合理途径的能力。他们知道什么是正当的，什么是应该做的，也知道怎样做是最有效的。因此，追求财富的过程是否坚持道义原则，是否体现价值理性与工具理性的统一，就成为君子和小人的分水岭。下面，以君子和小人对比的方式揭示君子取财的道义原则。

首先，君子与小人取财的动机不同。这就是所谓的"辨志"。君子是有志之士，志在道义，他们在践行道义的过程中依靠自己的功绩自然而然地获取财富，所以财富是他们践行道义的副产品，是社会对他们功劳的肯定和回报。公孙丑曾经问孟子："《诗》曰：'不素餐兮。'君子之不耕而食，何也？"孟子回答说："君子居是国也，其君用之，则安富尊荣；其子弟从之，则孝悌忠信。'不素餐兮'，孰大于是？"高度肯定了君子对国家的贡献。孔子也说："君子谋道不谋食。耕也，馁在其中矣；学也，禄在其中矣。君子忧道不忧贫。"（《论语·卫灵公》）孔子并不是要求君子真的不要衣食，而是要求君子在践行道义的过程中水到渠成地获得衣食。而小人则是"人为财死，鸟为食亡"，以追逐和拥有财富作为人生的终极目的，为求财而求财，缺乏价值理性的引导。陆象山对"君子喻于义，小人喻于利"的解释是："人之所喻，由其所习，所习由其所志。志乎义，则所习者必在于义；所习在义，斯喻于义矣。志乎利，则所习者必在于利，所习在利，斯喻于利矣。故学者之志不可不辨也。"[①] 君子立志行义，时刻按照义的要求去为人行事，取财则以道义优先；而小人志在利禄，习于私利，时刻受私利的驱使去为人行事。因此，为人为学之要，首在立志。

其次，君子与小人取财的手段不同。君子通过诚实的劳动来获得财富，一分耕耘一分收获。小人希望不劳而获，常常采取违背道德乃至法律的手段谋取财富。孔子说："富与贵，是人之所欲，不以其道得之，不处也；贫与贱，是人之所恶也，

---

① ［宋］陆九渊：《白鹿洞书院论语讲义》，中华书局，1980，第275页。

不以其道得之，不去也。"（《论语·里仁》）要求君子以符合道义的手段追求富贵、摆脱贫贱，以义为准绳，以义导利。荀子也说："好荣恶辱，好利恶害，是君子小人之所同也，若其所以求之之道，则异矣。"（《荀子·荣辱》）君子与小人虽然在趋利避害方面都是一样的，但采取的手段并不相同。君子"畏患而不避义死，欲利而不为所非"（《荀子·不苟》），"虽穷困冻馁，必不以邪道为贪；无置锥之地，而明于持社稷之大义"（《荀子·儒效》）。而小人在谋财时，"言无常信，行无常贞，唯利所在，无所不倾"（《荀子·不苟》），完全把道义抛之脑后。

最后，君子和小人取财的结果不同。君子取财是个人利益与公共利益的统一，在促进社会财富增长的同时，获取自己应得的财富。小人则是一味地追求个人利益，由此引发各种社会问题，激化社会矛盾。[1]孔子说："放于利而行，多怨。"（《论语·里仁》）孟子也认为："为人臣者，怀利以事其君；为人子者，怀利以事其父；为人弟者，怀利以事其兄；是君臣、父子、兄弟终去仁义，怀利以相接，然而不亡者，未之有也。"（《孟子·告子下》）也就是说，"唯利是图"不仅会导致人与人之间的尔虞我诈、你争我夺，而且会造成"上下交征利"的"国危"局面。因此，儒家要求君子在处理义利问题时，始终遵循道义原则，"利"合于义则取之，违于义则分文不取。

三、君子得财后的理性与豁达

《中庸》曰："君子中庸，小人反中庸。君子之中庸也，君子而时中。小人之中庸也，小人而无忌惮也"。这段话告诉我们，君子的中庸理性体现在随时守住中道，无过无不及；小人之所以违背中庸，是因为小人肆无忌惮，专走极端。从财富观的角度来看，君子虽然有爱财、取财的一面，但并不以获取财富为最高目的，而是既肯定财富又超越财富。君子在获得财富后，并不像小人那样挥霍无度，而是保持节制的理性态度，在适度享受的同时，照顾各方面的利益，兼济天下。

首先，君子欲而不贪，适可而止。儒家要求君子行"中庸"之道，就是要求君子为人处事要恰如其分，恰到好处，无过无不及。因此，君子对财富的追求并不是无节制的，而是有一个理性边界的。马克斯·韦伯认为，儒家君子能够"戒慎而理性的自我控制，以及抑制任何凡是可能动摇心境平衡的、非理性的情欲，并且充分

---

① 苗润田：《"放于利而行多怨"——儒家义利学说再探讨》，《哲学研究》2007年第4期。

履行传统义务，从而体现个人的'典雅与威严'"。① 小人则唯利是图，信奉"金钱万能"论，穷奢极欲，最终沦为金钱的奴仆。因此，能不能理性地控制自己的物质欲望，是君子和小人的重要区别。

其次，君子心胸坦荡，得失不惊。孔子曰："君子坦荡荡，小人长戚戚。"（《论语·述而》）君子以谋道为务，以弘道为己任，胸怀坦荡，理性地对待财富得失，"穷不失义，达不离道"（《孟子·尽心上》）。小人唯利是图，斤斤计较，患得患失。孔子说："君子固穷，小人穷斯滥矣。"（《论语·卫灵公》）君子身处贫穷或困境时，具有"固穷"的胸襟和气度，既来之，则安之。以朱熹为例。据《宋史·朱熹传》记载，朱熹一向家境贫寒，以至常常断粮，但他却能安然处之。他用"豆饭藜羹"来招待远道而来的求教者，有时还要靠借钱来维持生活，却"非其道义，则一介不取也"。在儒家看来，物质生活的清贫并不影响精神上的富足。相反，如果富足是通过"不义"手段获得的，精神上就不能获得解脱。②

最后，君子道济天下，成人之美。拥有中庸理性的君子从整全观念出发，在自己获得财富后，照顾各方面的利益，从而使自己和社会整体之间在财富的拥有上保持一定的和谐与均衡状态。孔子所谓的"博施于民而能济众""己欲立而立人，己欲达而达人"（《论语·雍也》），即要求君子在取得财富之后，能济困救贫，使民众特别是弱势人群都能得到恩惠。孔子说："君子成人之美，不成人之恶，小人反是。"（《论语·颜渊》）君子乐于助人，为他人的成功而高兴；小人则嫉贤妒能，为富不仁。孟子也要求君子"得志，泽加于民；不得志，修身见于世。穷则独善其身，达则兼善天下"。（《孟子·尽心上》）

四、君子财富观的现代意义

财富是每个人生活之必须，思量和追求财富是人生的恒常主题。在社会主义市场经济条件下，对财富的追求和对物质生活的适度享受，是正当且应当鼓励的行为。因此，合理的财富观不仅有利于引导人们正确地追求财富，而且有利于促进社会财富的增长。"君子爱财，取之有道"，这种义利兼顾、道义优先的理性财富观，

① [德] 马克斯·韦伯：《中国的宗教：儒教与道教》，简惠美等译，（台北）远流出版事业股份有限公司，1980，第295页。

② 耿加进：《儒家的义利之辨与企业的社会责任》，《学海》2011年第3期。

具有重要的现实意义。

改革开放以来，我国在社会主义市场经济条件下，出现了许多唯利是图的道德失范现象，而儒家倡导的君子人格，尤其是"君子爱财，取之有道"的财富观，对于纠正道德领域存在的失范现象具有重要的现实意义。究其原因，在于君子作为传统文化提倡的理想人格，可谓家喻户晓——无论是居庙堂之高，还是处江湖之远，甚至是目不识丁的村野农夫，都乐于被视为君子，而绝不愿意被视为小人。可以说，君子是埋在中国人心中的种子，而我们要做的就是让它生根发芽，结出时代之花。儒家"君了爱财，取之有道"的财富观，既有关爱他人及社会的道义准则，也肯定了个人的合理欲求和生活理性，是全社会都可以普遍遵循的理性财富观，是新时期思想文化建设的重要资源。

因此，"君子爱财，取之有道"应该成为全体公民追求财富的基本准则。在社会主义市场经济条件下，人们应该遵守市场经济的游戏规则，遵守社会公德，坚持职业道德，在"不缺德""不违法"的前提下，理直气壮地赚钱，自由理性地享受生活。那些通过创造性劳动发财致富的人，理应被视为新时代的君子，理应得到社会的鼓励和肯定。而那些以不正当手段谋取财富的行为，应被界定为小人行径，应当受到舆论的谴责和法律的制裁。唯有如此，才能形成正确的舆论导向，在全社会形成勤劳致富、理性消费的良好氛围。

论君子文化视野下当前公序良俗的维护与重建*

王　灿**

摘　要："公序良俗"与"君子文化"息息相关。公序良俗的两大方面——"公共秩序"和"良好风俗",皆为"君子"所孜孜以求的社会建设目标。在中国古代,君子促进公序良俗的途径一般有二:一是通过出仕实现政治化民;一是通过居乡教化乡里。居官之君子,应该努力利用自己的职务和社会地位,宣传、推行和弘扬君子文化,重建公序良俗,即所谓的"兼善天下";居乡之君子,既要独善其身,又要以自己的修为来影响、教化乡民。这既是作为中国传统文化继承者的君子的责任,也是中华文化复兴和时代之期盼。

关键词：君子文化;公序良俗;教化;社会治理

"公序良俗"一词逐渐进入公众视野,尤其是出现在各级各类政府公文中,是最近才发生的事情。而此前,"公序良俗"仅偶尔出现在若干学术领域。这是一个值得注意的现象,至少在某种意义上说明,此前那些认为单靠法律条文的具体要求就可以包揽一切现代社会治理功能的倾向,需以此来矫正。尽管在语词和法律研究中,一般都认为"公序良俗"源于西方,并且首先体现于西方法律体系中。事实上,没有哪一种文化比中国传统文化更重视公序良俗。换言之,即使"公序良俗"四字不是最早在中国古代出现和应用,但相当于这个意蕴的概念和思想,在中国古代是极为常见和重要的。所谓"公序良俗",一般被理解为"公共秩序和良好风俗"。凡对中国传统文化稍有了解者,皆知对"公共秩序"和"良好风俗"的重视,一直

---

　　* 本文系2017年度河南省高等学校重点科研项目资助性计划"河南省儒家文化资源符号化和系列化开发问题研究"（17A790021）阶段性研究成果。

　　** 王灿,文学博士后,河南科技大学人文学院副教授。主要从事中国古代学术文化研究。

是中国古代最为重要的社会治理维度。质诸古籍，所在皆是。

与"公序良俗"相应，"君子"一直是中国古代社会人格修养的最重要目标，古代中国人一直以"君子"自期，并企望他人亦为君子，冀盼整个社会为一"君子社会"。"君子社会"由此成为中国古代社会治理的理想境界。就此意义而言，"公序良俗"实与"君子文化"息息相关。当前社会呼唤"公序良俗"，期盼人人皆为"君子"，其契合之处不言而喻。若就历史发展和中华文化复兴而言，亦可谓冥冥中注定的世运良机。鉴于尚未发现探讨"公序良俗"与"君子文化"关系的文章，今愿以浅见贡献于方家。不当之处，敬请指教。

一、古代君子最重公序良俗

从中国历史文化中很容易发现，公序良俗的两大方面——"公共秩序"和"良好风俗"皆为"君子"所孜孜以求的社会建设目标。中国古代的"盛世"，向来以"公共秩序"和"良好风俗"为最重要特征，它们的重要性甚至远超对于物质生活的重视程度。事实上，中国古代向来把"公共秩序"和"良好风俗"置于"家给人足"之上。"家给人足"或可暂缺，不影响其为良好的社会；但是缺少前两者，则无论物质生活多么丰足，也绝不可以"盛世"许之。从"羲黄盛世"到康乾盛世，莫不如此。

中国最古老的文献汇编是《尚书》，《尚书》之首篇为《尧典》，《尧典》开篇即称赞尧以其盛德，营造出一幅公序良俗之图景：

> 曰若稽古帝尧，曰放勋，钦、明、文、思、安安，允恭克让，光被四表，格于上下。克明俊德，以亲九族。九族既睦，平章百姓。百姓昭明，协和万邦。黎民于变时雍。①

孔颖达"正义"疏曰：

---

① ［汉］孔安国注，［唐］孔颖达疏：《礼记正义》，中华书局，1980，第118页。

正义曰：言尧能名闻广远，由其委任贤哲，故复陈之。言尧之为君也，能尊明俊德之士，使之助己施化。以此贤臣之化，先令亲其九族之亲。九族蒙化已亲睦矣，又使之和协显明于百官之族姓。百姓蒙化皆有礼仪，昭然而明显矣，又使之合会调和天下之万国。其万国之众人于是变化从上，是以风俗大和，能使九族敦睦，百姓显明，万邦和睦，是'安天下之当安'者也。①

由《尧典》原文和孔颖达的解释可知，尧之功业道德，并不是因为其他（如经济、军事功业等）而显明，而是因其治下的良好风俗（"良俗"）和优良的公共社会秩序（"公序"）而显明。统言之，即"是以风俗大和，能使九族敦睦，百姓显明，万邦和睦"。

在另一部儒家经典《礼记·礼运》中，孔子有一段名言虽然常被征引，但很少有人注意到，这段话的核心内容就是从"公序良俗"的角度阐述了孔子对于"大同社会"和"小康社会"的理解和向往，同时也是古之君子追求的方向所在。其文曰：

大道之行也，与三代之英，丘未之逮也，而有志焉。大道之行也，天下为公，选贤与能，讲信修睦。故人不独亲其亲，不独子其子，使老有所终，壮有所用，幼有所长，鳏寡孤独废疾者皆有所养，男有分，女有归。货恶其弃于地也，不必藏于己；力恶其不出于身也，不必为己。是故谋闭而不兴，盗窃乱贼而不作，故外户而不闭。是谓大同。今大道既隐，天下为家，各亲其亲，各子其子，货力为己，大人世及以为礼，城郭沟池以为固，礼义以为纪，以正君臣，以笃父子，以睦兄弟，以和夫妇，以设制度，以立田里，以贤勇知，以功为己。故谋用是作，而兵由此起。禹、汤、文、武、成王、周公由此其选也。此六君子者，未有不谨于礼者也。以著其义，以考其信，著有过，刑仁讲让，示民有常，如有不由此者，在执者去，众以为殃。是谓小康。②

孔子的这段论述，可分为"大同"和"小康"两段。关于"大同"，孔子认为，

① [汉]孔安国注，[唐]孔颖达疏：《礼记正义》，中华书局，1980，第119页。
② [汉]孔安国注，[唐]孔颖达疏：《礼记正义》，中华书局，1980，第1413—1414页。

"大道"流行之时，即"大同"社会，其基本伦理是天下为公、选贤与能、讲信修睦。而在此伦理的信仰和治理之下，形成的社会风气和面貌是："人不独亲其亲，不独子其子，使老有所终，壮有所用，幼有所长，鳏寡孤独废疾者皆有所养，男有分，女有归。货恶其弃于地也，不必藏于已；力恶其不出于身也，不必为已。是故谋闭而不兴，盗窃乱贼而不作，故外户而不闭。"这里又分为两个明显的层次：所谓"人不独亲其亲，不独子其子，使老有所终，壮有所用，幼有所长，鳏寡孤独废疾者皆有所养，男有分，女有归。货恶其弃于地也，不必藏于已；力恶其不出于身也，不必为已"，说的是"良俗"；所谓"谋闭而不兴，盗窃乱贼而不作，故外户而不闭"，说的是"公序"。关于"小康"，孔子认为，则比"大同"略逊一筹，其风俗为"大道既隐，天下为家，各亲其亲，各子其子，货力为己"，其公序为"大人世及以为礼，城郭沟池以为固，礼义以为纪，以正君臣，以笃父子，以睦兄弟，以和夫妇，以设制度，以立田里，以贤勇知，以功为已。故谋用是作，而兵由此起"。为维护此公序，"禹、汤、文、武、成王、周公……此六君子者，未有不谨于礼者也。以着其义，以考其信，着有过，刑仁讲让，示民有常，如有不由此者，在执者去，众以为殃"。孔子"有志"于的"大同"社会，就是古之君子所努力的方向；"小康"社会则是"禹、汤、文、武、成王、周公"等"君子"所陶铸建设的方向。孔子所谓的"大同"社会和"小康"社会，都是较为理想的社会境界。两种社会境界中的"良俗"和"公序"，都要靠君子去努力实现。一言以蔽之，孔子所言之"大同"社会和"小康"社会的核心内容，就是"君子"要努力建设"公序良俗"。孔子关于"大同"和"小康"的论述深入人心，影响深远，"大同""小康"由此成为中国文化中社会建设层面的核心词汇，至今仍被沿用。

降至中国封建社会末期，视"良俗"和"公序"为社会治理最高境界的理念，仍是封建士大夫和统治者的共识。比如：

> 凤之仪仪麟跄跄，涵液渗漉宝道章。年谷用熟民熙攘，还淳反朴追羲黄。①

这首诗是臣子的歌功颂德之作，毫无价值可言，但其折射出当时君臣们的理想

---

① [清]王原祁等：《万寿盛典初集》卷九十六，康熙五十六年武英殿刻本。

社会境界，除了物质上的"年谷用熟民熙攘"之外，更为重要的是"还淳反朴追羲黄"。

总之，中国古代对于公序良俗的追求和重视，是根深蒂固、源远流长的。从某种意义上说，公序良俗就是社会治理的最重要目标，而公序良俗之形成，世之君子，责无旁贷。

二、君子维护和建设公序良俗之道

公序良俗有赖于君子的践履、宣扬和教化，而君子文化的普及，必然会促进公序良俗的建立。

在中国古代，君子促进公序良俗的途径一般有二：一是通过出仕实现政治化民，这是君子"学而优则仕"的真正目的所在。在中国古代，封建士大夫的最高理想是"致君尧舜上，再使风俗淳"。所谓"再使风俗淳"，就是重建已经崩坏的"公序良俗"，出仕为官就可以通过辅佐君主成为"尧舜"式的君主，而实现这个政治理想。孔子为中都宰仅一年，就使得鲁国大治。其他贤士大夫纷纷效法孔子，居其位而谋其政，利用自己的政治权力，重建公序良俗。儒家名臣也是如此而行的。譬如，朱子知漳州期间，革除弊政，发布州县官牒，令官员聚厅议事，杜绝官吏舞弊；整顿词讼，保护百姓，力劝农桑，打击奸民；上书请求蠲减钱粮，废除苛捐杂税；力行经界之法，整顿礼教；大兴县学，整顿风俗；弹劾不法官吏，打击强豪势力。[1] 中国古代正史中的"循吏"，也多以推行教化，促进和重建公序良俗为己任。《汉书·循吏列传》记文翁事迹曰：

> 文翁，庐江舒人也。少好学，通《春秋》，以郡县吏察举。景帝末，为蜀郡守，仁爱好教化。见蜀地辟陋有蛮夷风，文翁欲诱进之，乃选郡县小吏开敏有材者张叔等十余人亲自饬厉，遣诣京师，受业博士，或学律令。减省少府用度，买刀布蜀物，赍计吏以遗博士。数岁，蜀生皆成就还归，文翁以为右职，用次察举，官有至郡守刺史者。又修起学官于成都市中，招下县子弟以为学官弟子，为除更徭，高者以补郡县吏，次为孝弟力田。常选学官僮子，使在便坐受事。每出行县，益从学官诸生明经饬行者

---

[1] 束景南：《朱熹年谱长编》，华东师范大学出版社，2001，第971—1029页。

与俱，使传教令，出入闺阁。县邑吏民见而荣之，数年，争欲为学官弟子，富人至出钱以求之。由是大化，蜀地学于京师者比齐鲁焉。至武帝时，乃令天下郡国皆立学校官，自文翁为之始云。文翁终于蜀，吏民为立祠堂，岁时祭祀不绝。至今巴蜀好文雅，文翁之化也。^①

可见，循吏们大兴文教，倡导孝悌力田，为官一任，教化一方，对公序良俗的形成起到了重要的推进作用。诚如班固在《汉书·循吏传》中所评论的：

> 汉兴之初，反秦之敝，与民休息……而天下晏然，民务稼穑，衣食滋殖。至于文、景，遂移风易俗。是时，循吏如河南守吴公、蜀守文翁之属，皆谨身帅先，居以廉平，不至于严，而民从化。^②

君子维护和建设公序良俗的另一重要途径，是通过居乡教化乡里，此实为古之"师道"。孔子曾言："《书》云：'孝乎惟孝，友于兄弟，施于有政。'是亦为政，奚其为为政？"^③这是从较为消极的层面而言的。比较有代表性的例子，就是明末东林党人的居乡讲学。正如有的学者所说："东林党通过书院讲学，培植儒士群体意识，以此讽议朝政，针砭时弊，参与国事，一方面企求重提学术思想上的道德传统，重树道德伦理上的严格标准和绝对权威，另一方面针对现实问题，试图对社会做某些改造。这种改造首先表现在他们要求把封建专制皇权，进行一定程度的制约，使其纳入孔孟儒学理论的框架之中。……东林党是晚明统治崩溃前夕，从统治阶级中游离出来的一个政治改革派别；东林党人的活动正是一小部分知识分子，代表着'社会良心'发起的政治自救运动。"^④进一步而言，君子居乡并非只能在政治昏暗时才能彰显其教化作用，在政治较为清明之际，仍然可以以自己的君子之行，促进公序良俗的形成和发扬。比如，中国历史上那些隐居不仕的君子，基于以身化俗不必从政的理念，对公序良俗的建立做出了很大的贡献。据《汉书·王贡两龚鲍传》载：

---

① ［汉］班固：《汉书》，中华书局，1962，第3625—3626页。
② ［汉］班固：《汉书》，中华书局，1962，第3623页。
③ ［三国魏］何晏注，［宋］邢昺疏：《论语注疏》，中华书局，1980，第2463页。
④ 邓泽森：《试论东林党人在晚明政治生活中的作用》，《江汉大学学报》1994年第1期。

其后谷口有郑子真，蜀有严君平，皆修身自保，非其服弗服，非其食弗食。成帝时，元舅大将军王凤以礼聘子真，子真遂不诎而终。……君平年九十余，遂以其业终，蜀人爱敬，至今称焉。及雄著书言当世士，称此二人。其论曰："或问：君子疾没世而名不称，盍势诸名卿可几？曰：君子德名为几。梁、齐、楚、赵之君非不富且贵也，恶乎成其名！谷口郑子真不诎其志，耕于岩石之下，名震于京师，岂其卿？岂其卿？楚两龚之洁，其清矣乎！蜀严湛冥，不作苟见，不治苟得，久幽而不改其操，虽随、和何以加诸？举兹以旃，不亦宝乎！"自园公、绮里季、夏黄公、甪里先生、郑子真、严君平皆未尝仕，然其风声足以激贪厉俗，近古之逸民也。若王吉、贡禹，两龚之属，皆以礼让进退云。①

三、不"变俗"与求"西用"

中国古人格外重视君子重建或恢复公序良俗过程中的策略性和可行性，即强调君子在重建公序良俗的过程中，要"不求变俗"。《礼记·曲礼》对"不求变俗"的阐释是：

> 君子行礼，不求变俗。祭祀之礼，居丧之服，哭泣之位，皆如其国之故，谨修其法而审行之。去国三世，爵禄有列于朝，出入有诏于国，若兄弟宗族犹存，则反告于宗后，去国三世，爵禄无列于朝，出入无诏于国，唯兴之日，从新国之法。②

《礼记正义》注曰：

> 非天子不议礼，不制度，不考文。此天下所共行，天子乃能一之也。礼，谓人所服行也。……上经论贤人学至诚，商量国之有道无道能或语或默，以保其身。若不能中庸者，皆不能量事制宜，必及祸患矣。因明己

---

① ［汉］班固：《汉书》，中华书局，1962，第3056—3058页。
② ［汉］孔安国注，［唐］孔颖达疏：《礼记正义》，中华书局，1980，第1257页。

以此之故，不敢专辄制作礼乐也。……若贤人君子，虽生今时，能持古法。……当孔子时，礼坏乐崩，家殊国异，而云此者，欲明己虽有德，身无其位，不敢造作礼乐，故极行而虚己，先说以自谦也。

《礼记正义》这段文字的大意是说：即使有大德如孔子，如果没有天子的政治权力和地位，也不应该擅兴制度礼乐。这一表述是否合理姑且不论，但其对不妄"变俗"的强调，表明中国古人对于恢复和重建公序良俗有着清醒的策略认识。

其实，中国古人向来强调以德化人，这种"德"不见得非以某种具体形式表现出来，也可以是一种精神气质和仁爱情怀。只要真正做到"德"，就会如孔子所说的那样："子为政，焉用杀？子欲善而民善矣。君子之德风，小人之德草。草上之风，必偃。"①古代中国"君子"的最重要特征，就是敬德守礼。只要自己做到德行高尚，则民"自化"。

当然，君子也绝不愿做"乡愿"。不妄"变俗"，是反对不顾当前实际而强制推行某种风俗和制度，而是采用好的策略和方法。

中国的君子文化还有一个显著特点，即主张"不言而教""不言而化"。就这种思想看似迂腐和神秘，其实是有其心理学和文化学的基础的。中国文化传统向来推崇以践履修身，反对空谈，这与西方的主动"传教"做法截然不同。因为以"身教"为特征的君子文化在当代中国仍有较为深厚的土壤，所以把握好君子文化的"度"，适当采取西方的主动宣传策略，是继承和弘扬君子文化时需要注意的一个方面。

四、结语

习近平总书记在论述"小康"社会时指出："中国人民正在为实现'两个一百年'奋斗目标而努力，其中全面建成小康社会中的'小康'这个概念，就出自《礼记·礼运》，是中华民族自古以来追求的理想社会状态。使用'小康'这个概念来确立中国的发展目标，既符合中国发展实际，也容易得到最广大人民理解和支

---

① ［三国魏］何晏注，［宋］邢昺疏：《论语注疏》，中华书局，1980，第2504页。

持。"①不仅如此，习近平总书记还特别强调，中国要强农业必须强，中国要美农村必须美，中国要富农民必须富。要坚持把解决好"三农"问题作为全党工作重中之重，加大推进新形势下农村改革力度，加强城乡统筹，全面落实强农惠农富农政策，促进农业基础稳固、农村和谐稳定、农民安居乐业。②习近平总书记所说的"和谐稳定""安居乐业"，不正是公序良俗的具体化吗？

要之：鉴于"君子"有"道德修养优良者"和"居官者"两重含义，兼之君子之促进"公序良俗"有"居官"和"居乡"两种选择，我们由此提出，居官之君子应该努力利用自己的职务和社会地位，宣传、推行和弘扬君子文化，促进或重建公序良俗，即所谓的"兼善天下"；居乡之君子虽然无位，仍既要独善其身，又要以自己的修为来影响、教化乡民。这既是作为中国传统文化继承者的"君子"的责任，也是中华文化复兴和时代之期盼。

当然，君子弘扬公序良俗还包括以下数端：一是公序良俗的重要思想前提，乃恢复对传统文化的敬畏和汲取；二是在建设主体上，公序良俗首赖于重塑儒家人格精神。限于篇幅，留待后论。

---

① 习近平：《在纪念孔子诞辰 2565 周年国际学术研讨会暨国际儒学联合会第五届会员大会开幕会上的讲话》，人民出版社，2014，第 13 页。

② 习近平：《在中央农村工作会议上的讲话》，《人民日报》2013 年 12 月 24 日。

君子文化与生活情趣

君子有酒，献酢酬之

——《论语》"惟酒无量不及乱"疏释

杨少涵[*]

《论语》一书中，"酒"字凡五见，仅《乡党》篇就出现了三次。而《乡党》篇中，"酒"字在下章中出现了两次：

食不厌精，脍不厌细。食饐而餲，鱼馁而肉败，不食。色恶，不食。臭恶，不食。失饪，不食。不时，不食。割不正，不食。不得其酱，不食。肉虽多，不使胜食气。惟酒无量，不及乱。沽酒市脯不食。不撤姜食。不多食。

此章主要是生活起居方面的规范要求。今天看来，有些要求殊为奇怪，但"唯酒无量不及乱"一句却甚得人心。李泽厚先生认为，"此章最重要的是'唯酒无量不及乱'一句"，而究其原因，在于"这似乎已成为中国传统特征"。[①]"唯酒无量不及乱"在历史上的知名度，由此可见一斑。下面，拟就这句话做些疏释工作。

唯

"唯"字一般解作副词"只有"。照此理解，"唯酒无量不及乱"一句就是承接

---

[*] 杨少涵，华侨大学国际儒学研究院副院长，中华朱子学会理事。研究领域为先秦哲学、宋明理学、现代新儒家哲学。

[①] 李泽厚：《论语今读》，安徽文艺出版社，1998，第246页。

前面"肉虽多"一句而来。意思是说：肉虽然很多，但不能多吃；酒却不限量，云云。俞樾《古书疑义举例》卷四"虽唯通用例"条曰：

> 此"唯"字当读为"虽"，与上"肉虽多"一例。古书一简中上下异字，往往有之。①

俞樾将"唯"解为表示转折的"虽然"，与"肉虽多"的用法一样。照此理解，"唯酒无量"就不是对"肉虽多"的转折，而是对句内"不及乱"的转折。意思是说：虽然酒不限量，但要不及乱。

酒

在人们的日常生活中，饮酒是一件常事儿，故历来注家对《论语》中的"酒"字都没有专门的解释。饮酒在中国源远流长，《尚书》有《酒诰》篇，《诗经》关于美酒的诗句比比皆是。就酒本身来讲，它只是具有麻醉作用的液体。但人饮酒后，就具有了很重要的道德意味。许慎《说文解字》曰：

> 酒，就也，所以就人性之善恶。……一曰造也，吉凶所造也。②

许慎将酒之本义分为二，其实可以合并为一，即造就。酒既可以造就人性之善恶，也可以造就人事之吉凶。从这个意义上来说，酒的作用完全是中性的。康德曾对饮酒的作用进行过非常理论性的论述。他说：

> 喝酒放纵舌头（in vino disertus，酒中出辩才），但是，喝酒也打开心扉，并且是一种道德性质亦即真诚的物质载体。克制和克制的思想对于一个高尚的心灵是一种压抑的状态，而一个兴致勃勃地喝酒的人也很难忍受有人在酒筵上过分节制。因为此人扮演着一个留心人，他关注着别人的错

---

① [清]俞樾等：《古书疑义举例五种》，中华书局，1956，第79页。
② 汤可敬：《说文解字今释》下册，岳麓书社，1997，第2146页。

误，但自己却保持着矜持。①

　　众所周知，喝酒的人话多。喝酒话多可从两个方面来看，积极的方面是指喝酒能够将自己的才气超水平发挥，这在西谚中称作"酒中出辩才"，在中国则称作"李白斗酒诗百篇"。② 消极的方面是指放纵舌头，祸从口出。康德是个心灵美者，故更倾向于喝酒的积极方面：喝酒具有道德性质，是友谊真诚的物质载体。康德烟酒俱全，"他的烟斗一年比一年大，他对酒的口味也一年比一年重"。③ 这种喝酒经验应该激发过康德的理论创作，所以在其严肃的名著《判断力批判》中，不失时机地讲了一个印第安人与啤酒的笑话。④

无量

　　历来注家多将"无量"解作"不限量"。不限量可以上下其讲，上讲是说酒量很大，无量可限；下讲是说不具体限制数量，随人所能。清俞樾说：

　　"无量"即《仪礼》所谓"无算爵"，言虽饮酒至无算爵之时，不及于乱也。⑤

　　"无算爵"亦作"无筭爵"，语出《仪礼·乡饮酒礼》。郑玄注曰："筭，数也。宾主燕饮，爵行无数，醉而止也。"⑥ "爵"为饮酒器之总名。古人喝酒，以爵、觚等酒器节度之，相当于今天的以酒杯衡量之。这样做一方面可以避免自己喝多，另

---

① 参见 [德] 康德：《实用人类学》，邓晓芒译，上海人民出版社，2005，第 58 页。[德] 康德：《康德著作全集》第 7 卷，李秋零译，中国人民大学出版社，2008，第 164 页。

② 杜甫《饮中八仙歌》："李白一斗诗百篇，长安市上酒家眠。天子呼来不上船，自称臣是酒中仙。"参见 [唐] 杜甫：《杜甫全集》卷二，珠海出版社，1996，第 72 页。

③ [美] 曼弗雷德·库恩：《康德传》，黄添盛译，上海人民出版社，2008，第 260—261 页。

④ 康德说："笑是由一种紧张的期待突然转变成虚无而来的激情。"接着说："一个印第安人在苏拉特的一个英国人的筵席上看到打开一瓶英国淡色啤酒，这啤酒全都变成泡沫冒了出来，他用连声呼叫来表示他的巨大惊异，而当英国人问：'这里到底有什么可以如此惊异的？'他回答说：'我奇怪的也不是它冒出来，而是你们怎么把它塞进去的。'"参见 [德] 康德：《判断力批判》，李秋零译，中国人民大学出版社，2007，第 347 页。

⑤ [清] 俞樾等：《古书疑义举例五种》，中华书局，1956，第 79 页。

⑥ [汉] 郑玄注，[唐] 贾公彦疏：《仪礼注疏》卷十，北京大学出版社，2000，第 186 页。

一方面可以避免比别人多喝。在俞樾看来，即使是在无算爵之时，也绝对不允许因醉酒而失礼。

那么，孔子之酒量如何呢？《论语》虽然对孔子的酒量没有直接记载，但"惟酒无量"后的"不及乱"三字，顿使"无量"的"海量"之意大打折扣。明确记载孔子酒量的早期文献是《孔丛子·儒服》：

> 平原君与子高饮，强子高酒曰："昔有遗谚：'尧舜千钟，孔子百觚，子路嗑嗑，尚饮十榼。'古之圣贤无不能饮也。吾子何辞焉？"子高曰："以穿所闻，贤圣以道德兼人，未闻以饮食也。"平原君曰："即如先生所言，则此言何生？"子高曰："生于嗜酒者。盖其劝厉奖戏之辞，非实然也。"平原君欣然曰："吾不戏子，无所闻此雅言也。"①

"子高"是孔穿之字。孔穿是孔子六世孙。赵平原君劝子高喝酒，并引用了一个谚语。这个谚语说尧舜的酒量有千钟，孔子的酒量有百觚，子路的酒量也有十榼。但子高说这个谚语是嗜酒者为劝人喝酒而生造的"劝厉奖戏之辞"。除非子高与平原君这场酒非同寻常，有其他醉翁之意，否则真让人觉得子高这个人是很没意思的。

对于此非实之戏辞，北魏高允《酒训》曾引孔子之孙子思之言曰："子思有云：'夫子之饮，不能一升。'以此推之，'千钟''百觚'皆为妄也。"②叶适提出，"子思语载何书，当考"。③即使考定了子思这句话的出处，其所说孔子之酒量亦不必实然。正如明儒王世贞所说："'百觚'故为过辞，'一升'亦非实录。《乡党》所云'惟酒无量不及乱'，则夫子固善饮者也。"④"孔子百觚"既然是"劝厉奖戏之辞"，那么，"孔子不能一升"也不一定就是真实情况。但无论是百觚还是一升，都是说孔子海量，"固善饮者也"。正是在这个意义上，曹丕说："千钟百觚，尧舜之饮也。惟酒无量，仲尼之能也。"⑤"千钟""百觚""惟酒无量"，都旨在说明圣人能饮、善

① [汉] 孔鲋：《孔丛子·儒服》，台湾商务印书馆，1988，第87—88页。
② [北魏] 高允：《酒训》，载 [明] 张溥编：《汉魏六朝百三家集》卷一百九十七，吉林出版集团，2005。
③ [宋] 叶适：《习学记言序目》卷三十四，中华书局，1977，第502页。
④ [明] 王世贞：《弇州四部稿》卷一百五十八。
⑤ [明] 张溥编：《汉魏六朝百三家集》卷二十四《魏文帝集》，吉林出版集团，2005。

饮，至于其具体酒量则不必深究。而到了文人笔下，"唯酒无量不及乱"甚至成了"孔氏家法"，^① 而孔子也以其酒量而成了"酒王"。^②

不及乱

"乱"有两指。朱熹《论语或问》引胡寅之语曰：

> 胡氏曰：乱者，内昏其心志，外丧其威仪，甚则班伯所谓"淫乱之原皆在于酒"。圣人饮无定量，亦无乱态，盖从心所欲而不踰矩，是以如此。^③

胡寅认为，"乱"有内外之分。"内乱"是指心理志气的昏乱，"外乱"是指威仪礼节的丧失。胡寅的这一分法其实源于程颐。程颐曰：

> 饮酒不可使醉，不及乱者，不独不可乱志，只血气亦不可使乱，但使浃洽而已可也。^④

程颐所说的"乱志"，即胡寅所说的"内昏其心志"，"乱血气"即胡寅所说的"外丧其威仪"。二程认为，饮酒的最佳状态是"浃洽"。"浃洽"是指一种和适融洽、内外贯通的身心状态。大概相当于饮酒至"微熏"的程度。在这个程度上，内在智识清醒，但又情感稍泄；外在举止得体，但又言语微狂。

关于"唯酒无量不及乱"之指涉场所，清代礼学大家凌廷堪曰："'惟酒无量不及乱'，为燕礼言之也。"（《校礼堂文集》）"燕礼"即宴礼。可见，"唯酒无量不及

---

① [明]钟惺《题酒则后》："惟酒无量不及乱，从心所欲，从容中道，圣之时乎。一斗亦醉，一石亦醉，居然孔氏家法，直以自然，故能妙中。"参见[明]贺复征编：《文章辨体汇选》卷三百六十七。

② [明]黄周星《楚州酒人歌》："淳于为酒霸，仲尼为酒王。陶潜、李白坐两庑，糟坛余子蹲其傍。"

③ [宋]朱熹：《四书章句集注》，载朱杰人等主编：《朱子全书》第六册，上海古籍出版社、安徽教育出版社，2002，第152页。

④ 《程氏外书》卷十二载："一日置酒，伊川曰：'饮酒不妨，但不可过。惟酒无量，不及乱。圣人岂有作乱者事，但恐乱其气血致疾，或语言错颠，容貌倾侧，皆乱也。'"据此可知，上语应该是程颐所说。参见[宋]程颢、[宋]程颐：《二程集》，中华书局，2004，第430页。

乱"是就宴筵之礼而言的。宴筵饮酒有着严格的礼仪。《诗经·小雅·瓠叶》曰：

> 幡幡瓠叶，采之亨之。君子有酒，酌言尝之。有兔斯首，炮之燔之。
> 君子有酒，酌言献之。有兔斯首，燔之炙之。君子有酒，酌言酢之。有兔
> 斯首，燔之炮之。君子有酒，酌言酬之。

《瓠叶》是一首典型的燕饮诗，其中的"献""酢""酬"，都是燕饮礼仪。大概说来，"献"是主人向客人敬酒；"酢"是客人饮过主人献酒，回敬主人；"酬"是主人饮过客人敬酒，自饮一杯后再回敬客人。至此礼毕，主客各喝两杯。如果宴饮人数众多，还会有按照长幼次序进行交错相酬的"旅酬"。旅酬也有节度，不能超过三杯。因此，在"献""酢""酬""旅酬"阶段，主客喝酒都有数量的限制。"旅酬"之后，主客便可以不计数量地饮酒了。这就是所谓的"无算爵"。

我们不难发现，现在的宴饮其实是按照古代的燕礼来进行的。同样是东道主先有数量地、象征性地向客人敬酒，然后是客人按照地位、年龄向主人及其他客人敬酒，只不过整个过程没有古代那么严格而已。在最后的"无算爵"阶段容易喝醉，则古今一样。

醉酒是醉酒，但不能乱，这就要求饮酒者具有极高的自控力。因此，古代中国人饮酒既是一门绝妙的艺术，也是一门高超的技术。怀揣这种艺术和技术，便可内不乱其心志，外不失其威仪。这就是《诗经·大雅·既醉》所谓的"既醉以酒，既饱以德"。醉酒而不失其德，"虽醉不忘礼"（胡培翚《研六室文钞》），既是好酒者之崇高追求，也是嗜酒者之最高境界。朱熹《四书章句集注》也说：

> 酒以为人合欢，故不为量，但以醉为节而不及乱耳。[①]

"以醉为节"与"醉不忘礼"是一个意思，都是对饮酒最高境界的一种理性描述。这种描述大概只有善酒者才能写出。朱熹好酒善酒，在宋明理学家中，应该是数得着的。陈荣捷先生曾说："从朱子诗中得知其随时随处可饮。有独饮，有共饮，有晨饮，有晚饮。有与伴侣饮，有与邻里饮，有与同游饮，有与道士饮。月下，雪

---

① [宋]朱熹：《论语或问》，载朱杰人等主编：《朱子全书》第六册，上海古籍出版社、安徽教育出版社，2002，第782页。

中，舟中，沼上，花下，道旁，山顶，茅舍，华馆，均可饮。朱子酒量必不浅……或饮一杯，或饮三杯，多者'喜兹烦抱舒，未觉杯酒深'。甚则以酒作茶。'白酒频斟当啜茶，何妨一醉野人家'？"[①]而那些质疑朱熹"以醉为节"之人，大概从来未臻此境。[②]

《汉书·食货志》曰："酒者，天之美禄……百礼之会，非酒不行。"宴饮有礼，醉而有节。醉而有节之极就是"无量而不及乱"。因此，《论语》"唯酒无量不及乱"与其说是一种道德规范要求，不如说是一种好酒者的境界追求，既酣畅淋漓，又举止得体，内外通透，表里融贯。程颐所谓的"浃洽"，即此境界。

---

① 陈荣捷：《朱子新探索》，台湾学生书局，1988，第131—132页。
② 元人所著《四书辨疑》卷六曰："酒之本性无他，惟能使人神志迷乱而已。饮之至于迷乱失常，然后为醉。今言以醉为节，而不及于乱，岂有不乱而醉者乎？圣人亦无以醉为节之理。"此人不识酒。

从"琴者禁也"看君子之器的意趣境界

张婷婷*

摘　要：古琴作为传统文人君子的大雅之器，具有与其他乐器不同的审美旨趣。琴乐讲究中正平易，不追求华丽的外在成效，而是以悦耳的音声来满足听者的感官享受。"琴者，禁也"，明确指出琴乐的根本功能是禁止欲望杂念，收敛身心，使其达到万物合一的超然状态。"技"是"道"的基础，"以技入道"追求的是恬逸、闲适、虚静、深静和幽远的大雅意境。

关键词：琴；"技"；"道"；"静"；"雅"

古琴是中国古代音乐艺术的瑰宝，被视为"八音之首""贯众乐之长，统大雅之尊"，居于"琴棋书画"之首位，是传统士大夫精神的符号化象征。古琴并非一种纯粹娱乐悦耳的乐器，"琴中太古意，方外无为心"，琴音不追求以华丽的声音激起听者的共鸣，而是源于自然、合于中道、沉静安详、内涵深厚，被古代文人视为"载道"之器。它透过感性形式的"琴音"，显现形上之"道体"。或者说，"琴"是"道"的诗意化存在，丝桐形制与声音表达，均体现出"道"的价值与意义。琴音表现的不仅是美化的"乐音"，更是表现音声之外的"意义"。因此，自古以来就有"君子之座必左琴而右书""君子无故不撤琴瑟"的说法。琴与诗书同行，被视为"君子之器"。

琴论中存有大量关于雅俗之争的探讨。早在东汉时期，桓谭就在《新论·琴道》中提出了"琴者禁也"的命题。桓谭曰："琴之言禁也，君子守以自禁也。"① 琴

---

* 张婷婷，上海大学音乐学院副教授、硕士生导师。主要从事艺术学理论与戏曲史研究。

① [汉]桓谭：《新论》，上海人民出版社，1977，第64页。

乐的根本功能是禁止欲望杂念，收敛身心，使其达到万物合一的超然状态。"琴者禁也"作为琴论中的重要命题，被后世不断诠释。如汉代《白虎通·礼乐》曰："琴者，禁也，所以禁止淫邪，正人心也。"①明确将"禁"作为"琴"之本性规定，认为琴乐是禁止淫邪欲望，归正人心的雅器。唐代薛易简《琴诀》云："盖其声正而不乱，足以禁邪止淫也。"②认为琴声是雅乐之正声，是可以禁止淫邪之欲望，归正人心的雅乐。宋代朱熹曰："养君中和之正性，禁尔忿欲之邪心，乾坤无言物有则，我独与子钩其深。"③在朱熹看来，琴乐以"静""和"的特殊美感，修德养情，净化人心。

由此可见，"琴者禁也"自汉代开始便成为琴论的核心命题，而"禁"的内容也随着后世对这一命题的不断诠释而日益增多，从禁止不平和的"烦手淫声"，到禁止琴乐的"慆堙心耳"。古琴以其特有的美感形式，表现出君子对"希声""虚境"的超越性追求。晋殷仲堪《琴赞》云："五音不彰，孰表大音。至人善寄，畅以雅琴。声由动发，趣以虚乘。"④沈括的"艺不在声，其意韵箫然，得于声外"；⑤苏璟的"鼓琴者心超物外"；⑥陈世骥的"琴与书参，音与意参"，⑦都体现了这种艺术观。古琴音乐清微淡远，平和高远，以简淡而寡味的音声，于含蓄虚音处寻求况味，于无音停顿处寻求无限，以"虚实相生"表现，获得大音希声彻明。琴乐之"雅"，与俗乐之"俗"构成了鲜明的对比。例如，筝、琵琶、三弦、胡琴、月琴之类，声调纤巧呖呖，嘈嘈切切，如莺语恰啼，珠落玉盘，俗耳听之，甚乐人心，陶醉于声色的美感体验，但一与琴瑟、钟鼓这类雅乐之器比较，其雅俗之高低拙劣自现。用明代戚继光的话来说，就是："俗调犹如咽肉食饴，雅调则如嚼玄嗽苦，滋味深长，万听不厌。"⑧因此，古人有"弹琴不清，不如弹筝"之说。⑨无所欲求、无所挂搭的清净与旷达，是大雅之本源，若雅音翻作俗调，以音色之美为目的，则

---

① ［汉］班固等撰，王云五注：《白虎通》（一），商务印书馆，1936，第53页。
② ［唐］薛易简：《琴诀》，载蔡仲德注译：《中国音乐美学史资料注译》，人民音乐出版社，2004，第555页。
③ ［宋］朱熹：《晦庵先生朱文公文集》卷八十五，北京图书馆出版社，2006，第45页。
④ ［宋］严可均辑：《全晋文》下册，商务印书馆，2006，第1392页。
⑤ 胡道静等译注：《梦溪笔谈全译》，贵州人民出版社，1998，第918页。
⑥ 蔡仲德注译：《中国音乐美学史资料注译》，人民音乐出版社，2004，第787页。
⑦ ［清］陈世骥：《琴学初津·制曲要篇》，清光绪二十年抄本。
⑧ ［明］戚继光：《止止堂集·愚愚稿·大学经解》，中华书局，2001，第257页。
⑨ ［明］徐青山：《溪山琴况》，载中国艺术研究院音乐研究所编：《琴曲集成·琴学正声》，中华书局，1989，第81页。

流为肤浅，失雅鄙俗，有违琴乐的美感特征，必须摒弃。

中国文人君子将古琴视为"大雅之音"，"古人之于诗则曰'风''雅'，于琴则曰'大雅'"。[①]作为文人寄意的搭挂，弹琴听乐是以"器—乐—艺—境—道"作为整体性结构的，凝聚着先贤圣哲格物致思的探求，也是其修身养性的重要途径。古琴演奏出神入化的境界在于养心："古人以琴能涵养性情，为其有太和之气也。"而其"下指功夫，一在调气，一在练指。调气则神自静，练指则音自静"。因此，"练指养气之士"应"先肃其气"。技艺的纯熟固然是表演艺术追求的基础与目标，但并非古琴所追求的最高层次，指法等基本功夫纯熟之后，反而要"生"。此"生"并非技艺生疏之意，而是指新鲜的"生气"。诚如明代张岱所言：

> 古人弹琴，吟揉绰注，得手应心。其间勾留之巧，穿度之奇，呼应之灵，顿挫之妙，真有非指非弦，非勾非剔，一种生鲜之气，人不及知，己不及觉者，非十分纯熟，十分淘洗，十分脱化，必不能到此地步。盖此练熟还生之法，自弹琴拨阮，蹴鞠吹箫，唱曲演戏，描画写字，作文作诗，凡百诸项，皆借此一口生气。得此生气者自致清虚，失此生气者终成渣秽。吾辈弹琴，亦唯取此一段生气已矣。[②]

技巧的训练是死板的，古琴勾剔抹挑等基础指法的训练，没有任何艺术创造可言，但是掌握了基本指法后，便可在右手勾剔抹挑的力度上、出指的角度上变化其妙，再加上左右吟猱绰注的艺术化处理，琴音便能生动活泼。在技艺纯熟的基础上，加以巧妙的艺术创造，才具有音乐的意趣活力。这是所有门类艺术共同的法则。"技"和"道"同样重要，没有"技"的能力，心中的"道"便不能表现出来。弹奏者唯有谙熟指法，深明乐律，才能轻松自如地演奏。需要指出的是，古琴的指法并非枯燥无味的机械运动，音也不是孤立无援的生硬流动，吟猱绰注、轻重缓急的指法使"音"得以展现，而"音"又以气韵灵动的歌唱回应指法。在琴乐的审美性活动中，指法手势与音色表现既是弹琴的基础，又是其最浅层的追求。若仅在技巧上做文章，一味追求华丽繁复的效果，过度张扬吟猱绰注、轻重缓急的音色

---

① [明]徐青山：《溪山琴况》，载中国艺术研究院音乐研究所编：《琴曲集成·琴学正声》，中华书局，1989，第84页。

② [明]张岱：《嫏嬛文集·与何紫翔》，故宫出版社，2012，第170—171页。

表现，便会落入俗流，造成"烦手淫声，慆堙心耳，乃忘平和，君子弗听也"的结果。① 这是弹琴的大忌。古琴具有更高的精神超越，那就是"以技入道"，"道"的实存境界才是琴乐的大雅之境。琴乐创造的意境化音声形式，通过心灵的诗化"言说"，展示君子对"通神明""合天地"的永恒历史性追求。

"以技入道"的关键是"得心应手"。琴声之所以能"悲思怨慕"，并不在乐器本身，而在"得之心，符之手；得之手，符之物"。如《关尹子·三极》曰："人之善琴者，有悲心则声凄凄然；有思心则声迟迟然；有怨心则声回回然；有慕心则声奕奕然，所以悲思怨慕者，非手、非竹、非丝、非桐，得之心，符之手，得之手，符之物，人之有道者，莫不中道。"② 君子弹琴，不能仅在浅层次上追求音的形式美，更重要的是追求"意"的传达，超越外在的形式，契入物的情致，感通人之心灵，传出琴乐的"神韵"。君子弹琴时，内心的真实情感与指上之音完全熔铸为一体，"音从意转，意先乎音，音随乎意，将众妙归焉"，在和谐的指法技艺与审美体验中，获得灵性的心灵或生命，又将无限自由圆融的生命体验回向天地，从而"与山相映发，而巍巍影现；与水相涵濡，而洋洋徜恍。暑可变也，虚堂凝雪；寒可回也，草阁流春。其无尽藏，不可思议"。在真实心态下，琴音真悲无声而哀，真怒未发而威，情动于中而神形于外，外感于人乃复动于中，这才是君子的大雅之音。因此，徐青山在《溪山琴况》中指出：

> 喜工柔媚则俗，落指重浊则俗，性好炎闹则俗，指拘局促则俗，取音粗厉则俗，入弦仓卒则俗，指法不式则俗，气质浮躁则俗，种种俗态未易枚举，但能体认得'静''远''淡''逸'四字，有正始风，斯俗情悉去，臻于大雅矣。③

弹琴更强调声音之外的美感，以跌宕旷达、简淡平和的形式，直接作用于人心，获得"音中之意""弦外之音"。因此，徐青山《溪山琴况》说："弦与指合，

---

① [清] 阮元校刻：《十三经注疏·春秋左传正义·昭公元年》，中华书局，1980，第 2025 页。
② [周] 尹喜撰，王云五主编：《关尹子》，商务印书馆，1937，第 23 页。
③ [明] 徐青山：《溪山琴况》，载中国艺术研究院音乐研究所编：《琴曲集成·琴学正声》，中华书局，1989，第 84 页。

指与音合，音与意合，而和乃得也"。① 合于天地万物，则必须修养自己的身心道德，节制自己的欲望，做到自律坦荡，谨慎不苟，此所谓的"和也者，天下之达道也，其要只在慎独"。② 唯有如此，才能祛除外物的蒙蔽，通达纯一的本然状态，获得超越性的美感体验，此即"君子之近琴瑟，以仪节也，非以慆心也"。③

从本质来看，习琴的过程就是去掉欲望的过程，于安详宁静中获得自由，这种艺术精神与老庄"主体虚静，玄览万物"的思想是相通的，于动中求静，于实处求虚，于无欲处达至真如，于念中去除虚妄遮蔽。非清心，不能尽古琴之美；非黜欲，不能赏琴音之妙；唯有在"空"与"静"中，才能体悟超越性之美感。诚如老子所言："涤除玄览，能无疵乎""致虚极，守静笃，万物并作，吾以复观"。在主体虚静、无挂无碍的状态中，空纳万境，以音制静，以实求虚，从而去欲绝俗，趋向雅流，最终契入自性的澄明。因此，文人君子将琴视为大雅之器，并认为八音之中，琴德最优。

"静"也是古琴最具代表性的审美特征之一。"清""淡""虚""远""自然"等与"静"相关的美学概念，均旨在追求恬逸、闲适、虚静、深静和幽远的意境。《老子》的"大音希声"，以有声之乐为参照，充分肯定了"深静"之乐的永恒之美。自老子以后，许多琴论著作都将"深静""希声"作为琴音追求的至境。如嵇康《琴赞》言："昔在黄农，神物以臻，穆穆重华，五弦始兴，闲邪纳正，感悟物灵，宣和养气，介乃遐龄。惟彼雅器，载璞灵山；体具德真，清和自然。澡以春雪，澹若洞泉；温乎其仁，玉润外鲜。"④ 琴乐的境界是"无尽""无限""深微""不竭""音至于远，境入希夷"。琴乐的境界与"俗乐"的"繁声促调"相对立，琴音"体具德真，清和自然""温乎其仁，玉润外鲜"，单纯枯淡，乐而不过，哀而不伤，无人无我，大音希声，以清远古淡为美。唯有心迹宁静，抚琴运指才能不暴不躁，琴音才能清澈静谧。诚如徐青山《溪山琴况》所言："盖静由中出，声自心生，苟心有杂扰，手指物挠，以之抚琴，安能得静？惟涵养之士，淡泊宁静，心无尘翳，

---

① [明] 徐青山：《溪山琴况》，载中国艺术研究院音乐研究所编：《琴曲集成·琴学正声》，中华书局，1989，第 84 页。

② [清] 王善：《治心斋琴学练要》，载修海林编：《中国古代音乐史料集》，世界图书出版公司，2000，第 611 页。

③ [清] 阮元校刻：《十三经注疏·春秋左传正义·昭公元年》，中华书局，1980，第 2025 页。

④ [晋] 嵇康：《琴赞》，载戴明扬校注：《嵇康集校注》，人民文学出版社，1962，第 327—328 页。

指有余闲，与论希声之理，悠然可得矣。"① 音与心、手与意是合一的，在心体上去欲绝尘，归于宁静，归于淡泊，归于清朗，归于纯善，琴音才能宁静至雅。诚如徐复观《中国艺术精神》所说："'静'的艺术作用，是把人所浮扬起来的感情，使其沉静，安静下去，这才能感发人之善心。但静的艺术性，也只有在人生修养中，得出了人欲去而天理天机活泼的时候，才能加以领受。"② 以"静"为美，也就是要以最少的声音物质来表现最丰富的精神内涵，以琴音之和、静、正、古，达到绝去尘器、遗世独立的大雅之境，从而以器入道，以技修身。此即古人所谓的"自古圣帝明王，所以正心、修身、齐家、治国、平天下者，咸赖琴之正音，是资焉。然则，琴之妙道，岂小技也哉。而以艺视琴道者，则非矣"。③

"琴者，禁也"，其实质为一种传统君子的艺术精神。士大夫精英阶层总是寄寓精神的挂搭于艺术作品之中，以图以艺术的手段表达超越的精神。因此，无论何种形式（或文或质、或绮或朴、或藻或简、或丽或白），均是形式上的选择，最终寄寓的是"诗以言志""画以立意""乐以象德""文以载道""书以如情"。以艺求索精神的"雅"，是根本的大雅；欲望之张扬、情趣之低级的恶俗，是有违天道自然的大俗。可见，"欲"就是"俗"的本质。换言之，士大夫精英阶层所追求的清雅韵致，并非外在的形式，而是取决于内在的心态。去俗从雅（去"欲"）的艺术追求，实质上是文人阶层所持之理想价值，修德讲学、修身养性是其进退出处的根本，超越于现实的人生和世俗世界，步入人性本体的澄明与自由之中，美与丑、文与质的形式之间便可破畦执而求会通，均能达到"雅"的精神性存在。诚如叶朗所说："一个自然物，一件艺术作品，只要有生意，只要它充分表现了宇宙一气运化的生命力，那么丑的东西也可以得到人们的欣赏和喜爱，丑也可以成为美，甚至越丑越美。"④

中国古代的琴论，根植在中国古代传统的思维方式中，历代琴论家在儒道观念的影响下，"去欲存雅"，保存艺术风格的"以雅归正"，构成了中国传统艺术理论探索的归正性审美追求，在更高层面上将古琴艺术引入"道"的思想内涵，从而匡

---

① [明] 徐青山：《溪山琴况》，载中国艺术研究院音乐研究所编：《琴曲集成·琴学正声》，中华书局，1989，第81页。

② 徐复观：《中国艺术精神》，华东师范大学出版社，2001，第22页。

③ [清] 徐祺：《五知斋琴谱》，载中国艺术研究院音乐研究所编：《琴曲集成·琴学正声》，中华书局，2001，第378页。

④ 叶朗：《中国美学史大纲》，上海人民出版社，1985，第126页。

正着中国古琴艺术的发展路径，避免其走向纯粹讲求娱乐享受的、表现声色欲望的艺术形式，为中国古琴艺术的发展在理论上灌注了深邃的思想与内涵，最终形成最具中国古琴艺术写意特征与美感特征的艺术表现方法。

编后记

本辑收录的论文主要来源于第一届和第二届君子文化论坛的参会论文。第一届君子文化论坛由光明日报社和浙江大学联合主办，于2015年在浙江大学召开，主题是"君子文化与当代社会"。第二届君子文化论坛由光明日报社和安徽省社会科学院联合主办，于2016年在安徽合肥召开，主题是"君子文化的当代价值"。这两届君子文化论坛为君子文化的研究奠定了基本的话语体系，打开了新时代君子文化研究的新局面。本辑从参会的144篇文章中，选取了25篇，分为四个板块，特稿论文3篇。其中，"君子文化的历史内涵"论文17篇，"君子文化的当代诠释"论文3篇，"君子文化与生活情趣"论文2篇。

在安徽省社会科学院钱念孙研究员和浙江大学君子文化研究中心主任何泽华教授的共同倡导下，在《光明日报》和浙江大学的大力支持下，首届君子文化论坛得以顺利召开。钱念孙研究员作为君子文化论坛的首倡者之一，他的《铸造中华民族的理想人格——君子文化与社会主义核心价值观》一文，开启了新时代君子文化研究的新篇章，给予君子文化研究以新坐标，为君子文化的当代价值奠定了基调。何泽华教授对于君子文化的当代价值、现实意义、本质特征、演化及创新，儒家君子理论的历史意义及其局限性，君子的当代标准等，进行了深入探讨。《光明日报》副总编李春林在首届君子文化论坛上的致辞中，对君子文化论坛创办的缘由、君子文化在当代的重要意义等，作了精要的说明。首届君子文化的顺利召开，成为宣传、弘扬君子文化的一个新标志和新起点。

要想弘扬君子文化，首先就必须要知道什么是君子文化。为此，本辑从前两届论坛的参会论文中，选取了17篇研究君子文化内涵的文章。与会学者分别从特定文本、重要人物、重要范畴等方面，对君子文化的内涵进行了全面深入的探讨。

《论语》一书对于中华民族君子人格的塑造具有奠基性的作用，研究君子文化，《论语》是绕不开的经典。李宁研究员认为，"君子不器"这一命题，是揭示《论语》中关于"君子"诸多规定的关键，它昭示了孔子心目中君子的使命应是修德、弘德。陈志伟教授以《论语》"不知命无以为君子""孔子使子路问津""无为而治者其舜也与"三章为切入点，对儒家政治生活中的君子与圣人两种人格典范进行了系统考察。任蜜林教授、张强教授则分别研究了郭店竹简《五行》《诗经》中的君子思想。余治平教授与冯国栋教授则分别以《周易》中的"谦谦君子，卑以自牧""天行健，君子以自强不息"为切入点，对儒家的修身工夫及理想人格的培养径路进行了探讨。

孔子是儒家君子文化的开创者，张茂泽教授认为，孔子的君子观包括日常生活修养、四大修养原则等内容，其核心修养内容是仁义道德，即人性的自觉和实现。《大学》《中庸》《孟子》《易传》《荀子》发展了孔子的君子观，提炼出君子之道，并将其定格为理性的君子之学。朱熹、张栻与陈白沙，皆是宋明理学的重要人物，他们对于君子人格的诠释，代表了理学家解读君子人格的路径。徐国明教授认为，朱熹对于《论语·为政》"视其所以"章的解读，既从理论上进行了详细阐发，又列举了生动的例子进行切当说明，同时融入了朱子的"心性论""工夫论"，为君子人格打上了理学的烙印。周接兵教授认为，以张栻为代表的宋儒，将义利之辨提升到判别君子小人、王道霸道的"第一义"的高度，并引入"公私之辨"这一命题，使得义利之辨既成为士大夫修为君子人格的现实标准，又成为政治上治国平天下、文化上对抗佛道的理论武器。陈畅教授指出，陈白沙君子观所依托的哲学思想结构，是"静中坐养出个端倪"之学，并以静养端倪说之思路开辟了一个新的思想世界。

"君子"作为理想人格的典范，拥有一系列的可贵品质。何善蒙教授认为，德、礼和乐，是传统君子人格的三个重要维度。彭彦华教授指出，君子人格的内涵、特征或者标准，大致说来应该有 10 种：仁、义、礼、智、忠信、勇、中庸、和而不同、文质彬彬与自强。贡华南教授认为，"温"是儒家君子人格的重要品质，"温"被理解为气象、德容，以"温"在世不仅成为儒者在世之直接可感形态，也构成了儒者区别于释、老之标志性特征。徐克谦教授认为，坚守"中道"是儒家君子的品格，"中道"意味着君子内有一份对于天道人心的高明理想的执着，外有一种面对现实，把理想落到实处的锲而不舍的实践精神。胡发贵研究员认为，"温良"一词不仅反映了孔子的风貌神韵，尤能体现孔子内圣圆融之境，"温良"展现了华夏文明的人文化成，充分体现了中华民族的"忠恕"和厚德精神，"温良"堪为"文化中国"的历史—人文符号。鹿博教授认为，在人格养成理论的观瞻下，"君子"作为人格的一种范型，整体上是作为道德的完善体被认知、被实践的。君子认识自我、成就自我的过程，是帮助他人共同进步的过程。君子在群体协作中认识世界、改造世界，迈向理想之境。当学者们普遍从正面的角度探讨君子人格的具体内涵时，罗高强教授则另辟蹊径，从历史衍化角度、儒家对待"伪君子"的两种思维方式及"伪君子"产生的根源等方面，对"伪君子"进行了深刻反思。

君子文化作为一特定的历史产物，自有其产生、发展之土壤。当代社会的生活方式、价值理念等，都与传统社会截然不同。因此，君子文化要在当代社会保持旺盛的生命力，就必须与时代紧密结合，回应时代的问题，引领时代的发展。"君子文化的当代诠释"专题下收录的3篇论文，旨在对上述问题作出回应。

孙钦香研究员借鉴马克斯·舍勒人格现象学的相关理论，深入探讨了君子人格丰富意蕴的统一结构及其内在逻辑，在肯定君子人格在现代社会具有积极意义的同时，也探讨了现代社会中君子人格的某些共同体样式所面临的困境及其可能的出路。杨明辉研究员认为，财富是每个人生活之必须，思量和追求财富是人生的恒常主题。"君子爱财，取之有道"正体现了君子人格中道德理想与生活理性的统一。孔子及后世儒家既肯定财富的重要性和不可或缺性、君子爱财的正当性，又主张"取之有道""先义后利""见义思利"，坚决反对"唯利是图""见利忘义"，并阐述了儒家君子的财富观在当代社会所具有的重要意义。王灿教授认为，公序良俗的两大方面——"公共秩序"和"良好风俗"，皆是"君子"所孜孜以求的社会建设目标，在当今社会，对于公序良俗的维护与重建，君子文化仍然具有重要的价值。

君子文化内涵丰富，涉及生活的方方面面，本辑就收录了两篇探讨"君子文化与生活情趣"的文章。其中，杨少涵教授通过对《论语》"惟酒无量不及乱"的解读，对君子与酒的关系进行了精妙的探讨。张婷婷教授则从作为传统文人君子之大雅之器的古琴入手，以"琴者，禁也"这一命题为切入点，对于琴乐的意趣境界进行了诠释，揭示了君子文化在音乐领域的魅力。

是为记！